Moralische Entscheidung und rationale Wahl

Scientia Nova

Herausgegeben von
Rainer Hegselmann, Gebhard Kirchgässner,
Hans Lenk, Siegwart Lindenberg,
Werner Raub, Thomas Voss

Bisher erschienen u. a.:

Robert Axelrod, Die Evolution der Kooperation
Karl H. Borch, Wirtschaftliches Verhalten bei Unsicherheit
Churchman / Ackoff / Arnoff, Operations Research
James S. Coleman, Grundlagen der Sozialtheorie
Erklären und Verstehen in der Wissenschaft
Evolution und Spieltheorie
Bruno de Finetti, Wahrscheinlichkeitstheorie
Richard C. Jeffrey, Logik der Entscheidungen
Nagel / Newmann, Der Gödelsche Beweis
John von Neumann, Die Rechenmaschine und das Gehirn
Erhard Oeser, Wissenschaft und Information
Howard Raiffa, Einführung in die Entscheidungstheorie
Erwin Schrödinger, Was ist ein Naturgesetz?
Rudolf Schüßler, Kooperation unter Egoisten: vier Dilemmata
Thomas Voss, Rationale Akteure und soziale Institutionen
Hermann Weyl, Philosophie der Mathematik und Naturwissenschaft

Moralische Entscheidung und rationale Wahl

Herausgegeben von
Martin Hollis und Wilhelm Vossenkuhl

R. Oldenbourg Verlag München 1992

Die Deutsche Bibliothek - CIP-Einheitsaufnahme

Moralische Entscheidung und rationale Wahl / hrsg. von Martin Hollis und Wilhelm Vossenkuhl. - München : Oldenbourg, 1992
(Scientia nova)
ISBN 3-486-55949-4
NE: Hollis, Martin [Hrsg.]

Umschlaggestaltung: Dieter Vollendorf
Gesamtherstellung: WB-Druck, Rieden a.F.

ISBN 3-486-55949-4

Inhalt

Einleitung

Klugheit und Moralität werden gewöhnlich für gegensätzlich gehalten. Die Klugheit sagt uns, 'Tue das, was Deinen Interessen am besten entspricht'. Die Moralität dagegen verlangt von jedem von uns, das Richtige zu tun. Unter dem 'Richtigen' wird meist das verstanden, was für jeden das Beste ist. Es ist nicht schwer Beispiele zu finden, in denen diese Empfehlungen miteinander in Konflikt zu sein scheinen.

Ein frühes Beispiel kennen wir aus dem Zweiten Buch von Platons **Staat**, wo Glaukon die Geschichte des Hirten Gyges erzählt. Gyges fand nach einem Erdbeben in einer Erdspalte einen Ring. Wenn er den Stein nach innen drehte, wurde er unsichtbar. Die Kraft des Ringes verleitete Gyges, die lydische Königin zu verführen, den König zu ermorden und die Herrschaft an sich zu reißen. Der Ungerechte, scheint diese Geschichte zu zeigen, gelangt zu "Reichtum und wird seinen Freunden ein Wohltäter". Sokrates will, vom Erfolg der Ungerechtigkeit herausgefordert, nachweisen, daß Gyges bessere Gründe hätte, gerecht zu sein und den Ring nicht zu unmoralischen Zwecken zu mißbrauchen. Der **Staat** ist nur einer von vielen Versuchen, jener Herausforderung zu begegnen.

Diejenigen, die den Konflikt zwischen Klugheit und Moralität zugunsten der letzteren lösen wollen, vertrauen traditionell darauf, daß es eine objektive moralische Ordnung gibt. Die menschliche Vernunft, so meinen sie, erkennt diese Ordnung und führt uns zu den Prinzipien des Handelns, die gleichermaßen rational und richtig sind. Klugheit halten sie dagegen für töricht, vor allem wenn sie dort nur einem Aspekt der menschlichen Natur gegenüber auf kurzsichtige Weise Vorrang gewährt, wo das Leben in seiner Gesamtheit zu betrachten ist. Eine höhere, weitsichtigere Klugheit einer reflektierten, wahrhaft rationalen Person, fällt nach ihrem Urteil mit dem moralischen Standpunkt zusammen.

Diese traditionelle Lösung des Konflikts scheitert in einer modernen Welt, in der die Vernunft, unterstützt von den Wissenschaften, der Idee einer objektiven moralischen Ordnung ablehnend gegenübersteht. Eine solche Idee wird im übrigen vom modernen Individualismus infrage gestellt, der die Menschheit und die Gesellschaft als eine Anzahl voneinander getrennter Individuen versteht. Sobald der Rationalität ihre übliche moderne Definition als 'Zweckrationalität' verliehen wird, scheint die Vernunft es mit der Klugheit halten zu müssen. Auf eine rationale Begründung moralischer Vorschriften wie 'Du sollst Deinen Nächsten lieben wie Dich selbst' gibt es offenbar kaum Hoffnung. Zudem ist es nicht mehr rational, sich an solche Vorschriften zu halten, außer der Nutzen für einen selbst überwiegt die Kosten der Kooperation.

Dieser Aspekt des 'Problems der Moderne' kann mit Hilfe der Theorie der rationalen Wahl und der Spieltheorie genau auf den Punkt gebracht werden. Definieren wir den rational Handelnden als jemanden, der immer die Handlungen wählt, die so berechnet sind, daß sie seinen Präferenzen am besten dienen. Dies ist der **homo oeconomicus**. Er ist ein Meister der Kosten-Nutzen-Analyse, ein Profitjäger, ein Maximierer seines erwarteten Nutzens. Definieren wir dann ein 'Spiel' als eine Interaktion zwischen zwei oder mehreren rationalen Spielern, von denen jeder eine Strategie wählt, deren Gewinn (teilweise) von der Strategie abhängt, die die anderen wählen. Wenn das gesellschaftliche Leben als eine Reihe von Spielen zwischen rational Handelnden zu analysieren ist, gibt es offenbar keinen Grund, deren Ergebnisse als die besten von irgendeinem moralischen Standpunkt aus zu betrachten.

Andererseits ist die Summe der individuell rationalen Entscheidungen - vielleicht zum Glück - nicht immer kollektiv rational. Dies wird im sog. Gefangenen-Dilemma am deutlichsten:

		A	
		X	Y
B	X	3, 3	4, 1
	Y	4, 1	2, 2

Jeder Gefangene (A, B) wählt jeweils für sich zwischen zwei Strategien (x, y). Der Gewinn hängt von der Kombination beider Entscheidungen ab, und zwar entsprechend den mit Zahlen symbolisierten Nutzenmengen. Für jeden ist y eine dominante Wahl. Das Ergebnis (2, 2) ist ein sog. Nash-Gleichgewicht, und zwar in dem Sinn, daß keiner, angesichts der Strategie des anderen, eine bessere Wahl treffen kann. Trotzdem würden beide Gefangenen besser fahren (3, 3), wenn beide x wählen würden. Dieses pareto-überragende (Pareto-superior) Ergebnis scheint für rational Handelnde unerreichbar zu sein. Es wäre, verlockenderweise, erreichbar, wenn jeder einer moralischen Vorschrift von der Art 'Du sollst Deinen Nächsten lieben wie Dich selbst' folgen würde. Ist dies vielleicht ein Fall, in dem die wahrhaft rationalen Akteure moralisch handeln und dabei eine praktische Belohnung für ihre Tugend ernten?

Dies ist eine weitreichende Frage. In einem 2-Personen Gefangenen-Dilemma kann das überragende Ergebnis nur erzielt werden, wenn jeder Gefangene der Dominanz der nicht-kooperativen Strategie widersteht. Dann entsteht die Frage, ob die Akteure irgendwie zu ihren auf der Hand liegenden Präferenzen auf Distanz zu bringen sind, damit der Widerstand gegen die Nicht-Kooperation möglich wird. Das ist vor allem dann von Interesse, wenn das Spiel mehrmals wiederholt wird.

Das Problem öffentlicher Güter wird indessen auf einleuchtende Weise von dem Spiel illustriert, wenn wir die Zahl der Spieler erhöhen. Mit vielen Spielern wird typischerweise ein besseres Ergebnis für **alle** gewonnen, falls die **meisten** die kooperative Strategie wählen. In einer Dürreperiode kommen z.B. **alle** besser weg, wenn **alle** Wasser sparen, als wenn **keiner** dies tut. Es kommen aber immer noch **einige** besser weg, wenn die **meisten anderen** Wasser sparen. Hier handelt es sich um das berühmte Schwarzfahrer-Problem. Dessen dominante Logik beinhaltet, daß es für jeden einzelnen besser ist, Wasser zu verbrauchen unabhängig davon, ob die meisten anderen daran sparen oder nicht.

Unter einem 'öffentlichen Gut' verstehen wir ein Gut, das jedermann zur Verfügung steht, unabhängig davon, ob er einen Beitrag dazu geleistet hat. Wenn wir nun die eben angestellten Überlegungen zusammennehmen, scheint es, als ob rational Handelnde nicht in einer Weise individuell handeln können, daß aus der Summe ihrer Handlungen irgendwelche öffentlichen Güter verfügbar werden. Dies ist ein ernstes Problem, weil wir zu solchen öffentlichen Gütern etwa das Vertrauen rechnen, ohne das Märkte nicht funktionieren und, in einem allgemeineren Sinn, auch den Zement der Moralität, ohne den Gesellschaften verfallen.

Deswegen haben Theoretiker, die das soziale Leben als Spiel zwischen rational Handelnden begreifen, in jüngerer Zeit mit viel Scharfsinn versucht, Verbindungen zwischen moralischer Entscheidung und rationaler Wahl aufzuzeigen. Das Etikett für diese Versuche, 'vertragstheoretische Ethik' (contractarian ethics), trifft die Grundidee sehr gut. John Rawls' **Theorie der Gerechtigkeit** (1971) war von dem Gedanken inspiriert, daß ein aufgeklärt selbst-interessiert Handelnder, der an der Entscheidung über kollektive Verhaltensregeln beteiligt ist, ohne schon zu wissen, ob die gewählten Regeln für ihn von Vorteil sein werden, einen moralischen Standpunkt einnehmen würde. Wenn ich 'hinter dem Schleier des Nichtwissens' noch nicht weiß, ob ich reich oder arm, musikalisch oder unmusikalisch, männlich oder weiblich usw. sein werde, werde ich, zur Sicherheit, für Regeln votieren, die gewisse Grundfreiheiten garantieren. Darüber hinaus werde ich die Wohlfahrt derer sicherstellen, denen es am schlechtesten geht.

In jüngerer Zeit hat David Gauthier in **Morals by Agreement** (1986) argumentiert, daß aufgeklärt rationale Akteure selbst dann, wenn sie wissen, wo ihre Interessen liegen, der Versuchung des Schwarzfahrens widerstehen. Sie werden sich als 'eingeschränkte Maximierer' (constrained maximisers) zeigen. Letztere haben eine Disposition sich denen gegenüber moralisch zu verhalten, die dieselbe Disposition haben. Sie werden sich jedenfalls nicht wie 'uneingeschränkte Maximierer' (straightforward maximisers) aufführen, die in der Falle der dominanten Strategie des n-Personen Gefangenen-Dilemmas sitzen.

Viele Kommentare zu diesen Versuchen und dem kontraktarischen Ansatz insgesamt sind in den Beiträgen dieses Bandes zu finden. Der Band beschränkt sich aber nicht auf diesen wichtigen thematischen Bereich. Sein weitergefaßtes

Thema ist die Suche nach einer Theorie der praktischen Vernunft in einer Welt, deren intellektuelles Klima naturwissenschaftlich und individualistisch bestimmt ist.

Diese Suche steuert zwischen Skylla und Charybdis. Skylla ist die Bedrohung, die das Denken der wissenschaftlich orientierten Aufklärung für die Moraltheorie darstellt. Obwohl die Wissenschaftstheorie derzeit im Umbruch ist, herrscht doch weitgehend Übereinstimmung darin, daß die Naturwissenschaften eine Auffassung von Rationalität verkörpern, die maßgebend für die Rationalität von Überzeugungen ist.

Was immer diese Auffassung genau ist, sie schließt scheinbar die Überzeugung ein, daß moralische Urteile nur dann rational sind, wenn sie sich auf die Konsistenz der Zwecke und die Effizienz der Mittel für die Zwecke beschränken. Der Individualismus fügt dem hinzu, daß in allen Fällen, in denen rationale Überlegungen auf Handlungen angewandt werden, die Zwecke und Mittel Individuen zuzuordnen sind. Akteure größeren Umfangs wie z.B. Gruppen, Institutionen und Nationen gelten als Assoziationen von Individuen. Unter diesen Voraussetzungen gibt es Gruppeninteressen nur als Interessen ihrer Mitglieder; und gerechtfertigtes Gruppenhandeln gibt es nur, sofern die Mitglieder die Gruppe rational ermächtigen in ihrem Namen zu handeln.

Obwohl die vertragstheoretische Ethik es für möglich hält, sehr nahe an Skyllas Höhle zu segeln, meiden dies andere Vertreter einer rationalen Begründung der Ethik. Dazu müssen sie die Naturwissenschaften entweder daran hindern, den Begriff der Rationalität zu monopolisieren oder diese Version des Individualismus infrage stellen oder beides. Beide Züge finden sich in den Beiträgen dieses Bandes. Sie werden häufig eingeleitet mit skeptischen Argumenten, die zeigen sollen, daß eine vereinfachte Auffassung des wissenschaftlich aufklärerischen Denkens zu einem Begriff praktischer Vernunft führt, die sich selbst aufhebt, nämlich zur Klugheit.

Charybdis ist die anti-aufklärerische Bedrohung, dargestellt von den bekannten Argumenten des Non-Kognitivismus. In den Sozialwissenschaften gab es ebenso wie in der Moralphilosophie von anfang an lautstarke Kritiker. Die funktionalistische Soziologie und die freudianische Psychologie haben z.B. die Voraussetzungen, die die Spieltheorie für absichtliches Handeln und zwischenmenschliche Interaktion annimmt, immer abgelehnt. Der Kulturrelativismus schlägt ebenso wie der Emotivismus in der Ethik vor, daß moralische Urteile ihrer inneren Logik entsprechend letztlich rational arbiträr sind. Mit diesen einflußreichen Argumenten liebäugeln Theoretiker, die nach einem gehaltvolleren Begriff der Rationalität suchen, auf sich selbst gefährdende Weise. Dennoch sind einige unserer Beiträger willens Risiken einzugehen. Sie glauben, daß es eine sichere, wenn auch enge, Passage gibt, die dem Monster in der Höhle entkommt, ohne in die Strudel der Anti-Aufklärung zu geraten.

Um diese enge Passage zu segeln, muß man überzeugt sein, daß moralische Entscheidung, im Rahmen einer Theorie der praktischen Vernunft, ein rationaler

Prozeß sein kann. Man muß außerdem einsehen, daß die Analyse dieser Entscheidung von der Standard-Theorie der rationalen Wahl nicht ohne entscheidende Ergänzungen geliefert werden kann. Alle unsere Beiträger folgen diesem Kurs mehr oder weniger. Sie sind sich aber weder einig, welche der Gefahren die größere ist, noch wo die Grenzen der Sicherheit liegen.

KARL HOMANN ist der Tradition der wissenschaftlich orientierten Aufklärung verpflichtet. Er betont daher zu Beginn die Vorzüge der ökonomischen Rationalität. Er erkennt in der menschlichen Rationalität eine grundlegende ökonomische Dimension und dokumentiert dies mit der Wissenschafts- und der Wirtschaftsgeschichte. Besonders die Heuristik dieser Bereiche mache bei der Kalkulation von Nutzen und Kosten von der ökonomischen Rationalität Gebrauch. Auch die Moral komme ohne diese Rationalität nicht aus. Die ökonomische Berechnung der moralischen Dispositionen der Menschen sei eine Voraussetzung der Moralität des Handelns. Die moralische Rationalität hält Homann deshalb für einen Teilbereich der ökonomischen. Die unterschiedlichen Typen der Rationalität haben, wie er meint, in der ökonomischen eine einheitliche Basis.

EDWARD MCCLENNEN akzeptiert, daß die praktische Vernunft, sei es als Klugheit oder Moralität, konsequentialistisch sei. Er lehnt aber die 'Zerlegbarkeit' (separability) ab und damit die individualistische These, daß jedes Interaktionsproblem kollektiven Handelns für jeden einzelnen Akteur ein jeweils anderes Problem darstellt. McClennen vertritt eine '2-Ebenen Theorie des Selbstinteresses', nach der es eine Sache rationaler Reflexion ist, einen kooperativen Standpunkt einzunehmen. Damit löst sich, wie er hofft, das Problem der Moralität als eines öffentlichen Guts, und zwar so, daß die Erfordernisse der Kooperation mit den Ansprüchen der individuellen Freiheit in Einklang gebracht werden.

ROBERT SUGDEN zieht eine von Spieltheoretikern häufig gemachte Annahme in Zweifel, daß rational Handelnde immer ein besonderes Gleichgewicht ausmachen, auf das sie sich zubewegen können, wenn sie augenscheinlich verschiedenen Gleichgewichten gegenüberstehen. Diese Annahme beruht auf einem Symmetrie-Prinzip. Es besagt z.B., daß gleiche Geschäftspartner, die versuchen 100 DM unter sich zu teilen, sich rational auf 50-50 verständigen sollten. Dies wäre tatsächlich ein passendes Ergebnis, da eine gleiche Teilung fair und richtig erscheint. Theoretisch betrachtet gibt es aber viele andere Nash-Gleichgewichte, z.B. 80-20. Darüber hinaus wird jede Tendenz, sich auf 50-50 zu verständigen, von einer Norm abhängen, die sich im Lauf der Erfahrung gebildet hat. Jede zufriedenstellende Norm erfüllt ihren Zweck. Die vertragstheoretische Ethik kann daher nicht behaupten, daß jede beliebige Norm eine gerechtfertigte Lösung des jeweils vorliegenden Entscheidungsproblems ist.

WULF GAERTNER setzt sich mit Sens Formulierung individueller Rechte, der sog. Liberalismus-Bedingung, auseinander. Nach dieser Bedingung verfügt jedes Individuum in freier Entscheidung über wenigstens ein Paar von sozialen

Alternativen. Solche Alternativen sind soziale Zustände, die sich aus individuellen Handlungen ergeben. Gaertner prüft anhand einiger Beispiele, ob die Liberalismus-Bedingung mit dem intuitiven Rechtsverständnis vereinbar ist. Sens Formulierung ist, wie sich zeigt, lediglich in den unattraktiven Fällen eine akzeptable Beschreibung individueller Rechte, in denen alle Aspekte eines sozialen Zustands bis auf einen einzigen vollkommen determiniert sind. Von diesen Fällen abgesehen ist Sens Liberalismus-Bedingung, wie Gaertner nachweist, unvereinbar mit unserem intuitiven Rechtsverständnis. Er zeigt dies gerade für Fälle, für die eine Vereinbarkeit mit Sens Formulierung vermutbar wäre, bei denen nämlich die sozialen Zustände vollständig in individuelle Handlungen zerlegbar sind. Gaertner zeigt die Unvereinbarkeit aber auch für Fälle, bei denen die Handlungen voneinander abhängen. Er deutet mit Gibbards Begriff der Spielform eine Möglichkeit an, wie sich die Verwirklichung individueller Rechte in Übereinstimmung mit dem intuitiven Rechtsverständnis beschreiben läßt. Die Spielform formuliert die individuellen Rechte und Freiheiten als die Menge der zulässigen Strategien, zwischen denen eine Person frei wählen kann. Der Beitrag dokumentiert, wie mit den analytischen Mitteln der Sozialwahltheorie moralisch relevante Probleme des sozialen Handelns geklärt werden können.

Nick Baigent kritisiert das klassische, axiomatische Modell der rationalen Wahl und schlägt ein erweitertes Modell vor, das auf rationaler Überlegung beruht. Seine Kritik am axiomatischen Modell richtet sich vor allem gegen eines seiner zentralen Elemente, die Rolle der Präferenzen. Weil die Präferenzen diese Rolle in der rationalen Wahl spielten, die rationale Überlegung (deliberation) aber wenig mit Präferenzen zu tun habe, schließe die rationale Wahl die Überlegung als Element aus. Baigent untersucht, inwieweit rationale Überlegung und rationale Wahl miteinander vereinbar sind. Er entwickelt ein deliberatives Verfahren, das vernünftige Axiome testen soll, die einer zufriedenstellenden Wahl zugrundeliegen. Dieses Verfahren besteht aus tentativen Wahlschritten, mit denen arbiträr geordnete Alternativen geprüft werden. Es soll jeweils zu einer letzten tentativen Wahl führen, die ihrerseits in die Menge der rationalen Wahlen eingeht. Baigent argumentiert, daß dabei die Konsistenz-Axiome, auf denen die herkömmliche rationale Wahl basiert, verletzt werden können. Diese Axiome verlieren, nach Baigent, ohnehin ihre Rechtfertigung, sobald das deliberative Verfahren explizit in die rationale Wahl eingeht. Damit wäre dann endgültig gezeigt, daß eine rationale deliberative Wahl keine Beziehung zu Präferenzen hat.

Isaac Levi nimmt ein anderes zentrales Element des rationalen Handelns auf, die Überzeugungen der Akteure. Er vergleicht rationale Entscheidungen von Einzelakteuren mit rationalen Gruppen-Entscheidungen und konzentriert sich dann auf Gruppen-Entscheidungen von Gruppen-Akteuren. Levi unterscheidet zwischen Konsens und Kompromiß. Konsens ist nur dort möglich, wo eine Gruppe entsteht, die sich als kollektiver Akteur auf gemeinsame Entscheidungen im Licht gemeinsamer Überzeugungen einlassen kann. Beim Kompromiß handelt es sich um einen gänzlich anderen Prozeß, der nicht die Bildung einer Gruppe voraussetzt. In diesem Fall stimmen Individuen mit eigenen, untereinander konfligierenden Präferenzen oder Überzeugungen lediglich einer Entscheidung zu. Wenn wir diesen Unterschied zwischen Konsens und Kompromiß verstanden haben, so erläutert Levi, erkennen wir, daß es nicht sinnvoll ist, unkritisch am Kriterium der Pareto-Einmütigkeit (Pareto Unanimity) festzuhalten.

ULRICH KRAUSE geht der Frage nach, wie sich rationale Akteure bei Konflikten verhalten. Für solche Situationen, argumentiert Krause, können wir rationalen Entscheidungen nicht wie üblich eine Nutzenfunktion unterlegen. Es erweist sich letztlich als unmöglich, die Rationalität einer Entscheidung angesichts von Konflikten mit Hilfe einer Nutzenfunktion darzustellen. Krause zeigt, daß Entscheidungen zwischen konfligierenden Alternativen weniger mit Rationalität zu tun haben als mit dem, was er 'Charakter' nennt. Mit diesem Wort faßt er die Alternativen eines Individuums, die Kriterien, unter denen es die Alternativen auswertet und die Regel, unter der es entscheidet, zusammen. Der einzige Charakter, der Konflikten rational begegnet, reflektiert lediglich die Entscheidungskriterien, ohne zu entscheiden. Dieser Charakter liegt an der Grenze zwischen Rationalität und Moral. Letztere ist, nach Krauses Urteil, erst in Situationen gefragt, in denen - wie im Fall von Konflikten - das rationale Verhalten und die egoistischen Interessen wirkungslos sind.

MARTIN HOLLIS fragt, welches der Preis einer vertragstheoretischen Ethik in einer modernen Welt ist, in der, nach Dilthey, das Leben nichts anderes als es selbst bedeutet. Hollis geht dabei auf das 'Problem der Einwilligung' (compliance) ein, - ob es rational ist, eine Abmachung zu halten, die man aus rationalen Gründen trifft. Er spitzt seine Überlegungen am Beispiel von Antiquitätenhändlern zu, die sich in Ringen organisieren und so ein Kartell bilden. Wenn sich so ein Ring auf die 'Ehre unter Dieben' verlassen kann, gerät die vertragstheoretische Ethik in Schwierigkeiten. Wenn es aber, aus rationalen Gründen, keine wirkliche Ehre unter Dieben gibt, kann die vertragstheoretische Ethik nicht zeigen, warum dies so ist. In jedem Fall ist das Resultat, daß die praktische Vernunft ihr Geschäft mit moralischen Antiquitäten wie dem moralischen Begriff der Person treiben muß. Für echte Artikel wie diesen Begriff, so endet der Beitrag, gibt es keinen Ersatz.

JULIAN NIDA-RÜMELIN kehrt ebenfalls zum Begriff der praktischen Vernunft zurück. Er konfrontiert die ökonomische Rationalität mit der moralisch-praktischen und zeigt, daß die Folgenoptimierung der ersteren nicht mit den prinzipiellen Ansprüchen der letzteren vereinbar ist. Die ethischen Defizite des ökonomischen Rationalitäts-Modells hält Nida-Rümelin mit den Mitteln dieses Modells nicht für kompensierbar. Deshalb verwirft er das ökonomische Modell als Kern einer allgemeinen Theorie der praktischen Rationalität. Er orientiert sich stattdessen an einer von Prinzipien bestimmten Moral, die er für vereinbar hält mit den bekannten Kohärenzpostulaten für Präferenzrelationen. Nida-

Rümelin entwickelt einen Begriff kollektiver Rationalität, der nicht auf der Maximierung subjektiver Präferenzen aufbaut, sondern eng mit Kants Begriff der praktischen Vernunft verbunden ist.

WILHELM VOSSENKUHL hält weder das Modell der ökonomischen noch das der moralischen Rationalität jeweils allein für tragfähig genug, um den vernünftigen Ansprüchen sozialen Handelns zu genügen. Er analysiert die Defizite beider Modelle und zeigt, daß sie unter bestimmten Bedingungen zu Dilemmas bzw. Konflikten führen. Vossenkuhl zeigt aber auch, daß die Ansprüche der beiden Modelle, die Ansprüche des Selbstinteresses und der Moral, jeweils unverzichtbar sind. Deshalb schlägt er eine Verbindung der Ansprüche in einem Modell vernünftiger Wahl vor. Dieses Modell orientiert sich an den Zielen des sozialen Handelns. Es ist von der Maxime geleitet, kooperativ zu handeln, solange dadurch weder die eigene Glaubwürdigkeit noch das Selbstinteresse gefährdet werden.

ALBERT WEALE führt die Themen des Bandes in den Bereich des Politischen. 'Verantwortlichkeit' (accountability) bedeutet, daß eine Regierung ihre Politik begründen und ihre Gründe in einer objektiven Balance vertreten muß. Wenn diese Balance eine bestimmte Politik favorisiert, hat die Regierung das Recht, diese Politik in die Tat umzusetzen. Allerdings kann man nicht immer eine Balance von Gründen erreichen. Weshalb dies so ist, zeigen die bekannten Überlegungen von Kenneth Arrow. Der Bereich der Unbestimmtheit, in dem es keine Gründe-Balance gibt, schafft, wie Weale feststellt, den Freiraum, innerhalb dessen politische Entscheidungen häufig getroffen werden.

RAINER HEGSELMANN untersucht die positive Funktion, die die moralische Entscheidung für die rationale Wahl haben kann. Er zeigt, daß die Dilemmas der rationalen Wahl vermeidbar sind, wenn die Spieler über eine bestimmte Moralität verfügen. Dies wird vor allem in seiner Analyse von Gefangenendilemma-Superspielen deutlich. Hegselmann verknüpft Selbstinteresse und Moral und weist dann nach, daß mit dieser Verbindung auch in größeren Gruppen und über einen längeren Zeitraum kooperative Verhältnisse stabilisierbar sind, die ohne die Moral zu Dilemmas führen würden.

JOHN SKORUPSKI verteidigt den Utilitarismus als einen Ansatz moralischer Entscheidungsfindung, der den besonderen Vorzug eines Resultats als die Summe unterschiedlicher positiver oder negativer Werte betrachtet, die seinen einzelnen Teilen zugeordnet sind. Soweit stimmt der Ansatz mit der Idee der praktischen Vernunft in der rationalen Wahl überein. Skorupski lehnt allerdings deren Konsolidierungs-Prinzip ab und ersetzt es durch ein 'Schwellenprinzip der Gerechtigkeit', nach dem niemand weniger als einen bestimmten Betrag erhalten soll, selbst wenn damit ein geringeres Aggregat an Nutzen verbunden ist. Er stellt fest, daß es dazu im Fall der Klugheit eines einzelnen Individuums keine Parallele gibt. Während ein Individuum, mit seinem Selbst als Standpunkt, auf rationale Weise sein Leben für alle anderen opfern kann, hat die Gesellschaft dazu kein Analogon etwa als korporatives Selbst. Die Schwelle der

Gerechtigkeit muß, nach Skorupski, auf das Niveau festgelegt werden, das die Wahrnehmung der Bürgerrechte und sinnvolle private Beziehungen ermöglicht.

Die Beiträge dieses Bandes entstanden für eine Tagung zum gleichnamigen Thema, die im Dezember 1988 in München stattfand und von Wilhelm Vossenkuhl und Wulf Gaertner gemeinsam geplant wurde. Die Tagung wurde im Rahmen des Schwerpunktprogramms "Philosophische Ethik - interdisziplinärer Ethikdiskurs" von der Deutschen Forschungsgemeinschaft gefördert. Die Herausgeber danken der Deutschen Forschungsgemeinschaft für deren Förderung. Sie danken ebenso der Bayerischen Rückversicherung und der Universität Bayreuth für die Unterstützung der redaktionellen Arbeiten. Besonderer Dank gilt Frau Suzann-Viola Renninger. Sie hat die Schlußredaktion des Bandes besorgt, die Software-Probleme für das 'Camera ready' Manuskript gelöst und die Register erstellt. Schließlich danken wir Herrn Norbert Niclauss für seine zeitintensiven Korrekturen des Manuskripts.

Norwich und Bayreuth,
im Sommer 1991

Karl Homann

Die ökonomische Dimension von Rationalität

Die "Rationalität" wird in Philosophie, Wissenschaften und Politik so hoch geschätzt, weil man von ihr Empfehlungen für menschliches Handeln erwartet. Rationalität soll in der Lage sein, das Handeln anzuleiten. Es sind vor allem Gesellschaftstheorie bzw. politische Philosophie, Wissenschaftstheorie und Ethik, die an einem tragfähigen Konzept von Rationalität arbeiten.

Da in verschiedenen 'Bereichen' verschiedene Handlungen als rational gelten, sah man sich zur These einer "Krise" der Rationalität, d.h. der einen Rationalität, oder zu dem Ausweg von "Typen von Rationalität" gedrängt.[1] In dieser Situation kann die Ökonomik, die sich seit jeher mit Rationalität befaßt, dazu beitragen, eine einheitliche Theorie der Rationalität zu entwickeln. Die These lautet: die verschiedenen "Typen von Rationalität" haben eine ökonomische Dimension gemeinsam. Anders gesagt: Die verschiedenen "Rationalitäten" lassen sich allesamt ökonomisch rekonstruieren. Dabei erkennt die Ökonomik durchaus an, daß die Rationalität in Wissenschaft, Wirtschaft, Politik und Moral zu unterschiedlichen Empfehlungen führen kann.[2] Die Ökonomik führt diese unterschiedlichen Empfehlungen aber nicht auf unterschiedliche "Rationalitäten" zurück, sondern auf eine unterschiedliche Implementierung ihres Verhaltensmodells, des Modells der rationalen Wahlhandlung, und dort insbesondere auf unterschiedliche Restriktionen. Zwar verhalten sich die verschiedenen Akteure in unterschiedlichen typischen Situationen anders, dies tut aber der Rationalität, d.h. der - expliziten oder impliziten - ökonomischen Kalkulation keinen Abbruch.

Im Rational-Choice-Modell (RCM), im Modell der rationalen Wahlhandlung, verhält sich ein Akteur rational, wenn er seinen erwarteten Nutzen unter Restriktionen maximiert. Diese bekannte Bestimmung hat folgende Implikationen: Nichtsättigung, Knappheit, Wahl zwischen Alternativen nach dem Gesichtspunkt der Nutzenmaximierung, d.h. "rational". Die Alternative, die nächst der gewählten am höchsten eingeschätzt wird, die aber nicht mehr zum Zuge kommt, ist das Maß für die Kosten qua Opportunitätskosten. "Kosten" sind 'sachlich' zu bestimmen, sie haben nichts mit Geld zu tun.

Alle Probleme, die durch Nichtsättigung, Knappheit, rationale Wahl zwischen Alternativen und Kosten gekennzeichnet sind, können im Rahmen des RCM analysiert werden. Das sind alle Probleme, die mit menschlichem Handeln zu tun haben, also auch politische, wissenschaftliche und moralische Probleme. Das RCM ist ein apriorisches Erklärungsschema, das dazu dient, komplexe

Phänomene in einer bestimmten Weise zu strukturieren. Dadurch ist die Wissenschaft Ökonomik konstituiert. Die ganze Welt wird unter der Frage nach den Kosten menschlichen Handelns betrachtet. Insofern ist die Ökonomik in bezug auf ihre Untersuchungsgegenstände eine allgemeine Theorie menschlichen Verhaltens. Sie ist aber nicht die alleinige Theorie, insofern sie durchaus anerkennt, daß es auch andere sinnvolle Fragestellungen gibt.[3] Bis heute ungelöst - und wohl auch unlösbar, da ständig neu zu leistende Aufgabe, - ist die Frage nach der Integration der verschiedenen Fragestellungen in das, was man die "Einheit der Vernunft" nennt: Dies ist eine Grundfrage der modernen Philosophie, zu der die Ökonomik vielleicht einen Beitrag leisten kann.

Ein Gesichtspunkt muß besonders hervorgehoben werden. Das traditionelle Modell des homo oeconomicus ist in den letzten Jahren durch das Modell des "resourceful evaluative maximizing man" (REMM) ersetzt worden.[4] Der Grund liegt darin, daß ein Akteur, der als homo oeconomicus modelliert wird, zwischen "gegebenen" Alternativen wählt. Der REMM betont durch die Bestimmung "resourceful", daß die Alternativen keineswegs "gegeben" sind, sondern aufgrund der Fähigkeit des Menschen zu erfinderischem, schöpferischem Handeln häufig erst gefunden bzw. entwickelt werden. Damit reflektiert das Modell des REMM die Offenheit allen menschlichen Handelns für die Zukunft, die vorwärtstreibende Dynamik des Handels und die Suche nach neuen Alternativen. Erinnern möchte ich an J.A. Schumpeter, bei dem der Pionierunternehmer durch die ständige Suche nach neuen Chancen gekennzeichnet ist; D. Aldrup hat im Rahmen der politischen Ökonomie im Anschluß an den kritischen Rationalismus die systematische Suche nach unerkannten Entscheidungsalternativen als grundlegend für den Begriff der Rationalität herausgearbeitet; H.A. Simon hat erklärt, daß eine der zentralen Fragen der Ökonomik die Frage nach der Generierung der Alternativen, also die Heuristik, sei.[5]

In diesem Kontext ändert sich der Kostenbegriff: Kosten bestehen generell in den ausgelassenen Möglichkeiten. Kosten sind grundsätzlich bestimmt von den Möglichkeiten her, und nichts spricht dafür, daß man die bislang unerkannten Möglichkeiten aus der Kostenbetrachtung ausschließen dürfte. Daß die Integration des Neuen, Unerkannten, in ein formalisiertes Modell mit beträchtlichen Schwierigkeiten verbunden ist, ändert nichts an dem systematischen Zusammenhang. Ich vertrete die folgende These:[6] Nur wenn die - explizite oder implizite - Orientierung an den Möglichkeiten als Grundzug von Rationalität anerkannt wird, kann man den Erkenntnisfortschritt der Einzelwissenschaften in der Neuzeit, die gesellschaftliche Entwicklung in der Moderne sowie die Entstehung, Befolgung und Entwicklung der Moral - die hier als "rational" vorausgesetzt werden - zureichend erklären.

Rational verhält sich demnach, wer in einem offenen, in die Zukunft gerichteten Prozeß systematisch kontrolliert, welche Entscheidungen er aus welchen Gründen (Nutzen) und zu welchen Kosten (Nutzenentgang) trifft.

Ich will im folgenden die Grundzüge einer ökonomischen Rekonstruktion der modernen Wissenschaft, des "okzidentalen Rationalismus" und der Moral(befolgung) darstellen.

1. Ökonomische Rekonstruktion der modernen Wissenschaft

Die Entwicklung der neuzeitlichen Wissenschaften, insbesondere der Naturwissenschaften, stellt nach allgemeiner Auffassung ein besonderes Beispiel von Rationalität dar. Sie läßt sich in ökonomischen Kategorien rekonstruieren. Dabei zeigt sich, daß ein wesentlicher Bestimmungsgrund für den Fortschritt in den Wissenschaften darin zu sehen ist, daß ihnen die Bewältigung einer typisch ökonomischen Problematik in besonderer Weise gelungen ist.

T. Kuhn geht davon aus, daß wissenschaftliches Verhalten als ganzes das beste Beispiel für Rationalität ist, das wir haben. Er untersucht die Entwicklung der neuzeitlichen Naturwissenschaften in der Absicht, einen sinnvollen Rationalitätsbegriff zu rekonstruieren, der in der Lage ist, die bedeutendsten Leistungen erfolgreicher Forscher einzufangen, und er hofft, daraus Anleitungen für wissenschaftliches Arbeiten zu gewinnen.[7] Er versucht so, aus gelungenen Beispielen zu lernen, was bei sorgfältiger Argumentation nicht zu einem naturalistischen Fehlschluß führen muß.

Die entsprechenden Überlegungen einer Reihe von Autoren, die gemäß dieser im Anschluß an Kuhn formulierten Problemexposition arbeiten, kann man dahin zusammenfassen, daß die außerordentlichen Erkenntnisfortschritte in den neuzeitlichen Naturwissenschaften auf die besonders leistungsfähige Heuristik ihrer Forschungsprogramme zurückzuführen sind. Diesen Gedanken hat explizit vor allem I. Lakatos herausgestellt, diesem Gedanken fügen sich aber auch mühelos die Überlegungen der Lakatos-Schüler an der London School of Economics J. Worrall, E. Zahar, P. Urbach und die Überlegungen von T. Kuhn, W. Stegmüller, N. Koertge, N. Rescher, H. Albert und K. Pähler ein.[8]

Die Heuristik ist eine Anweisung zur Forschung: "Auf solche Weise ist die Idee eigentlich nur ein heuristischer und nicht ostensiver Begriff und zeigt an, nicht wie ein Gegenstand beschaffen ist, sondern wie wir unter der Leitung desselben die Beschaffenheit und Verknüpfung der Gegenstände der Erfahrung überhaupt suchen sollen."[9] Mit der Betonung des Suchprozesses gehen zentral die Zukunftsaussichten von Forschungsprogrammen in die Betrachtung ein, also das, was der Ökonom den "erwarteten Nutzen" nennt.

In der nachpositivistischen Wissenschaftstheorie gibt es keinen Königsweg der Wahrheit, weil Paradigmen, Forschungsprogramme und Theorien immer einen nicht-verifizierbaren theoretischen Überschuß über die Empirie enthalten. Das "fundamentum inconcussum" des R. Descartes kann es nicht geben. Damit gibt es immer respektable Alternativen bei der Entscheidung, an welcher Theorie bzw. an welchem Forschungsprogramm der Forscher arbeitet. Das bedeutet, daß es bei der Theorienwahl immer auch Kosten gibt. Die Kosten der Arbeit an einem Forschungsprogramm bestehen im Verzicht auf die Arbeit an einem anderen, möglicherweise respektableren, Forschungsprogramm. Wenn der Forschungsprozeß der Neuzeit als besonders rational gilt, muß das - in ökonomischer Interpretation - darauf zurückgeführt werden, daß dieser Vorgang der Abwägung, welche Forschungswege den größeren Nutzen bringen, besonders erfolgreich vor sich gegangen ist.

Zwei Bemerkungen müssen hinzugefügt werden. Zum einem sind die traditionellen Kriterien zur Überprüfung wissenschaftlicher Theorien wie Widerspruchsfreiheit, Tatsachenkonformität, Einfachheit etc. als Teilaspekte in diesem Prozeß unverzichtbar.[10] Zum anderem muß die ökonomische Kosten-Nutzen-Analyse bezüglich alternativer wissenschaftlicher Programme keineswegs in eine quantifizierte Kennziffer kondensiert werden können: In der Ökonomik weiß man heute, daß solche Kennziffern wegen beträchtlicher theoretischer Probleme (Bewertung und gemeinsamer Nenner) und großer Verluste an Informationen nur eine scheinbare Objektivität vermitteln können. Der Vergleich alternativer wissenschaftlicher Programme muß sachlich, Punkt für Punkt, nach einer Vielzahl nicht aufeinander rückführbarer Gesichtspunkte vorgenommen werden, was aber dem ökonomischen Charakter dieses Verfahrens keinen Abbruch tut.[11]

Da Forscher den erwarteten Nutzen von Forschungsprogrammen unterschiedlich beurteilen, können gleichzeitig verschiedene Wege verfolgt werden: Arbeitsteilung und Wettbewerb gehören so konstitutiv zur "Rationalität der Wissenschaft" hinzu. Der Erkenntnisfortschritt der Wissenschaften vollzieht sich im Zusammenspiel zwischen individuellem Verhalten und der Rahmenordnung des Subsystems Wissenschaft. Das individuelle Verhalten der Forscher läßt sich konsequent im RCM rekonstruieren: Darauf weisen Argumentationen von T. Kuhn und G.S. Becker hin, die sie unabhängig voneinander vorgelegt haben.[12] Die Anreize, denen der einzelne Forscher folgt, werden wesentlich mitbestimmt durch die Rahmenordnung, innerhalb derer er arbeitet, also davon, ob Wettbewerb oder Kartellierung herrscht, ob der einzelne Forscher die Erträge der individuellen Leistung auch individuell aneignen kann (property rights an "geistigem Eigentum", Patentschutz), an den Zugangsvoraussetzungen zur Forschergemeinschaft u.a.m.

Diese Ausführungen verfolgten den Zweck, die ökonomische Dimension der Heuristik und damit der Rationalität für die Entwicklung der Wissenschaften, wie sie von der Wissenschaftstheorie rekonstruiert wird, deutlich zu machen. Ich will eine verkürzte, vorläufige Bestimmung von Rationalität geben: Rationalität besteht in der systematischen Bemühung um Kostensenkung in der Theoriebildung, und die erfolgt besonders durch Minimierung von Anomalien einerseits und vor allem durch die Entwicklung neuer, leistungsfähigerer Theorien andererseits.[13] Dabei ist zu beachten, daß im RCM über die

Restriktionen die Bedeutung einer geeigneten Rahmenordnung für die Rationalität nachdrücklich geltend gemacht wird: Rationalität besteht weder in der Logik noch im individuellen Verhalten allein, die "Rationalität der Wissenschaft" ist eine Leistung des Systems in einem offenen Prozeß.

2. Ökonomische Rekonstruktion des "okzidentalen Rationalismus"

Rationalität wird der modernen westlichen Gesellschaft zugeschrieben. Zwar gibt es auch andere Autoren, die ihr geradezu Irrationalität zuschreiben, aber wenn man ihr Rationalität zuschreibt - das ist hier die Prämisse -, dann hat die eine fundamental ökonomische Dimension. Dies soll an drei Autoren erläutert werden.

Max Weber will in seinen Analysen zur Gesellschaftsgeschichte unter anderem zeigen, daß sich die Entwicklung der westlichen Industriegesellschaften als Prozeß der zunehmenden Rationalisierung der Gesellschaft und, darin eingeschlossen, der persönlichen Lebensführung begreifen läßt. Dieses ist ein typisch okzidentales Phänomen, so daß W. Schluchter von der "Entwicklung des okzidentalen Rationalismus" gesprochen hat.[14] Der Prozeß der gesellschaftlichen Rationalisierung führt bei Max Weber am Ende zu dem Typ der legalen Herrschaft mit bürokratischem Verwaltungsapparat und zur modernen kapitalistischen Unternehmung. Rationalität, Rationalismus ist für Weber ganz eng an Kalkulation, Berechenbarkeit, Verläßlichkeit etc. gebunden. Die besondere Sachkenntnis der Bürokratie wird nur noch von der Sachkenntnis der privatwirtschaftlichen Interessen in der Wirtschaft übertroffen, die damit die höchste Form von Rationalität darstellt.[15]

Auch für J.A. Schumpeter spielt "rationales Denken oder Verhalten" eine bedeutende Rolle im Rahmen seiner Analysen, die er in dem Buch "Kapitalismus, Sozialismus und Demokratie" 1942 vorgelegt hat. "Kennzeichen des rationalen Denkens oder Verhaltens" ist, daß Individuen oder Gruppen dadurch aus einer Situation das Beste herauszuholen suchen, daß sie sich "auf ihre eigenen Fähigkeiten" verlassen, daß sie "dies gemäß den Regeln der Folgerichtigkeit tun, die wir Logik nennen", und daß sie dies "auf Grund von Arbeitshypothesen tun", die an Zahl gering sind und sich in Begriffen möglicher Erfahrung ausdrücken lassen.[16] Für Schumpeter ist sogar die formale Logik "vom Muster der wirtschaftlichen Entscheidung abgeleitet".[17] Es ist der Kapitalismus, der dem Gewinnmotiv und dem Selbstinteresse, die nach Schumpeter auch in anderen Gesellschaften vorhanden sind, die rationalistische Form gibt. Diese "rationale Haltung" geht weit über die "Wirtschaft" hinaus: Sie ist eine geistige Gewohnheit, die sich in der Organisation des Krankenhauses, in der Kunst und im Lebensstil allgemein geltend macht. Es ist durchaus im Geiste Webers oder Schumpeters, wenn heute immer mehr Bereiche des menschlichen Lebens als dem ökonomischen Kalkül unterworfen betrachtet werden - wie immer zeitgenössische Autoren das auch beurteilen mögen, als weitere Stufe der Emanzipation und Freiheit oder als deren Bedrohung ("Kolonialisierung der Lebenswelt"[18]).

Die Überlegungen von Max Weber und J.A. Schumpeter verwenden implizit das RCM. Explizit wird mit dem RCM in der neueren Theorie der Wirtschaftsgeschichte gearbeitet, die D.C. North 1981 unter dem Titel "Structure and Change in Economic History" vorgelegt hat.[19] North betrachtet 10.000 Jahre Wirtschaftsgeschichte, und er zeigt, daß es in diesem Zeitraum zwei wirtschaftliche Blütezeiten gegeben hat. Die erste beginnt mit der neolithischen Revolution (Entwicklung des Landbaus und Domestizierung der Tiere) ca. 4000 Jahre vor Christus und endet ca. 200 nach Christus mit dem Niedergang des Römischen Reiches. Die zweite Blütezeit beginnt etwa in der Mitte des 15. Jahrhunderts und führt über die "Industrielle Revolution" in die "Zweite Wirtschaftliche Revolution", die in der Mitte des 19. Jahrhunderts zum vollen Durchbruch gelangt. Dabei ist die zweite wirtschaftliche Revolution "durch die gleichsam eheliche Verbindung von Naturwissenschaft und Technik" gekennzeichnet, "wodurch das Wirtschaftswachstum in das System eingebaut wurde".[20] Wirtschaftswachstum, wirtschaftliche Blüte ist in der Geschichte eher die Ausnahme als die Regel. North bietet für diese Ausnahmen eine neue Erklärung an.

Er läßt das RCM im Grunde völlig intakt. Neu ist seine Bestimmung der Restriktionen und der Bewältigung der durch die Restriktionen mitbestimmten Kostenrelationen. Wirtschaftswachstum führt er zurück auf die institutionelle Rahmenordnung, innerhalb derer die Akteure gemäß dem RCM ihre Interessen verfolgen. Ursache für Wirtschaftswachstum sind nicht Erfindungen, sondern institutionelle Neuerungen, die die Entscheidung der einzelnen und die Erträge aus diesen Entscheidungen eng miteinander verkoppeln. Wenn die Verfügungsrechte, property rights, so gestaltet sind, daß sich Investitionen in Landwirtschaft, Industriebetriebe und Wissen sowie in Forschung für den einzelnen lohnen, wird er diese Investitionen tätigen. Die geeignete Gestaltung der Verfügungsrechte ist damit die Voraussetzung für den Prozeß der wissenschaftlichen Erkenntnis. Die Schaffung des Patentrechts im 19. Jahrhundert stellt so für North die eine Voraussetzung für die zweite wirtschaftliche Revolution dar, in der neues Wissen systematisch in den Prozeß der wirtschaftlichen Entwicklung einbezogen wird; die andere Voraussetzung ist die Finanzierung der Grundlagenforschung aus öffentlichen Mitteln.[21]

Wenn man den modernen Gesellschaften des Westens eine besondere Art von Rationalität zuschreiben will - über diese Voraussetzung kann man natürlich unterschiedlicher Meinung sein -, dann läßt sie sich wohl nur im RCM erklären, wobei insbesondere North explizit die Bedeutung der institutionellen Rahmenordnung für das Verhalten der Menschen herausstellt. Damit hat die Rationalität moderner Gesellschaften eine grundlegende ökonomische Dimension.

3. Ökonomische Rekonstruktion der Moral

Kritiker beklagen in der zunehmenden Ökonomisierung der Lebenswelt den Verlust von kommunikativer Rationalität, von Solidarität und Moral.[22] Die Ökonomik arbeitet gegenwärtig an einer Rekonstruktion der Moral im RCM.[23] Voraussetzung dafür ist, daß Ökonomik paradigmatisch nicht länger auf Markttheorie reduziert wird, in der Moral, wenn überhaupt, nur als Instrument zur Domestizierung der Ökonomie oder nur bei Marktversagen vorkommen kann.

Im Anschluß an T. Hobbes zeigt J.M. Buchanan, daß die Moral für die Gesellschaft nützlich, vorteilhaft ist: Moral ist ein öffentliches Gut, und sie ist somit ökonomisch zu begründen. Darauf will ich nicht weiter eingehen.[24] Eine grundlegende Frage der Moralphilosophie seit der Antike ist, ob aus einer entsprechenden Einsicht auch schon die Befolgung der moralischen Normen folgt. Während Sokrates-Platon und die ihnen folgende Tradition diese Frage bejahen, wird sie in der Tradition von Aristoteles und T. Hobbes verneint; letztere muß erklären, ob Akteure die moralischen Restriktionen, deren Vorteilhaftigkeit sie eingesehen haben, im konkreten Handeln auch beachten, denn wie bei öffentlichen Gütern allgemein, ist auch bei der Moral die Außenseiterposition[25] attraktiv. Während die Sokrates-Platon-Tradition nur schwer erklären kann, warum es so viele Übertretungen moralischer Normen gibt, kann umgekehrt die Hobbes-Tradition, in der die moderne Ökonomik steht, nur schwer erklären, warum so viele Akteure die Normen befolgen.

Im Rahmen der Hobbes-Tradition kann nun im Anschluß an Überlegungen von R. Axelrod, J. Elster, D. Gauthier, A. Gehlen, R.A. Heiner, H. Kliemt, T.C. Schelling und V. Vanberg[26], um nur einige Autoren zu nennen, gezeigt werden, daß es unter bestimmten typischen Bedingungen vorteilhaft ist, eine "Disposition" zur Befolgung moralischer Normen zu haben. Die Vorteile liegen zum einen in der Stabilität der wechselseitigen Verhaltenserwartungen und der Senkung von Entscheidungskosten (A. Gehlen), zum anderen in den Routinen, Daumenregeln, die in vielen Einzelfällen zwar suboptimal sein mögen, aber vor groben Fehlern bewahren (R.A. Heiner); vorteilhaft ist diese Disposition zum dritten auch in all den Fällen, in denen die Befolgung einer Regel die Voraussetzung dafür ist, daß die erwünschten Ziele erreicht werden (Konzeption des self-managements, T.C. Schelling). In der modernen Ökonomik wächst im Anschluß an regelutilitaristische Überlegungen und an die "constitutional economics" das Verständnis dafür, daß es ökonomisch vorteilhaft ist, nicht immer Case-by-case-Entscheidungen zu treffen, sondern für die einzelnen Entscheidungen Regeln zu adaptieren.[27] Die Entscheidungen über solche Regeln kann man als "konstitutionelle Entscheidungen" betrachten, und die lassen sich konsistent im RCM ableiten: Das Individuum adaptiert die Regeln, die - im Vergleich zu anderen Regeln - den höchsten Nutzen versprechen. Damit kann gezeigt werden, daß es vorteilhaft ist, sich zu Dispositionen zu entscheiden, die dann eingeübt werden, die ferner emotional belegt werden und die schließlich auch zu einer theoretischen Umstrukturierung von Entscheidungssituationen führen können, in denen die Beachtung moralischer Regeln gefordert ist. Es handelt sich um eine moderne Reformulierung des aristotelischen Hexis-Habitus-Modells, in das auch das soziologisch-psychologische Konzept der Internalisierung eingeht. Für die emotionale Belegung dieser Regeln wäre ein Autor wie F.A. von Hayek zu nennen, für die theoretische Restrukturierung der entsprechenden Situationen der Pädagoge L. Kohlberg, der allerdings der Sokrates-Platon-Tradition zuzurechnen ist.[28] Auf diese Weise wird die Disposition, moralische Restriktionen zu beachten, stabilisiert.

Der Ertrag dieser Forschungsrichtung besteht darin, daß sie Bedingungen für den Bestand der Moral aufzuzeigen vermag. Eine wichtige Bedingung ist, daß es eine 'unbedingte' Moralbefolgung nicht geben kann; unverzichtbar für den Fortbestand von Moral in der Gesellschaft sind Sanktionen für die, die die moralischen Normen nicht beachten.[29] Eine weitere wichtige Bedingung ist die Möglichkeit, zwischen Interaktionspartnern, die die Moral befolgen, und Interaktionspartnern, die die Moral nicht befolgen, zu unterscheiden, um das Verhalten der ersteren 'belohnen' zu können; in der Sprache von Gauthier muß zwischen den "straightforward maximizers" und den "constrained maximizers" unterschieden werden können.[30] Eine wichtige Strategie in diesem Zusammenhang kann Tit-for-Tat sein, weil sie eine Heuristik zu dieser Unterscheidung darstellt; die wesentliche Schwäche von Erklärungsansätzen nach dem Axelrod-Typ, in dem Tit-for-Tat eine systematisch bedeutende Rolle spielt, ist darin zu sehen, daß das Verständnis für konstitutionelle Entscheidungen fehlt. Eine weitere Bedingung für den Bestand der Moral ist, daß eine Mindestzahl von "constrained maximizers" erforderlich oder hilfreich für die Ausbreitung von Moral ist.[31] Die Interaktionshäufigkeit und die Bevölkerungsdichte sind weitere wichtige Variablen in diesem Kontext.[32] Kurzum: Die ökonomische Kalkulation (der Befolgung) moralischer Dispositionen ist Voraussetzung für moralische Rationalität. Dies gilt vor allem in der negativen Version: Eine Moral, die den einzelnen eine schwerwiegende, dauerhafte und ungerecht verteilte Beeinträchtigung ihrer Interessen abverlangt, ist unvermeidlich der - unter Umständen schnellen - Erosion ausgesetzt.

Vanberg unterscheidet zwischen reinen Koordinationsproblemen, wo mehrere Akteure sich auf Handlungsverläufe einigen müssen, ohne daß sie direkt entgegengesetzte Interessen haben und Gefangenendilemmasituationen mit der bekannten Anreizstruktur. Für ihn stellt die Moralbefolgung bei Koordinationsproblemen kein grundsätzliches Problem dar. Schwieriger ist es bei Gefangenendilemmasituationen, in denen die Akteure - z.T. starke - Anreize haben, nicht zu kooperieren. Vanberg selbst beurteilt die Aussichten, daß in Situationen von der Struktur des Gefangenendilemmas die moralischen Normen, Beschränkungen, beachtet werden, äußerst pessimistisch.[33] Gauthier vertritt dagegen die Auffassung, daß mit der Übernahme einer moralischen Disposition dann auch quasi-automatisch nach dieser übernommenen Disposition gehandelt wird,[34] eine Antwort, die wohl nicht befriedigen kann.

Ich vertrete die Auffassung, daß man für Situationen vom Typ des Gefangenendilemmas nicht zu viel erklären wollen darf. Schließlich gibt es in der Tradition der Moralphilosophie so etwas wie menschliche 'Schwäche', und wenn man die wegerklären, d.h. als irrational beurteilen will, würde die Erklärung über das Ziel hinausschießen. Im übrigen muß man die forschungslogische Rolle des RCM sich vor Augen führen. Das RCM dient als eine Heuristik, nicht als eine Dogmatik. Das RCM stellt ein Schema dar, nach dem die Forschung verfahren soll, und dieses Schema verlangt: Erkläre das Verhalten von Akteuren aus ihrem Bestreben, den erwarteten Nutzen unter Restriktionen zu maximieren - und aus sonst gar nichts. Das bedeutet: Wenn man andere Variablen als individuelle Präferenzen und Restriktionen in einer Erklärung gemäß dem RCM verwenden würde, also etwa ein eigenständiges Motiv der Moralbefolgung, von dem Vanberg spricht,[35] würde man einen methodischen Fehler begehen, nicht jedoch unbedingt einen sachlichen. Im RCM können moralische Motive, moralische Dispositionen, nur als abgeleitete Dispositionen vorkommen - das ist von den Konstruktionsbedingungen des Modells 'erzwungen' und sagt unmittelbar noch nichts über "die Realität".

Moralität läßt sich auf diese Weise aus ökonomischen Kalkulationen in Situationen strategischer Interdependenz ableiten. Die Integrationsleistung dieser ökonomischen Rekonstruktion der Moral ist beträchtlich. Viele Themen der traditionellen und neueren Moralphilosophie, Soziologie und Pädagogik lassen sich auch im RCM abhandeln, so das Konzept der Internalisierung aus Soziologie und Psychologie, die Rolle der Reputation qua Investition in Ansehen, die Rolle von Vertrauen, die Rolle des stellvertretenden Lernens, vicarious learning, unter vom Handeln nicht direkt betroffenen Dritten, die moderne Kohlbergsche Pädagogik mit dem Grundgedanken einer Restrukturierung der Situationswahrnehmung in jenen Situationen, in denen moralisches Verhalten erforderlich ist, sowie das Gewissen.[36] Die Argumentationen der traditionellen Moralphilosophie sind dann zu interpretieren teils als eine Analyse der konkreten Inhalte von Moralsystemen mit ihren Pflichtenkollisionen etc. und teils als eine quasi-phänomenologische Analyse der 'Innenansicht' der Moral. Die ökonomische Rekonstruktion der Moral und der Moralbefolgung vermögen deutlich zu machen, daß keine Moral eine nachhaltige 'Bestrafung' moralischen Verhaltens bzw 'Prämierung' unmoralischen Verhaltens, bemessen in individuellen Vorteilen gemäß dem RCM, auf Dauer wird aushalten können. Wenn "moral choice" einen Teil von "rational choice" darstellt, dann zeigt sich auch hier, daß Rationalität eine ökonomische Dimension hat, auf die in der Theoriebildung nur zu hohen Kosten verzichtet werden könnte.

4. Die ökonomische Dimension von Rationalität

Ich fasse zusammen: Den verschiedenen Rationalitäten bzw. Typen von Rationalität, die in der Literatur begegnen, ist eine ökonomische Dimension gemeinsam. Logik und Prüfverfahren für empirische Theorien bleiben wichtig, verlieren aber ihre dominante Stellung. Zentral für die Rationalität ist eine leistungsfähige Heuristik, wodurch die Zukunftsaussichten von Handeln in Wissenschaft, Politik und Moral entscheidend werden. Dominant wird die systematische Suche nach neuen Alternativen, und Rationalität wird als Prozeß - oder Verfahrensrationalität ausgelegt.

Rationalität ist damit keine inhärente Qualität von Theorien und auch keine individuelle Leistung eines einzelnen Akteurs. Rationalität wird einem System von Interaktionen zugesprochen, in dem Arbeitsteilung, Risikostreuung und Wettbewerb für die Entdeckung neuer Tatsachen bzw. neuer Handlungsmöglichkeiten sorgen. Das Handeln des einzelnen kann nicht abgelöst werden von der Rahmenordnung, die über die Restriktionen die Anreizstrukturen aller einzelnen beeinflußt. Damit ist die soziale Struktur als systematisch grundlegend für die Rationalität von menschlichem Handeln erwiesen, wenn auch dadurch das grundlegende Problem der Moderne, die Differenz von Handlungsrationalität und Systemrationalität, keineswegs gelöst ist.

Anmerkungen

1 Schnädelbach (1984) S.12; vgl. Schnädelbach (Hrsg., 1984); Vossenkuhl (1985) und der Beitrag in diesem Band; Apel (1984).

2 Auf die Rationalität in der Kunst, die J. Habermas in der Kritik an M. Weber in ein umfassendes Konzept von Rationalität einbezogen wissen will, kann hier nicht näher eingegangen werden; vgl. etwa Habermas (1984) S.441-472, bes. S.447 und 467.

3 Vgl. dazu Homann, Suchanek (1989).

4 Grundlegend Meckling (1976).

5 Vgl. Schumpeter (1972); Aldrup (1971); Simon (1978).

6 Vgl. im einzelnen dazu Homann (1988), bes. Kapitel 1 und 2.

7 Vgl. Kuhn (1974), bes. S.319.

8 Lakatos (1974); Kuhn (1976) und (1978); Stegmüller (1973) und (1980); Worrall (1980) und (1980a); Zahar (1980); Urbach (1980); Koertge (1980); Rescher (1979); Albert (1978), bes. S.45-52; Pähler (1984). Vgl. für eine ausführliche Diskussion Homann (1988) Kapitel 2.

9 Kant, Kritik der reinen Vernunft B699; Kant (1910 ff.) Bd. 3, S.443; Hervorhebung im Orginal.

10 Vgl. Kuhn (1978) S.436 f.

11 Vgl. bes. Pähler (1984) S.88 ff.; vgl. auch bereits Kuhn (1978) S.434.

12 Vgl. Kuhn (1976) S.161 f.; Becker (1982) S.138 und S.144.

13 Chr. Seidl hat mir in der Diskussion entgegengehalten, daß die erfolgreichste Strategie der Kostensenkung nach diesem Ansatz darin bestehe, keine neuen Möglichkeiten entstehen zu lassen; insofern führe der Ansatz zu einer 'statischen' Verhaltensempfehlung. Mein Gegenargument lautet: Dies wird bereits in dem Augenblick unmöglich, in dem eine Gesellschaft (eine Gruppe, ein einzelner) ausschert und nach Möglichkeiten der Kostensenkung durch Entwicklung neuer Möglichkeiten sucht. Vgl. dazu Homann (1988) S.128 ff.

14 Schluchter (1979).

15 Weber (1972); dazu Habermas (1981) und (1984) S.444 ff.

16 Schumpeter (1972) S.199 f.

17 Ebd. S.201.

18 Habermas (1981) Bd.2, S.489 ff.

19 Hier zitiert nach der dt. Übersetzung North (1988).

20 Ebd. S.176.

21 Vgl. ebd. S.178.

22 Vgl. Fußnote 18.

23 Ausführlicher dazu Homann (1989).

24 Im Anschluß an Buchanan (1984) entwickelt in Homann (1988a).

25 Klassisch dazu Olson (1968).

26 Axelrod (1987); Elster (1979) und (1983), teilweise übersetzt (1987); Gauthier (1986); Gehlen (1961) und (1964); Heiner (1983); Kliemt (1985); Schelling (1984); Vanberg (1984), (1988), (1988a) sowie Vanberg, Buchanan (1988).

27 Vgl. zur konstitutionellen Ökonomik Vanberg, Buchanan (1988), zum Regelutilitarismus Homann (1988) S.245-256.

28 Vgl. Kohlberg (1981), bes. S.29 ff.

29 Vgl. Axelrod (1987).

30 Vgl. Gauthier (1986) S.169 ff.

31 Im Anschluß an R.L. Trivers Gauthier (1986) S.187 ff.

32 Vgl. Raub, Voss (1987) S.208.

33 Vgl. Vanberg (1988) S.27; Vanberg, Buchanan (1988).

34 Vgl. Gauthier (1986) S.167, 187 u.ö.

35 Im Anschluß an R. König Vanberg (1988a) S.164.

36 Vgl. dazu im einzelnen Homann (1989).

Literatur

Albert H. (1978). **Traktat über rationale Praxis**. Tübingen.

Aldrup D. (1971). **Das Rationalitätsproblem in der Politischen Ökomomie. Methodenkritische Lösungsansätze**. Tübingen.

Apel K.-O. (1984). Das Problem einer philosophischen Theorie der Rationalitätstypen. In: Schnädelbach H. (Hrsg.), **Rationalität. Philosophische Beiträge. Frankfurt am Main**, S.15-31.

Axelrod R. (1987). **Die Evolution der Kooperation**. Übersetzt und mit einem Nachwort von Raub W. und Voss Th. München.

Becker G.S. (1982). **Der ökonomische Ansatz zur Erklärung menschlichen Verhaltens**. Übersetzt von Vanberg M. und V. Tübingen.

Buchanan J.M. (1984). **Die Grenzen der Freiheit. Zwischen Anarchie und Leviathan**. dt. Tübingen.

Elster J. (1979). **Ulysses and the Sirens. Studies in rationality and irrationality**. Cambridge u.a.

—— (1983). **Sour Grapes. Studies in the subversion of rationality**. Cambridge u.a.

—— (1987). **Subversion der Rationalität**. Mit einer Einleitung von Wiesenthal H. Übersetzt von Burkard B. Frankfurt, New York.

Gauthier D. (1986). **Morals by Agreement**. Oxford.

Gehlen A. (1961). **Anthropologische Forschung**. Reinbek bei Hamburg.

—— (1964). **Urmensch und Spätkultur**. 2. Aufl. Frankfurt.

Habermas J. (1981). **Theorie des kommunikativen Handelns**. 2 Bde. Frankfurt am Main.

—— (1984). **Vorstudien und Ergänzungen zur Theorie des kommunikativen Handelns**. Frankfurt am Main.

Heiner R.A. (1983) The Origin of Predictable Behaviour. **American Economic Review**, 73, 560-569.

Homann K. (1988). **Rationalität und Demokratie**. Tübingen.

—— (1988a). Die Rolle ökonomischer Überlegungen in der Grundlegung der Ethik. In: Hesse H. (Hrsg.), **Wirtschaftswissenschaft und Ethik. Schriften des Vereins für Socialpolitik N.F.** Bd 171. Berlin, S.215- 240.

—— (1989). **Entstehung, Befolgung und Wandel moralischer Normen: Neuere Erklärungsansätze**. Im Druck.

Homann K., Suchanek A. (1989). Methodologische Überlegungen zum ökonomischen Imperialismus. **Analyse & Kritik**, 11, 70-93.

Kant I. (1910 ff.). **Gesammelte Schriften**. Hrsg. von der Königl. Preuß. (später: Dt.) Ak. d. Wiss., Berlin.

Kliemt H. (1985). **Moralische Institutionen. Empiristische Theorien ihrer Evolution**. Freiburg, München.

Koertge N. (1980). Ansätze zu einer neuen Theorie der wissenschaftlichen Forschung. In: Radnitzky G., Andersson G. (Hrsg.), **Fortschritt und Rationalität der Wissenschaft**. Tübingen, S.247-274.

Kohlberg L. (1981). **Essays on Moral Development. Volume I: The Philosophy of Moral Development. Moral Stages and the Idea of Justice**. San Francisco u.a.

Kuhn T.S. (1974). Bemerkungen zu Lakatos. S.313-321. In: Lakatos I., Musgrave A.(Hrsg.), **Kritik und Erkenntnisfortschritt**. Übersetzt von Feyerabend und A.Szabó. Braunschweig.

—— (1976). Die Struktur wissenschaftlicher Revolutionen. 2., revidierte und um das Postskriptum von 1969 ergänzte Aufl., übersetzt von Hermann Vetter. Frankfurt am Main.

—— (1978). Die Entstehung des Neuen. Studien zur Struktur der Wissenschaftsgeschichte. Übersetzt von Hermann Vetter, hrsg. von Lorenz Krüger. Frankfurt am Main.

Lakatos I. (1974). Falsifikation und die Methodologie wissenschaftlicher Forschungsprogramme. In: Lakatos I., Musgrave A.(Hrsg.), **Kritik und Erkenntnisfortschritt**. Übersetzt von Feyerabend P.K. und Szabó A. Braunschweig, S.89-189.

Meckling W.H. (1976). Values and the Choice of the Model of the Individual in the Social Science. **Schweizerische Zeitschrift für Volkswirtschaft und Statistik**, 112, 545-560.

North D.C. (1988). **Theorie des institutionellen Wandels. Eine neue Sicht der Wirtschaftsgeschichte**. Übersetzt von Streissler M. Tübingen.

Olson M. (1968). **Die Logik des kollektiven Handelns. Kollektivgüter und die Theorie der Gruppen**. Tübingen.

Pähler K. (1984). **Vorstudien zu einer Ökonomie des Erkenntnisfortschritts. Probleme der Wissenschaftstheorie Karl Poppers**. Tübingen.

Raub W., Voss T. (1987). Selbstinteresse und Kooperation als Gegenstand der Sozialtheorie - Elemente eines Forschungsansatzes. Nachwort zu: Robert Axelrod (1987), S.195-212.

Rescher N. (1979). **Cognitive Systematization. A systems-theoretic approach to a coherentist theory of knowledge**. Oxford.

Schelling T.C. (1984). **Choice and Consequence. Perspectives of an errant economist**. Cambridge (Mass.), London.

Schluchter W. (1979). **Die Entwicklung des okzidentalen Rationalismus. Eine Analyse von Max Webers Gesellschaftsgeschichte**. Tübingen.

Schnädelbach H. (Hrsg., 1984). **Rationalität. Philosophische Beiträge**. Frankfurt am Main.

—— (1984). Einleitung. In: Schnädelbach (Hrsg., 1984), S.8-14.

Schumpeter J.A. (1972). **Kapitalismus, Sozialismus und Demokratie**. Einleitung von Salin E., 3. Aufl. München.

Simon H.A. (1978). Rationality as Process and as Product of Thought. **American Economic Review. Papers and Proceedings**, 68, 1-16.

Stegmüller W. (1973). **Probleme und Resultate der Wissenschaftstheorie und Analytischen Philosophie. Bd.II: Theorie und Erfahrung. 2.Halbbd.: Theorienstrukturen und Theoriendynamik**. Berlin, Heidelberg, New York.

—— (1980). **Neue Wege der Wissenschaftsphilosophie**. Berlin, Heidelberg, New York.

Urbach P. (1980). Die objektiven Aussichten eines Forschungsprogramms. In: Radnitzky G., Andersson G. (Hrsg.), **Fortschritt und Rationalität der Wissenschaft**. Tübingen, S.109-125.

Vanberg V. (1984). 'Unsichtbare-Hand Erklärung' und soziale Normen. In: Todt H.(Hrsg.), **Normengeleitetes Verhalten in den Sozialwissenschaften. Schriften des Vereins für Socialpolitik N.F.**, Bd. 141. Berlin, S.115-146.

—— (1988). **Morality and Economics. De Moribus est Disputandum. Social Philosophy and Policy Center, Original Papers No.7**, Bowling Green State University.

—— (1988a). Rules and Choice in Economics and Sociology. In: **Jahrbuch für Neue Politische Ökonomie**, 7, S.146-167.

Vanberg V., Buchanan J.M. (1988). Rational Choice and Moral Order. **Analyse & Kritik**, 10, S.138-160.

Vossenkuhl W. (1985). Types of Rationality and Economic Action. In: Koslowski P.(Hrsg.), **Economics and Philosophy**. Tübingen, S.126-140.

Weber M. (1972). **Wirtschaft und Gesellschaft. Grundriß einer verstehenden Soziologie**. 5., revidierte Aufl., hrsg. von Winckelmann J.. Tübingen.

Worrall J. (1980). Wie die Methodologie der wissenschaftlichen Forschungsprogramme die Poppersche Methodologie verbessert. In: Radnitzky G., Andersson G. (Hrsg.), **Fortschritt und Rationalität der Wissenschaft**. Tübingen, S.51-78.

—— (1980a): Forschungsprogramme, empirische Stützung und das Duhemsche Problem: Stellungnahmen und Kritik. In: ebd., S.373-391.

Zahar E.G. (1980). "Experimenta crucis": Untersuchung eines Beispiels. In ebd., S.79-108.

Edward McClennen

Morality as a Public Good

> Most people do not trust most other people, unmonitored, to honor obligations completely. Because of this they use substantial amounts of resources to specify the details of agreements, and to police them. Use of these resources ... could be greatly reduced, if transacting parties would agree to honor the spirit of their agreement and simply shake hands. The resource saving to the two parties combined, from substituting this mode of "enforcing" agreements to those currently used, is clear. Why, then, does not this more efficient mode of transacting drive out the more costly methods through the normal competitive process? The underlying rationale for this ... is that it is privately profitable to engage in some degree of "cheating" on agreements, and to use resources to disguise this fact...
>
> Reder (1979, p.143-144)

1. The Problem

Imagine a collection of persons who have agreed to coordinate their activities in some particular manner (e.g., honoring contractual obligations), each doing so from a sense of the personal advantages to be gained thereby. The question now is what steps are to be taken to ensure that each abides by this agreement. There are a variety of options. At one extreme, they can choose to rely upon nothing but the good will of participants. At the other extreme, they can choose to invest in a formal enforcement device. Notice, however, that no such device can be altogether effective. There will always be occasions on which it will be in the interest of some member of the group to violate the terms of the agreement. More to the point, since any enforcement device will require the expenditure of scarce resources, something considerably less than a maximal enforcement device is likely to prove cost-effective.

The following standard argument tells against rational participants stabilizing on a scheme of purely voluntary compliance. Such a way of coordinating choices conforms to the pattern of a public good. Each benefits, not from his own contribution (this is cost), but from the contribution of the others. Thus, if they rely on voluntary compliance, there will be opportunities to defect where the expected net gain to the defector is positive. This generates a familiar "prisoners' dilemma" problem, in which each agent chooses the course of action (defecting) - then and there - which best serves his interest, but where the net effect of this is that all are worse off than they would be had they instituted a formal enforcement device.

The enforcement device approach thus seems to be a better option. Such agents, however, are still caught in a prisoners' dilemma. As noted, a formal enforcement device will require an investment of scarce resources. On the assumption that these costs are distributed among the members of the group, each would do better if each were to voluntarily refrain from defecting than if compliance is secured by means of such a device. The putatively "rational" solution is a second best solution: it is inefficient by comparison with everyone's acting in a "principled" fashion.

Is it misleading to speak of an enforcement device as a second best solution? One might be inclined to argue that an outcome is second best only if there is a *feasible* alternative that would leave each participant better off. But, on the account just given, the rational dispositions of each are such that the "principled behavior" approach is simply not feasible.

In this case, a cost-effective enforcement device may qualify as a "first best" solution. On the other hand, the voluntary approach defines a method of coordination that is "open" to the members of the group: it satisfies the usual constraints of available resources, state of technology and knowledge, etc. I think that this yields a more correct concept of feasibility, but I am content to leave this matter open for the moment. In speaking of an enforcement device as second best, I mean only to suggest that there is an alternative scheme (the purely voluntary arrangement, which is "technically" feasible and which would, if it could be implemented, leave everyone better off).

The participants do have another option. They can employ some method of socialization or "indoctrination", hoping thereby to transform the values or preferences of the members of the group so that they come to prefer to honor their obligations (at least, say, so long as they expect that others will do likewise). Imagine, now, that some such socialization scheme has been put into effect, and consider a representative participant. By hypothesis, if the procedure is reasonably effective, that agent can expect that others (or most others) will not be disposed to defect. Under such circumstances will defection on his part be rational? If his own values have been transformed, then, by hypothesis, conformity is his rational choice. But what if he is one of those who were not socialized? In this case, his best strategy will be to defect.

How could it happen that a participant fails to be socialized? Perhaps the indoctrination process was imperfect. There is, however, an alternative, and more worrisome, explanation. Socialization was presumably agreed upon because each judged, by reference to personal interests - interests that will be qualified but not altogether transformed as a result of socialization - that he would be better off. But this being the case, a given person might have projected at the very outset that simulating, rather than actually undergoing, socialization would be to his advantage. This has a familiar ring to it. If others allow themselves to be socialized, and he only appears to do the same, while secretly maintaining a strategic approach to interaction, the loss to the group will be only marginal. In particular, he need not be concerned that his unilateral defections will cause the group to supplement the socialization process with some sort of formal enforcement device. If, on the other hand, all the others (or at least a great many of them) simply pretend to be socialized, and thus also defect, a supplementary enforcement device will have to be instituted anyway, regardless of what he does. But, then, he stands to gain by merely appearing to be socialized, regardless of what others do.

If it is rational for him to approach the matter in this way, however, by parity of reasoning, it is rational for any other representative participant; thus, for each member of a group of rational agents, the best strategy will be to pretend, and the outcome will be the same as if they simply attempted, and failed, to voluntarily cooperate. But all will anticipate this, and hence, all will conclude at the very outset that the best course of action is to immediately introduce a (costly) enforcement device. This does not establish, of course, that rational agents will *never* be able to cooperate in an efficient manner. One can always imagine a group of persons each one of whom intrinsically values being trustworthy. Such persons will be able to effectively cooperate with one another, at least in so far as they believe each other to be trustworthy. But this conclusion is purchased at the price of an ad hoc assumption about what each intrinsically values.

2. *Diagnosing the Problem*

The problem just discussed concerns the defection decisions of members of a group of indefinite size, where choices are more or less randomly distributed over time. But the temporal dimension plays no essential role. Though agents choose at different points in time, it is not assumed that any particular individual decides in full awareness of what others have chosen. The logic of the situation, then, can be captured in a model in which choice is simultaneous. Moreover, for expository purposes it will prove useful to begin by considering a very simple problem of this type - one in which there are just two agents. And finally, for reasons that will become evident shortly, I want to focus on an asymmetrical version of this type of situation. Suppose, then, the following problem, in which agents 1 and 2 must choose simultaneously:

		Agent 2	
		a_2	b_2
Agent 1	a_1	\$8, \$8	\$5, \$7
	b_1	\$9, \$5	\$6, \$6

Game G

On the assumption that each prefers more money to less, and each is unconcerned with how much money the other gets, agent 1 has a dominant strategy, b_1, while agent 2 does not. Agent 2, unlike agent 1, would most prefer to cooperate so as to achieve the outcome (\$8, \$8). On the standard way of reasoning, however, that agent 1 has a dominant strategy suffices to determine the rational outcome of this game. Agent 1 should play his dominant strategy, and agent 2, given conditions of full information, and common knowledge of the rationality of each, will expect agent 1 to do just this. But, then, his best response will be b_2. Thus, on the usual account, and barring some way to form a binding agreement with one another, rational agents who know each other to be such will have to settle for the outcome (\$6, \$6), despite the fact that each would do better to coordinate on (a_1, a_2) for an outcome of (\$8, \$8).

What characterizes this way of thinking about rationality is the manner in which it anchors choice. Notice, first, that there is an explicit appeal to a consequentialist principle. Each agent's assessment of the alternatives available to him is presumed to be oriented to his preferences for outcomes or *consequences*. This requirement, however, does not suffice to determine that the rational choice for agent 1 in the sort of situation is to choose b_1. In fact, within the context of this sort of example an appeal to consequences yields conflicting recommendations.

To be sure, if agent 1 can assume that the choice of agent 2 is not influenced by his own choice (a presupposition which must be introduced if the dominance argument is to apply at all), his preferences for the independently identifiable consequences of his choice, together with the familiar dominance conditions, appear to call for him to select b_1. But it is also the case that agent 1's (putatively rational) disposition to choose the dominant over the dominated strategy in this sort of situation that precludes his being able to coordinate with player 2, and thereby jointly implement a plan the *consequences* of which are preferred by him to the *consequences* of his choosing b_1 and player 2 responding with b_2. In particular, agent 1 cannot rationalize having to settle for \$6 rather than \$8 by reference to the dispositions of agent 2. Agent 2 would be quite willing to coordinate on a plan that will realize the joint payoff of \$8, if he could have assurance that player 1 would cooperate. What stands between agent 1 and the larger payoff, then, is just his *own* disposition. From a purely consequential point of view - with nothing but a greater monetary payoff to himself as the criterion of preference - he prefers the outcome of coordination to the outcome of what is alleged to be rational interaction.

That preferences over outcomes are controlling for choice in and of itself, then, does not settle the question in favor of the standard view.[1] What is requisite, in addition to the above consequentialist principle, is a separability principle. Separability implies that for purposes of determining a rational choice for any given agent in such an interactive situation, it suffices to *separate* out the piece of the problem that pertains just to the choice the agent must make (i.e., consider it in abstraction from the context of the interactive problem itself), and ask how the agent would be prepared to evaluate just those options. The choice that the agent would make under those transformed conditions is then the choice he should make in the context of the interactive problem itself. For the 2-person simultaneous-choice game *G*, separability has the following implications. Consider either agent, and suppose that he has (a possibly indeterminate) expectation as to how the other agent will choose. Now, suppose that he were to face a set of alternatives which had associated with it the same set of outcomes, conditioned not by a choice to be made by the other agent, but by some "natural" turn of events in the world, so that the agent faces, in effect, a classic problem of individual decision-making under conditions of risk and/or uncertainty. Call this decision problem *D*. And, finally, suppose that his expectation with regard to the conditioning events corresponds to the expectation he now has with regard to the choice that the other agent will make in *G*. Then separability requires that his preference ordering over the options in *G* must correspond to his preference ordering over the options in *D*.[2]

Now, for *D*, if it is assumed that the turn of events in *D* is not linked (causally or probabilistically) with the choice that agent 1 makes, consequentialism implies unproblematically that agent 1's preference ordering of outcomes determines his ordering of the alternatives in *D*. In particular, his preferences for the corresponding outcomes, together with a familiar dominance principle, imply that he must choose b_1. In this case, that is, no matter what his expectations with regard to the conditioning events, he has a clear choice. But separability, in turn, requires that his ordering of the alternatives in *D* determines his ordering of the alternatives he faces in *G*. Thus, these two principles taken together yield the conclusion that agent 1 must choose b_1.

More generally, consequentialism and separability together imply that if a given agent is in a position to anticipate the choice to be made by the other agent (or at least assign a probability distribution over an exclusive disjunction of possible choices), then he should maximize his own (expected) return, given his estimate concerning the choice the other agent will make. In this way, these two principles provide the basis for the familiar equilibrium condition for non-cooperative games between agents who know the strategy and payoff structure of the game and have common knowledge of each other's rationality. The linkage here is effected by the plausible assumption that if there is a determinate theory of how rational agents will choose in such situations, then each agent will be able to anticipate (at least probabilistically) how the other agent will choose.[3]

Note the logic of the evaluation of choices in such a separable framework. An agent who is committed to separability will choose so as to maximize with respect to his preferences for expected consequences, *given his expectations as to how the other agent will choose*. This, in turn, implies that the evaluation of any proposed coordination plan proceeds from the evaluation of what the plan calls upon a given agent to choose, holding all other features of the plan fixed, i.e., it proceeds from the evaluation of each segment of that plan, to the whole plan. A plan must be judged as not acceptable if it calls for some agent to make a particular choice that the agent would not be disposed to make were he to view his decision problem as separable in the sense just explained.

With regard to *G*, the implications of this is that the plan which calls for agent 1 to choose a_1 and agent 2 to choose a_2 must be rejected: it calls upon agent 1 to make a choice that he would not make were that same set of outcomes presented to him in abstraction from the interactive setting of *G*. Viewed in this way, separability can be seen to place substantial restrictions on the capacity of an agent to coordinate his choices with others. Indeed, separability precludes coordination in any meaningful sense of that term. What is left to the agent who is committed to the separability principle is not coordination but *strategic interaction*: his task is to estimate how the other agent will choose, and then, unilaterally adjust his own choice so as to maximize his expected return.

3. Making the Case for Non-Separability

I believe a case can be made for holding on to consequentialism but rejecting separability. Indeed, what I think can be shown is that consequentialism itself provides an argument against retaining the separability assumption. What recommends separability as a necessary condition of rational interactive choice? Intuitively, the notion is that from the perspective of the principle of the maximization of preferences with regard to outcomes it is one and the same whether the outcome of a choice of an action is conditioned by choices that another agent makes or by natural events. The decision problem explored in the previous section, however, provides a paradigm case in which this way of thinking about rational choice turns out to be troublesome. Separability in this context precludes agent 1 from being able to agree to a cooperative scheme with the other agent and then implement it. Effective cooperation between two rational agents in this situation requires agent 1 to be willing to refrain from independently readjusting his choice, i.e., switching to b_1, given that he believes that agent 2 will choose a_2. But this is precisely what an agent who is committed to separability cannot do. In short, a commitment to separability means that one must forego gains that coordinated choice would make possible. But this, I suggest, must undercut the plausibility of taking separability as a criterion of rational choice in this sort of context, and as one that can be derived from a consequentialist perspective. Put in somewhat more general terms, it is not plausible to argue that a condition C should be taken as a criterion of a consequentially oriented theory of rational choice for a given agent in such games, if acceptance of C by that very agent works to his own disadvantage.

Could one develop a parallel argument against the theory I am urging here, i.e., a theory of non-separable choice for games in which there are gains that can only be secured by means of coordinated choice? Suppose agent 1 does adopt a non-separable perspective in interacting with agent 2 in game *G* (where that game is defined in terms of conditions of common knowledge of each other's rationality, and of the payoff and strategy structure of the game, etc.). He will then be disposed to coordinate, i.e., choose a_1 rather than b_1; and agent 2, under the stated conditions, can be expected to be willing to coordinate his choice also. But, so the argument might seem to go, in that situation agent 1 would still do even better if he were to not be so disposed, i.e., if he were to be disposed to choose from a separable perspective.

This counter-argument is suspect. Under conditions of common knowledge, being disposed to view choice from a coordinate as distinct from a separable perspective makes possible gains that would otherwise not be possible. Under the stated conditions, were agent 1 to be disposed to view his choice from a separable perspective, he could not expect agent 2 to cooperate. That is, the gains from unilateral defection from cooperation are gains that are only possible on the assumption that one is disposed to cooperate, for in the absence of that disposition, there can be no opportunity to unilaterally defect and thereby reap additional gains.

Could the case for cooperation in *G* be made out by appeal to a separable perspective? Clearly there are games in which this would be the case. Suppose, for example, that agent 1 had to choose first, and that agent 2 did not have to choose until he had learned how agent 1 had chosen. In this modified version of *G*, agent 1 would have, from a separable perspective, a reason to adopt a cooperative strategy. But this line of reasoning does not apply to *G* itself. That is, it cannot be argued that under conditions of full knowledge of the payoff and strategy structure of the game, and common knowledge of the "rationality" of the other participants, an agent will have sufficient reason, from a separable perspective, to adopt a cooperative "strategy". In *G*, choices are to be made simultaneously (or at least without either one being in a position to learn how in fact the other has chosen, before making his own choice). Under such conditions, agents who view rationality from a separable perspective will, of course, have a "rational" motive for adopting the strategy of appearing to be cooperative. But "rational" agents who find themselves in the position of agent 1 in game *G* will simply be unable to play cooperatively, and their counterparts will know this.

I do not expect, of course, that all will be converted by this argument. But it does seem to me that the time has come to sort out more carefully than most have done the presuppositions that characterize the modern theory of rationality. I am inclined to agree with many economists and decision theorists that a consequentialist (or as philosophers might be inclined to say, a pragmatic) perspective must form the core of any plausible theory of rationality - as it pertains to both individual and interactive situations. The requisite separability condition, however, not only cannot be derived from consequentialism, but stands in conflict with it within the context of a wide class of games, including, in particular, all non-strictly competitive interaction situations. Moreover, as it turns out, the problem goes deeper than just the theory of interactive rationality - the theory of games. An analogous condition of separability plays a correspondingly problematic role in the theory of expected utility itself, i.e., the theory of independent decision-making under conditions of risk and uncertainty.[4]

One can, of course, try to ground the separability condition in some other way, by appeal, say, to some intuitive notion of "consistency". But granting that, what requires us to take any such intuition as overriding when it comes into conflict with consequentialist concerns? That is, what sense can we make of a consistency requirement, the imposition of which implies that rational persons under conditions of common knowledge must settle for less preferred consequences than they could otherwise obtain?

4. Non-Separable Interactive Rationality

I am not at all sure what, within a non-separable framework, a full theory of rational interactive choice would look like. I suggest, however, that a theory that is prepared to reject the separability condition for non-strictly competitive games would take satisfaction of the familiar principle of *collective* rationality - the *Pareto-optimality* condition - as a necessary condition of rational interaction under conditions of common knowledge. And this, in turn, would preclude taking ($6, $6) as the solution to *G*. Rational agents, who are able to communicate with one another (for purposes of bargaining) and who have common knowledge of each other's rationality, etc., will, then, not face a classical public goods problem. Such agents will be able to reach an agreement on, and implement, a plan that satisfies at the very least the Pareto-optimality condition. Correspondingly, then, the traditional treatment of public goods problems, as expressed in the work of Olson (1965), is best understood as a study of the nature of interaction under conditions of either *imperfect* rationality or *imperfect* information.

What in addition to the Pareto-optimality condition is likely to figure in a theory of interaction between rational agents under circumstances of full and common knowledge? Recent work in the theory of bargaining is clearly relevant here. Unfortunately, since the prevailing view has been that interactive situations in general are best understood in terms of models of strategic as opposed to cooperative choice, bargaining and negotiation theory is somewhat less than fully developed. However, important contributions to such a theory are to be found, e.g., in Nash (1951), Kalai and Smorodinsky (1975), and Gauthier (1986, Ch.V). The general thrust of this work is that bargains struck between rational agents who know each other to be such will not simply satisfy the Pareto condition, but also various other conditions (e.g., symmetry, independence of irrelevant alternatives, monotonicity, etc.).[5]

A related, but somewhat distinct position is suggested by Rawls (1971, Ch.VIII). Supposing for the moment that agents are able to reach agreement on a Pareto-optimal coordination scheme, one can conjecture that a mutual sense of the fairness of the scheme (and not just what must be done in order to achieve a Pareto-optimal outcome) plays a significant role in determining whether agents will in fact take the coordination scheme as regulative of their individual choices and not defect. Alternatively put, unfair arrangements will tend to require more enforcement, and hence more waste of social resources. What is interesting about this line of reasoning is that it ties the argument for fairness to considerations of mutual advantage or interest. The suggestion is that, from an explicitly temporal or dynamic perspective, unfair arrangements will be less stable and hence less efficient. It may even be possible to utilize such a line of reasoning to argue something about the content of the concept of fairness. A full working out of this would, I think, following Rawls's own suggestion, require a complex synthesis of psychological and economic perspectives; but it may well be that the relevant psychological dispositions themselves can be accounted for in terms of some extended model of rational choice.[6]

5. *An Endogenous Account of Moral Norms*

In Section 1, I suggested that one could always appeal to an ad hoc assumption to the effect that agents value commitments for their own sake. What I have argued here, by way of contrast, is that rational agents who fully grasp the logic of certain forms of interaction will be led, by a sense of the gains to be secured thereby, to agree upon a coordination scheme, and to take it as regulative of their own choice in cases to which the scheme is intended to apply. In a behavioral sense, of course, this means that they will choose, in particular cases, as if they valued trustworthiness, etc. But here there is no appeal to an ad hoc assumption. To the contrary, the suggestion is that such a commitment on the part of rational agents who know each other to be such, etc., can be understood as the *natural* outcome of a desire on the part of each to further his own goals and purposes.

This suggests a parallel to recent work in the economic theory of institutions. The traditional approach taken by economists involves treating institutions as simply exogenously given rules that set constraints on the maximizing behavior of the individual (just as a budget sets constraints). More recently, however, theorists have begun to explore how institutional constraints themselves can be given a rationale in terms of the commitment of individuals to maximize their preferences for outcomes.[7] On such a view, institutions are to be accounted for endogenously to a model of rational, individual interaction. In an analogous fashion, the argument I have pursued here proposes that rational agents who are faced with the problem of suboptimal equilibria will be prepared, under certain conditions, to revise the preferences they would otherwise have for taking advantage of others by defecting, and be willing to cooperate - precisely from a sense of what is required if they are to effectively pursue their interests with respect to outcomes. That is, under certain conditions, they will be willing to abandon their disposition to think of the choice problem they face in separable terms - and to do this with a view to maximizing their preferences with respect to consequences.

6. *Rules vs. Maxims*

The line of argument I have pursued here also lends itself to another interpretation, one somewhat more familiar to moral philosophers. What I have argued, in effect, is that the logic of non-strictly competitive interaction between rational agents calls for such agents, in so far as they can explicitly reach agreement with one another on a coordination scheme, to take the agreed-upon scheme as a rule of choice, i.e., to view the rule as defining a *practice* in the technical sense of that term introduced by Rawls (1955). According to Rawls there is an important distinction between justifying a practice and justifying a particular action falling under it. He also suggests that in order to make clear both the logic and the significance of this distinction one must, in turn, mark the difference between two concepts of rules. One of these, which he terms the *summary* concept, holds that rules serve merely to summarize past findings concerning the application of some much more general principle to specific cases. This in turn implies that it is possible to argue for an exception to the rule, in a given case, and to do this by direct appeal to the underlying principle. On the other view, which he terms the *practice* concept, rules have a quite different status. While rules can be defended by appeal to principles, the rules themselves are prior to the cases to which they are to apply, and serve directly as criteria for what counts as right or wrong choice in specific situations. In the case of rules of this type, one cannot justify an exception to the rule in a given case by direct appeal to the underlying principle.

Rawls has comparatively little to say about what might motivate agents to adopt a practice conception of rules. He contents himself with remarking that

> ...in many areas of conduct each person's deciding what to do on utilitarian grounds case by case leads to confusion, and that the attempt to coordinate behavior by trying to foresee how others will act is bound to fail. As an alternative one realizes that what is required is the establishment of a practice, the specification of a new form of activity; and from this one sees that a practice necessarily involves the abdication of full liberty to act on utilitarian and prudential grounds.[8]

Practices function, however, not only as solutions to coordination problems (the case that Rawls appears to have in mind) but also, and perhaps more importantly, as solutions to prisoners' dilemma and public goods problems.[9] Rawls's interest, moreover, is primarily with the place of a practice conception of rules in the context of utilitarianism: prudential considerations receive only passing mention. By way of contrast, I want to place the emphasis on prudential, i.e., "self-interested" choice. What I have argued, in effect, is that a practice conception of rules can be put to use to develop an alternative and more coherent way to think about how rational, "interested" choice will expresses itself. The notion is that rational agents faced with certain types of interaction problems will come to think in terms of a two-level theory of rational self-interest. Rational self-interest will guide them to adopt practices to deal not only with coordination but also prisoners' dilemma or public goods problems, and the practices upon which they are able to agree will then set constraints on individual choice in the relevant class of cases.

By way of striking contrast, the standard theory of rationality presupposes what Rawls characterizes as a maxim conception of rules - in which rules are always to be understood as nothing more than "rules of thumb", to be set to one side when it can be determined that by so doing one's interests are better served. And, what hammers that presupposition into place, I have argued, is the separability condition. For those who accept that condition, what Rawls characterizes as "a new form of activity" - namely, understanding oneself as a participant in a practice - is simply not possible.

7. The Problem of Interaction under less than Ideal Conditions

I have been concerned up to this point with the issue of how thoroughly rational agents who know each other to be such should interact. To what extent must the conclusions I have reached be qualified, if we suppose that something other than these ideal conditions obtain? If a rational agent is not sure that others with whom he interacts are rational, how should he respond? In small group settings, where refusal by others to do their part imposes costs on oneself, and one is not assured that others are rational, prudence will dictate taking due care. But, of course, within such a setting, the opportunities to defect with impunity will be rare, and informal social sanctions, rather than formal enforcement devices, will often suffice.

In larger group settings, such as those described in Section 1, any particular agent could hardly be expected to know by acquaintance the rational dispositions of all other participants, although each will be able to take some sense (from on-going interactions) of the degree of commitment of anonymous others to their common practices. In such a setting, as already noted, rational agents will be prepared to tolerate a certain level of defection, before they judge that surveillance and enforcement devices will have to be employed - since such measures involve significant costs. And even in cases in which formal enforcement devices are adopted, it will not be cost-effective (nor even technically feasible) to utilize them to the point that would-be will always be dissuaded. Thus the way is opened for at least some participants to defect with impunity.

Does this open the door to a new paradox? I have argued that it is decidedly odd to suppose that, under conditions of full and common knowledge, rational agents must settle for a suboptimal outcome. But on the theory of interactive rationality I am here proposing, it would seem that under conditions of less than full and common knowledge, "irrational" agents - those who are prepared to defect whenever they can do so with impunity - may be able to do better. Must we, then, acknowledge that in the world in which we find ourselves - a world that clearly falls far short of full and common knowledge - a pragmatic case can be made for choosing to cultivate only the appearance of being disposed to cooperate, while continuing, in fact, to choose strategically in each situation?

Clearly, adopting such a strategic approach is not something that can be done in a casual fashion, for in that case the agent runs a real risk of being marked as one who lacks the crucial disposition to cooperate, and others will take steps to monitor him and thereby minimize his effectiveness. If he chooses to not develop a disposition to cooperate, still he must cultivate the appearance of one who is so disposed. Moreover, it is plausible to suppose that part of what is required by those who want to cooperate with one another in an efficient manner is not simply that they develop a disposition to cooperate, but that they are prepared, when confronted with those who have not developed that disposition, to incur costs that they would otherwise judge to be unacceptable, in order to further diminish the likelihood that would-be defectors will be able to act with impunity. The logic of the argument I have pursued here implies that the decision whether or not to do one's part in applying informal sanctions also requires appeal to a non-separable perspective.[10]

Nonetheless, one cannot show that the adoption of a carefully orchestrated strategic approach to interaction must fail to secure for the agent its desired effect.[11] The whole of the preceding analysis pivots on the assumption that any participant will be in a position to depart with impunity from the rules defining a given practice on at least some occasions. At best, it seems, one can only argue that, for a very wide range of interactive situations, the individual will have an interest in developing a disposition to cooperate. If, due to some accident or other, or failure of the person to reason well about such matters, a person does not develop such a disposition, he *may* indeed end up gaining, and typically at the expense of others. But that argument comes to an end there: such an agent's "good fortune" must be just that, i.e., something he could not count upon, and hence something that does not support the policy of being disposed to interact strategically.

I am not at all sure that this sort of argument can be sustained, but if it can, then the answers to the questions I posed are clear enough. Those who fail to develop the requisite disposition to cooperate may, under certain circumstances, profit thereby, but one cannot argue on this basis that one should cultivate a purely strategic approach to interaction. And, if the theory I have advocated here has to accept the paradox that would-be defectors *may* gain in certain cases, still, the standard theory must accept the paradox that rational agents under conditions of full and common knowledge *must* fail to realize all the gains that could be realized through principled cooperation.

8. *Teaching vs. Indoctrination*

I have argued that rationality requires that agents develop an ability to engage in, to use Rawls's perspicacious phrase, "a new form of activity". Gauthier (1986, Ch.VI) develops this point in terms of an argument to the effect that rational agents will judge it to be in their interest to develop a disposition to be "constrained maximizers". The thrust of both of our analyses is that rational reflection should suffice to lead rational agents to do just this.[12]

Economists, on the other hand, in so far as they have reflected on these matters at all, have tended to suppose that such capacities are best understood as special preferences that individuals may come to have as the result of some non-rational process of indoctrination or "socialization". Reder, for example, in the continuation of the passage I quoted from at the outset, suggests that this typically takes place in childhood and youth - in the "formative years", and that it is the proper concern not simply of the family and the peer group, but of the state and the church. The reference to "formative" years is revealing, and suggests an interesting point of contact with a much quoted remark of Arrow (1971):

> It is useful for individuals to have some trust in each other's word. In the absence of trust, it would become very costly to arrange for alternative sanctions and guarantees, and many opportunities for mutually beneficial cooperation would have to be foregone... ...It is difficult to conceive of buying trust in any direct way.... indeed there seems to be some inconsistency in the very concept. Non-market action might take the form of a mutual agreement. But the arrangement of these agreements and especially their continued extension to new individuals entering the social fabric can be costly. As an alternative, society may proceed by internalization of these norms to the achievement of the desired agreement on *an unconscious level*. (emphasis added)[13]

Here the assumption is that development of the requisite capacity to coordinate one's choices with those of others is perhaps best achieved via unconscious psychological mechanisms rather than rational reflection on how to avoid less efficient forms of interaction. Once again, then, the implication is that "character" is the result of indoctrination, not education.

One can argue here, of course, that the intended distinction between indoctrination and education is non-existent - that instruction in methods of "rational" interaction, regardless of how rationality is characterized, is simply another form of indoctrination.[14] But, however the matter is thus construed, it remains the case that the pragmatic, consequentialist perspective to which the standard theory gives expression has had a most powerful impact on modern society. My own conjecture is that this is because it speaks to two deep interests of the typical individual in a modern liberal society. First, it makes the rationality of his choices a matter of attending to his own interests - however those are defined: it thus respects his autonomy. Second, it provides the basis for an allegedly stable form of interaction that promises significant material returns - i.e., competitive market interaction.

The traditional theory, however, implies that even under the limit conditions of perfect rationality and full and common knowledge, *neither* of these ideals can be realized. For fully "rational" agents, markets must fail in the presence of various externalities, and even where they do exist, they must be sustained by complex and expensive enforcement devices that provide people with the needed incentives to honor their obligations. The net result is a form of social interaction that is significantly mediated by constraining institutional structures. This means that the liberty of persons has been compromised. Moreover, since such institutions are not costless, this also means that one must settle for less material gain than would otherwise be possible.

Now, the theory of interactive rationality that I have been arguing for here retains the commitment to an individually oriented, pragmatic perspective, and it is not at all unfriendly to the notion that a competitive market provides a model of how to fully realize the mutual gains that are possible under conditions of interaction. More importantly yet, however, it suggests that under conditions of full rationality and common knowledge, there need be no compromising of the ideals of individual liberty and mutual benefit.

One is bound to wonder, then, what might be the effect of a course of study in which, say, at the very minimum the issue of what rationality requires in interactive situations was not more or less begged in favor of the separability assumption, and where more emphasis was placed on cooperative as distinct from non-cooperative game theory. If a more concerted effort were made to make people aware of the complex nature of interaction, and the savings to be realized by those who can voluntarily keep to agreements, one might even hope to see the more efficient mode of voluntary cooperation drive out more costly enforcement methods through the "normal competitive process".

Notes

1 The argument sketched here parallels the one I offered for sequential choice versions of the Prisoners' Dilemma in McClennen (1986).

2 A tacit appeal to separability is ubiquitous to the literature on game theory. Von Neumann and Morgenstern (1944 [1954]) reveal their commitment to this principle in the discussions to be found in Secs. 14.2 - 14.5, and even more clearly in Sec. 17.3; and this despite what seems, in Sec. 2.2, to be a disclaimer as to the appropriateness of thinking about interactive choice in this way. See also, Luce and Raiffa (1957, Sec. 4.3 and 4.4). The principle is central to the technique of backward reasoning that has been widely employed in sequential game and decision theory. See, for example, Luce and Raiffa (1957, p.98-99). In the literature on dynamic programming, it is captured in what has come to be known as Bellman's Principle. See Bellman (1954).

3 See Luce and Raiffa (1957, Sec. 4.4).

4 See McClennen (1988a, 1990a).

5 For a basic survey of some of the early work on this problem, see Luce and Raiffa (1957, Ch.6). There is a most interesting continuing dispute here as to the appropriate model for rational bargaining. The Kalai and Smorodinsky approach and the Nash approach make appeal to conflicting sets of axioms. See, in particular, Gauthier (1986, Ch.V) and the references therein.

6 I have sought to sketch an argument for this conjecture in McClennen (1989, and 1990b).

7 Important contributions to this literature are to be found in: Buchanan and Tullock (1962), Ullmann-Margalit (1977), and Schotter (1980). See McClennen (1983), for a brief survey.

8 Rawls (1955, p.24).

9 The discussion in Ullmann-Margalit (1977) is especially useful here.

10 This is a point I have sought to defend in McClennen (1989, 1990b).

11 A sense of the qualifications that are needed here can be taken from a reading of Gauthier (1986, Ch.VI), and Sayre McCord (1989).

12 In McClennen (1988b) I have tried to lay out what I take to be the differences between our two approaches.

13 Arrow (1971, p.22).

14 It would seem, however, that even the most thorough program of social indoctrination cannot withstand the "liberating" effect of indoctrination or instruction in "principles" of rational interaction. That, at any rate, would be a plausible way to explain the findings of Marwell and Ames (1981), according to which graduate students in economics were much more prone to free-ride than other groups of students, when placed in an experimental setting that replicated many features of the type of situation described in Section 1 above.

References

Arrow K. (1971). Political and Economic Evaluation of Social Effects and Externalities. In: Intriligator M. (ed.), **Frontiers of Quantitative Economics**. Amsterdam, North-Holland.

Bellman R. (1954). **The Theory of Dynamic Programming. Bulletin of the American Mathematical Society**, 503-515.

Buchanan J., Tullock G. (1962). **The Calculus of Consent**. University of Michigan Press, Ann Arbor.

Gauthier D. (1986). **Morals by Agreement**. Clarendon Press, Oxford.

Kalai E., Smorodinsky M. (1975). Other Solutions to Nash's Bargaining Problem. **Econometrica**, 43, 513-518.

Luce R.D., Raiffa H. (1957). **Games and Decisions**. Wiley, New York.

Marwell G., Ames R.E. (1981). Economists Free Ride. Does Anyone Else? **Journal of Public Economics**, 15, 295-310.

McClennen E. (1983). Rational Choice and Public Policy: A Critical Survey. **Social Theory and Practice**, 9, 335-379.

—— (1986). Prisoner's Dilemma and Resolute Choice. In: Campbell R., Sowden L. (eds.), **Paradoxes of Rationality and Cooperation**. University of British Columbia, Vancouver.

—— (1988a). Dynamic Choice and Rationality. In: Munier B.R. (ed.), **Risk, Decision and Rationality: Proceedings of the Third International Conference on the Foundations of Utility, Risk and Decision Theory**. D. Reidel Publishing Co., Dordrecht, pp.517-536.

—— (1988b). Constrained Maximization and Resolute Choice. **Social Philosophy & Policy**, 5, 94-118.

—— (1989). Justice and the Problem of Stability. **Philosophy & Public Affairs**, 18, 3-30.

—— (1990a). **Rationality and Dynamic Choice: Foundational Explorations**. Cambridge University Press, Cambridge.

—— (1990b). Foundational Explorations for a Normative Theory of Political Economy. **Constitutional Political Economy**, 1.

Nash J.F. (1951). The Bargaining Problem. **Econometrica**, 21, 128-140.

Olson M. Jr. (1965). **The Logic of Collective Action**. Harvard University Press, Cambridge.

Rawls J. (1955). Two Concepts of Rules. **Philosophical Review**, 64, 3-32.

—— (1971). **A Theory of Justice**. Belknap Press, Cambridge.

Reder M.W. (1979). The Place of Ethics in the Theory of Production. In: Boskin M.J. (ed.), **Economics and Human Welfare: Essays in Honor of Tibor Scitovsky**. Academic Press, New York.

Sayre McCord G. (1989). Deception and Reasons to be Moral. **American Philosophical Quarterly**, 26 (2), 113-122.

Ullmann-Margalit E. (1977). **The Emergence of Norms**. Oxford University Press, Oxford.

von Neumann J., Morgenstern O. (1953). **Theory of Games and Economic Behavior**, Third Edition. Wiley, New York.

Robert Sugden

Contractarianism and Norms

'Nature hath made men so equal', Thomas Hobbes wrote in a famous passage, 'in the faculties of the body, and mind; as that though there be found one man sometimes manifestly stronger in body, or of quicker mind than another; yet when all is reckoned together, the difference between man, and man, is not so considerable, as that one man can there upon claim to himself any benefit, to which another may not pretend, as well as he' (1651/1962, Ch.13). Hobbes's state of nature, in which every man has a right to every thing, even another's body, is thus a state of rough equality. From this premise of initial equality, Hobbes deduces his second law of nature: 'that a man be willing, when others are so too, as far-forth, as for peace, and defence of himself he shall think it necessary, to lay down this right to all things; and to be contented with so much liberty against other men, as he would allow other men against himself' (1651/1962, Ch.14). Rational men, starting from a position of equality in a state of nature, would agree to a set of principles of mutual **and equal** restraint. Or so Hobbes claims.

This claim is echoed by many modern contractarians. Contractarians seek to derive principles of morality by analysing the problem that would be faced by rational individuals in a state of nature. Such individuals, it is argued, would recognize that they could best further their separate interests by agreeing to abide by certain rules, prescribing co-operation and mutual restraint. But what makes these rules **moral**?

A common answer is to appeal to certain properties that rules of conduct must have in order to qualify for the adjective 'moral'. Foremost among these properties is some form of universality or impartiality: moral rules must require like cases to be treated alike. If it can be shown that rational individuals in a state of nature would agree to follow **impartial** rules, then contractarianism has generated a system of morality. Some contractarians would add that there should be some correspondence (or 'reflective equilibrium') between the rules generated by the contractarian thought experiment and our pre-theoretical moral convictions.

On one view, which I shall call **weak contractarianism**, deriving such moral rules is the whole purpose of the exercise. To ensure that the principles agreed are impartial, it is permissible to inject impartiality into the specification of the initial bargaining position. This means that the theory has a moral input as well as a moral output. John Locke's (1690/1960) conception of a state of nature governed by natural law is the classic example of this approach. The 'veils of ignorance' that John Harsanyi (1955) and John Rawls (1971) build into their initial bargaining positions provide other examples.

A more ambitious approach is taken by **strong contractarians** such as David Gauthier (1986) who work in the Hobbesian tradition. For such contractarians, the fundamental question is: 'What is it rational to do?' It is essential for the enterprise that it should not start from any moral premises: the only premises allowed are those of rational choice. We must then be fearless in following through the implications of these premises. The result will be theorems about rational choice. If it turns out that it is rational to abide by self-imposed constraints that are impartial, then we have succeeded in showing that it is rational to be moral. This, of course, is what Gauthier claims to be able to show. But if instead we find that partiality or non-co-operation is rational, we must bite the bullet.

Common to both traditions is the idea that rational bargaining from a fair initial position will generate impartial rules. Weak contractarians deliberately construct the initial position so that it is fair; strong contractarians (like Hobbes in the passage I quoted, arguing that there will be rough equality in the state of nature) provide non-moral reasons why the initial position will be fair in the relevant sense.

I wish to dissent from this conclusion. I shall argue that rational bargaining, even from an initial position of equality, does **not** guarantee the kind of impartial outcomes that contractarians typically suppose it does. Rational bargaining is necessarily dependent on mutual expectations. There are many possible sets of mutual expectations, any one of which could be held by rational bargainers in a position of initial equality. Some of these lead to equal bargains, some to unequal ones. Contractarianism, therefore, cannot generate a uniquely impartial code of morality. If contractarian reasoning can generate any moral conclusion at all, it must be that morality is, in important respects, a matter of convention. Or to put this another way: contractarian reasoning leads not to morality, but to norms.

1. Bargaining Games

Gauthier's *Morals by Agreement* (1986) represents modern contractarianism in its most fully-developed and uncompromising form. I shall use this book as my principal exhibit of contractarian argument, although later in the paper I shall discuss the rather different approach of Rawls's *A Theory of Justice* (1971).

Gauthier tries to show that it is rational to abide by certain self-imposed constraints of impartiality. His argument for this conclusion involves two stages. First he presents a theory of rational bargaining for any set of individuals who start out with a given base-line of entitlements but who are in a position to generate a co-operative surplus (that is, a surplus that comes into existence only if they all agree to co-operate). The theory prescribes how this surplus will be divided between the bargainers. At this stage it is assumed that any agreement made will be enforced. Then Gauthier relaxes the assumption of enforcement, and argues that it will be rational for individuals to comply with their agreements if and only if bargaining begins from an essentially Lockean system of natural rights. Since there is no point in making agreements unless people can be expected to comply with them, this implies that rational individuals will recognise these natural rights as the base-line for bargaining.

My concern is with the first stage of this argument. Gauthier's theory of bargaining implies that the co-operative surplus will be divided according to a principle of 'minimax relative concession'. Although this principle is justified in terms of rationality, it corresponds fairly closely with some common intuitions about fairness or impartiality. This correspondence is crucial for Gauthier's claim to be able to show that it is rational to be moral. I wish to challenge Gauthier's argument at this point. My objection is not just to Gauthier's own theory of bargaining, but to **any** theory that claims to derive a unique and impartial division of a co-operative surplus from the assumption that the bargainers are equally rational.

Gauthier uses a model of bargaining that derives from John Nash (1951): I shall call it the **Nash bargaining game**. To keep things simple, I shall consider the case of just two bargainers. The bargaining game is described in terms of the utilities of the two players. There is an 'initial bargaining position', representing the utilities the players would achieve if they failed to reach agreement. Then there is a set of possible outcomes, any one of which could be achieved were the players so to agree. This set is assumed to be closed, bounded and convex in utility space.

Gauthier does not specify the rules of his bargaining game beyond this, although he insists that 'bargaining is cost free, in terms of both utility and time' (p.156) - which leaves it unclear why the players ever reach agreement at all. In not specifying the rules of the game in any detail, Gauthier is following a precedent set by Nash and by other contributors to the theory of co-operative games. But as Nash (1953) himself recognized, any bargaining game must in principle be capable of being fully described in terms of strategies and outcomes, with each player independently choosing a strategy (that is, a complete plan specifying how he will play in every possible contingency) and the chosen strategies jointly determining the outcome for each player. In appraising Gauthier's bargaining theory, it is useful to have in mind some particular specification of the rules of the game.

I suggest the following formulation, which seems to be in the spirit of Gauthier's analysis. The two players are allowed a fixed time in which to negotiate. Negotiating during this period is costless. At the end of this period, each player must simultaneously make a **final claim**. This is the level of utility that each demands. If these claims are compatible - that is, if taken together they represent one of the possible outcomes of the game - then each gets what he has claimed. If the claims are incompatible, each remains in the initial bargaining position. In the theoretical sense, this game is non-co-operative. Each player independently chooses a strategy - the level of his final claim - and the strategies chosen by the two players jointly determine the outcome of the game for each of them. Although the players can discuss the game with one another before choosing their strategies (this is the significance of the period of negotiation), they cannot bind themselves to choose particular strategies. Nor is there any external mechanism to enforce any agreement they might make about the strategies they will play.

Although very simple, this game captures something of the flavor of real bargaining. If in the process of discussion the players reach agreement about their final claims, it is in each player's interest to keep to the agreement provided he expects the other to do so. Thus it is possible for the players to reach a meaningful agreement during the negotiation period. But the game also allows for the possibility of deadlock: the two players might hold out for incompatible claims. This allows us to pose the question of whether fully rational players could fail to agree. Perhaps, as Gauthier claims, they could never fail to agree, but in order to show this we need a model in which players who were **not** fully rational could be deadlocked.

I shall often find it convenient to consider a special case of this game, which I shall call the **division game**. In the division game, two players A and B with identical utility functions have to agree on how to divide one unit of some good between themselves. The marginal utility of the good is constant for each player. This allows us to measure utility in the same unit as the good. Then the initial bargaining position is (0,0): if the players fail to agree, each gets a utility of zero. The set of possible outcomes contains all combinations of utility (U_A,U_B) for which $U_A,U_B \geq 0$ and $U_A+U_B \leq 1$. The usefulness of this game is that it allows us to sidestep what Gauthier calls the 'infighting among bargaining theorists' (p.146) over the merits of their various criteria for identifying rational solutions for bargaining games: for reasons that will emerge later, these criteria all point to the same solution for the division game.

2. Rationality in Games

Gauthier's argument depends on his showing that the bargaining problems he analyses have what I shall call **uniquely rational solutions**. By this I mean the following. Suppose a game is described in a purely formal way, in terms of the logical structure of its rules and the utility functions of its players. Any other information which might be used to label the players or their strategies, or to put the game in a social or historical context, is suppressed. We suppose the players to be perfectly rational, with rationality being defined according to the axioms of expected utility theory. (For the purposes of this paper I shall leave to one side the question of whether these axioms really are necessary properties of rational preferences). Further, we suppose the rules of the game and the rationality of the players to be matters of common belief. That is, each player believes the other players to be rational, believes that each of them believes that every other player is rational, and so on. We treat the game as a one-off interaction between people who have no previous experience of playing it. Then if these assumptions imply a particular choice for each player, the game has a uniquely rational solution.

Gauthier starts from the following three 'conditions for strategically rational choice':

> A: Each person's choice must be a rational response to the choices she expects the others to make.
>
> B: Each person must expect every other person's choice to satisfy condition A.
>
> C: Each person must believe her choice and expectations to be reflected in the expectations of every other person. (p.61)

Conditions A and B are unexceptionable, given the assumption of perfect rationality on the part of the players. A rational player must form some expectation about what her opponents will do, and then do the best she can in the light of those expectations. And if she knows that her opponents are rational, she must expect them to do the same. Condition C, however, is less obviously compelling. What this condition is saying is that if a player is going to choose some strategy, it must be a matter of common belief that this is what she will choose, and that if she forms some expectation about another player, it must be a matter of common belief that this is what she expects.

Explaining Condition C, Gauthier says that in the ideal case he is considering, the structure of the game and the utilities the players derive from the various outcomes are common knowledge. 'But then', he goes on, 'each person's reasoning from these data to his own expectations and choices must be accessible to every other person. In effect individual choice must emerge from common reasoning' (p. 60). And again: each player 'believes that her reasoning about interaction replicates, and is replicated by, everyone else's reasoning' (p. 61). The idea, then, is that ideally rational players can replicate one another's reasoning and hence that each must be able to work out what the others will expect and choose.

It is clear that if a rational player's analysis of the structure of the game leads her to the conclusion that a particular choice is uniquely rational, then she must know that other rational players can replicate her reasoning. The same must apply to any expectation that she can reach by rational analysis. So if we could assume that rational analysis was always determinate in this way - that is, if we could assume that every game had a uniquely rational solution - we should be entitled to impose Condition C. I shall call this assumption the **principle of rational determinacy**. Lying behind Condition C, I suggest, is Gauthier's belief in rational determinacy. But is this belief well-founded?

The principle of rational determinacy is very powerful. To see why, just suppose we could prove it was valid. We might be able to prove this without being able to **identify** the uniquely rational solution for every game. (Take an analogy: we know that in chess, one of the following must be true: either White can force a win, or Black can force a win, or either player can force a draw. So we know that chess would have no interest for perfectly rational players: the result of every game would be a foregone conclusion. Fortunately for those of us who enjoy chess, however, we do not know how perfectly rational players would play.) Merely knowing that every game had a uniquely rational solution might allow us to identify such solutions for some particular games. Suppose we draw up a list of necessary conditions for uniquely rational solutions. This list need not be exhaustive: it simply gives a number of conditions that we can be sure are necessary. Then, for any given game, we can eliminate all those solutions that fail to satisfy one or more of these conditions. If only one solution remains, we know that this is uniquely rational - **if**, that is, we know that every game has a uniquely rational solution.

This type of argument was used by von Neumann and Morgenstern (1947, 146-148) in support of their concept of equilibrium - the concept that is now generally known as **Nash equilibrium**. A Nash equilibrium is a combination of strategies, one for each player, such that each player's strategy is optimal for him, given the strategies of the others. Now suppose we can prove that every game has a uniquely rational solution. If we can prove this, so too can perfectly rational players. This implies that perfectly rational players will be able to predict one another's strategies. But a rational player must choose a strategy that is optimal for him, given his beliefs about his opponents. Thus perfectly rational players must choose strategies that are in Nash equilibrium with one another. So Nash equilibrium is a necessary condition for a uniquely rational solution. Looking for Nash equilibria can thus be thought of as a way of drawing up a shortlist of candidates for the position of 'uniquely rational solution'. Gauthier presents almost precisely this argument, showing that it is an implication of Conditions A, B and C that rational players must choose strategies that are in Nash equilibrium with one another (p.65).

Here Gauthier is being quite conventional: game theorists generally assume that perfectly rational players in one-off games will choose Nash equilibrium strategies. Thus if a game has a unique Nash equilibrium, it is treated as uncontroversial that this equilibrium would be reached by rational play. But it is hard to see how this practice can be justified, other than by assuming that every game has a uniquely rational solution. In this sense, then, the principle of rational determinacy is implicitly used throughout the theory of games. But this is not to say that it is valid.

Another necessary property of uniquely rational solutions is the following: the uniquely rational solution of a symmetrical game must itself be symmetrical. Consider any game in which the positions of the players are completely symmetrical. Then if rational analysis can show one player that he must choose a particular strategy, it must show the same thing to the other players. So in the case of a symmetrical game, the only candidates for the position of 'uniquely rational solution' are symmetrical Nash equilibria.

In the Nash tradition of bargaining theory, it is conventional to impose an axiom that requires symmetrical games to have symmetrical solutions. Nash (1950) explicitly states a symmetry axiom of this kind. So too do Ehud Kalai and Meir Smorodinsky (1975), whose solution to the two-person Nash bargaining game is identical with Gauthier's. Gauthier regards symmetry as an implication of his assumption that the bargainers are equally rational: 'Since each person, as a utility-maximizer, seeks to minimize his concession, then no one can expect any other rational person to be willing to make a concession if he would not be willing to make a similar concession' (143-144). In a symmetrical game, therefore, the concessions made in reaching agreement must be symmetrical; and this guarantees a symmetrical solution. Given what I take to be his acceptance of the principle of rational determinacy, Gauthier is entirely consistent in insisting on symmetry as well as Nash equilibrium.

The force of these two conditions for uniquely rational solutions can be seen by applying them to the division game. The only pure-strategy Nash equilibria in this game are those in which the players claim U_A and U_B where $0 \leq U_A$, $U_B \leq 1$ and $U_A + U_B = 1$, that is, in which the players' claims exactly exhaust the good. To see why, notice that if one player claims some proportion S of the good, the best reply for his opponent is to claim $1 - S$, and vice versa. But the mathematical structure of the division game is completely symmetrical between the players. So if we invoke the symmetry condition, we can restrict ourselves to symmetrical solutions. The only pure-strategy solution that is both symmetrical and a Nash equilibrium is the one in which $U_A = U_B = 0.5$, that is, in which the bargainers agree to divide the good equally.

Afficionados of game theory will have noticed the qualification about **pure-strategy** equilibrium. The division game has many symmetrical mixed-strategy equilibria. For example, it is an equilibrium if each player claims one quarter of the good with probability 1/3 and three quarters with probability 2/3. But all of these equilibria are strictly Pareto-inferior to the equal-division solution. In general, of course, we have no reason to expect uniquely rational solutions to be Pareto-efficient (think of the Prisoner's Dilemma). However, the present case has two significant features. First, the players are allowed to discuss their strategies before playing them. (Recall that this is one of the rules of the division game.) Second, the equal-division solution is a strict Nash equilibrium: if one player expects the other to claim a half-share, it is uniquely rational for the first player to claim a half-share too. Thus an agreement to go for an equal division - unlike an agreement to co-operate in the Prisoner's Dilemma - would be self-enforcing. Given this, we may conclude that none of the mixed-strategy equilibria is the uniquely rational solution to the division game.

Notice what is proved by this line of argument. It does not show that an equal division is the uniquely rational solution to the division game: it shows only that if there is a uniquely rational solution, this is what it must be. This is the result that lies at the core of Gauthier's (and Nash's) bargaining theory. It encapsulates the sense in which the outcome of rational bargaining is impartial. But it is an empty theorem unless we can prove that bargaining games have uniquely rational solutions.

3. Do All Games Have Uniquely Rational Solutions?

It is tempting to think that every game **must** have a uniquely rational solution - that if every detail of a game is common knowledge between perfectly rational players, rational analysis must be capable of prescribing what each should do. But, I wish to argue, this is not the case.

Consider the 'Battle of the Sexes' game shown in Table 1. This is a simple game of co-ordination. Each player benefits from choosing the same strategy (i.e. 'left' or 'right') as his opponent does, but the players have opposing preferences between the two alternative ways in which they could co-ordinate: *A* prefers that they both choose 'left' while *B* prefers that they both choose 'right'. This game is of particular interest in relation to contractarian arguments because it can be interpreted as a simple model of bargaining. (We may think of the two players trying to reach agreement. There are two sets of terms on which they might settle: 'left', which favors *A*, or 'right', which favours *B*. If they fail to agree - that is, if one chooses 'left' and the other 'right' - both are worse off than under the terms of either possible agreement.

Table 1: Battle of the Sexes

		player B's strategy	
		left	right
player A's strategy	right	0, 0	2, 3
	left	3, 2	0, 0

This game has three Nash equilibria. In one equilibrium, both play 'left'; in the second, both play 'right'; in the third, *A* plays 'left' with probability 0.6 and 'right' with probability 0.4 while *B* plays 'left' with probability 0.4 and 'right' with probability 0.6. If the game has a uniquely rational solution, it must be one of these equilibria.

Notice that the game is entirely symmetrical apart from the labelling of the players and strategies. Thus if there is a uniquely rational solution, it must be a symmetrical one. We must therefore conclude that neither the Nash equilibrium in which both players play 'left', nor the equilibrium in which they both play 'right', can be uniquely rational. (Whatever reason could be given for the rationality of one could also be given for the rationality of the other.) This leaves us with the mixed strategy equilibrium, which **is** symmetrical. But how could this solution be uniquely rational? What reason can we give to show player *A* that he must choose 'left' with probability 0.6 and 'right' with probability 0.4? As an expected-utility maximizer, *A* must choose whichever of 'left' or 'right' leads to the higher expected utility, given his beliefs about what *B* will do. The only case in which it could be rational for *A* to choose a mixed strategy is that in which 'left' and 'right' lead to exactly the same expected utility; and then any probability-mix of 'left' and 'right' is as good as any other. There simply are no beliefs that *A* could hold that would make a 0.6:0.4 mixed strategy **uniquely** optimal.

This is a well-known problem in game theory, and Gauthier recognises its significance. He rejects the possibility of concluding that such games do not have uniquely rational solutions. Revealing his attachment to the principle of rational determinacy, he says he is 'unwilling to leave rational choice undefined' for situations like these (p.70).

His principal response to the problem is the following argument: 'A person may be genuinely indifferent among several strategies given his expectations. But these expectations may themselves reflect the choice of one and only one of the strategies among which he is indifferent. He must then choose that strategy in order to sustain his expectations' (p.70). Applying this argument to the Battle of the Sexes game, suppose *A* believes that *B* will play 'left' with probability 0.4. Then *A* is 'genuinely indifferent' between 'left' and 'right'. But (Gauthier seems to be saying) *A* cannot rationally hold this belief unless it is 'reflected' in his own choice. That is, *A* cannot believe that *B* will play 'left' with probability 0.4 without also believing that this is an optimal response by *B*, not just to what ***B* believes** *A* will choose, but also to what *A* actually **will** choose. So *A* must play 'left' with probability 0.6 because this is the only choice that will confirm the expectations that *A* believes *B* holds: this must be what Gauthier means by sustaining one's expectations.

This argument has some similarities with the argument for opening just one box in Newcomb's problem - and, I think, involves the same error. *B*'s choice is causally independent of *A*'s. So *A* cannot use the supposition that his choice will be 'reflected' in *B*'s as a reason for choosing in a particular way. If, after careful reflection, *A* comes to the conclusion that *B* will play 'left' with probability 0.4, then it really does not matter to *A* which strategy he chooses: by choosing to play 'left' with probability 0.6 he cannot make his belief about *B* any more likely to be true. The correct conclusion to draw, I suggest, is this: the supposition that the Battle of the Sexes game has a uniquely rational solution generates a contradiction. It must therefore be false. More generally, the principle of rational determinacy - the principle that every game has a uniquely rational solution - is false.

This is not to deny that **some** games have uniquely rational solutions. In the Prisoner's Dilemma, for example, it is uniquely rational for each player to defect. This follows from the fact that for each player, defection is a strictly dominant strategy: whatever one player's expectations about the other may be, it pays him to defect. This must be a sufficient reason for a utility-maximizing player to defect in a one-off game. My point is this: to show that a particular solution is uniquely rational, we must show why it is rational for each player to play in the relevant way. We may not simply **assume** that a uniquely rational solution exists, and then use this assumption to help us identify a particular solution as uniquely rational.

What does it mean to say that some games lack uniquely rational solutions? The implication is that there can be circumstances in which a person has to act, but cannot find rational grounds for choosing one action rather than another. Equally, a person may (in order to choose rationally according to the principles of expected utility theory) have to attach probabilities to various contingencies, but be unable to find rational grounds for using one probability rather than another.

Gauthier seems to think that ideally rational people would never find themselves in this position. Looking for a principle for determining rational expectations, he says: 'One may not form expectations about others' choices simply at will'. There must, he implies, be some way in which rational persons can ground their expectations (p.71). I agree that we cannot **will** our expectations. But this does not mean that we can always arrive at our expectations by rational analysis. Perhaps some expectations are necessarily subjective, in much the same way that tastes are. Tastes are typically not the product of rational analysis, but neither are they things we can will. You and I may be rational, and our rationality may be common knowledge, but I may be unable to discover your tastes by replicating your reasoning processes. (If we were **identical**, of course, I would be able to discover your tastes by introspection about my own: it would not matter whether or not your tastes were in some way rationally grounded. But the ideally rational persons of game theory are not meant to be identical - except in respect of their rationality.) For much the same reasons, I suggest, there can be circumstances in which we are unable to discover one another's expectations by rational analysis.

4. Experience

Does this mean that reason cannot guide us in problems of strategic interaction? No, because I have been discussing only a very special type of problem - that of **one-off** games. These problems have the property that we cannot be guided by experience in choosing what to do. I want to suggest that it is **experience** that allows rational players to ground their expectations and to escape from the infinite regressions of reasoning that bedevil one-off games.

Consider the concept of Nash equilibrium. This can be interpreted as a system of **self-confirming beliefs**: in Nash equilibrium, each player's beliefs about his opponent make it optimal for him to act in a way that confirms his opponent's beliefs about him. In a one-off game, I have argued, the fact that a particular set of beliefs is self-confirming is no reason for anyone to hold them. (Why should I care whether my action confirms your beliefs about me?) But if a game is played repeatedly, only self-confirming beliefs will survive. Imagine a large population from which pairs of individuals are repeatedly drawn by some random process and made to play some game. Then each individual can use his experience of the game when forming his beliefs about the actions of future opponents. The argument that follows depends on the assumption that games are anonymous, so that each person remembers only his experience of playing the game against opponents in general, but not how he has fared against particular individuals. Or, equivalently, it has to be assumed that the population is so large that the probability of meeting the same opponent twice is vanishingly small. This is very different from the kind of repetition that occurs when the **same** two individuals play a sequence of games against one another. In particular. anonymous play implies that no one can hope to build any kind of individual reputation for playing the game in a particular way. I realise that the assumption of anonymous play is a strong one. My hunch is that we could relax it quite a lot and still derive much the same conclusions; but I cannot prove this.

As a first example, consider, a pure co-ordination game - say, Rule of the Road. This is the simple game faced by two drivers who are approaching each other on a narrow road which is just wide enough for their vehicles to pass. Each must either steer to the left or steer to the right. If both steer left, or if both steer right, they pass each other. If one steers left and the other steers right, they don't. Suppose someone has played Rule of the Road many times and in every case his opponent has chosen 'left'. Then surely it must be rational for him to believe there is a high probability that any future opponent will play 'left' too. Given this belief, it will pay him to play 'left', thus providing his opponent with further evidence of the prevalence of left-playing behavior in the population. So the 'steer left' rule is self-sustaining. The underlying idea here is that of an **evolutionarily stable equilibrium**. This concept of equilibrium was developed by theoretical biologists to explain the genetic evolution of animal behavior (see Maynard Smith, 1982), but it can be adapted so as to explain the evolution of social conventions among rational human beings (Axelrod, 1981; Sugden, 1986).

Among a population of players with a shared experience of playing a game, stable patterns of expectations - or **conventions** - can evolve, such that it becomes rational for each person to hold these expectations and to act in a way that sustains these expectations in others. (This latter effect, of course, is not intended: it is just a by-product of rational choice.) Such a pattern of expectations will be a Nash equilibrium. If it is to persist, it must also have certain properties of evolutionary stability. But must the expectations associated with a symmetrical game be symmetrical? In the case of Rule of the Road, which is a symmetrical game, the 'steer left' and 'steer right' equilibria each treat the two players symmetrically (although they do not treat the two strategies symmetrically). But now consider the division game.

If the division game is played repeatedly within a population, a stable pattern of expectations can evolve. But provided there is some asymmetry between the players - however trivial, and however unrelated to the mathematical structure of the game - there can be stable expectations that do not involve equal claims. Suppose, for example, that the structure of the division game is exactly the same whatever the gender of the players. Thus the logical structure of the game is symmetrical even if one player is a man and the other a woman. But suppose that everyone expects that in a male-female encounter, the man will claim two thirds of the good and the woman one third. (In a same-gender encounter, let us say, each player is expected to claim a half.) These expectations are self-confirming. In a male-female encounter, the man expects the woman to claim one third; given this expectation, it is rational for him to claim two thirds. The woman expects the man to claim two thirds; given this expectation, it is rational for her to claim one third. So each acts in a way that confirms the other's expectation.

Is such a convention consistent with the assumption that the players are equally (and perfectly) rational? Gauthier would say 'No', because only an equal division satisfies his principle of minimax relative concession. Recall how he justifies this principle: 'Since each person, as a utility-maximizer, seeks to minimize his concession, then no one can expect any other rational person to be willing to make a concession if he would not be willing to make a similar concession'. And: 'No rational person can be willing to make unnecessary, or unnecessarily large, concessions' (144-145). In my example, the woman makes a concession that is twice as large as the man's. Nevertheless, the man can quite rationally expect the woman to concede so much. It is common knowledge that they both have experience of playing the game, and that this experience has shown both of them that in male-female encounters, men invariably claim two thirds and women one third. This provides the man with a reason to expect the woman to claim one third. Had their common experience been the opposite - had it been their experience that women invariable claimed two thirds and men one third - the man would have responded in the way he expects the woman to do. So there is no conflict with the assumption of equal rationality: the man is not expecting the woman to make a concession that he, **in similar circumstances** would not make. Nor is the woman making an unnecessarily large concession. Given her well-grounded expectation that the man will claim two thirds, she is conceding no more than rationality requires. Gauthier is simply presupposing that an 'irrelevant' asymmetry like gender cannot have significance for rational bargainers.

Many readers, I am sure, will feel uncomfortable with this analysis, even if they find the corresponding analysis of Rule of the Road unexceptionable. In the case of Rule of the Road, there are two possible conventions - 'steer left' and 'steer right'. These are equally good from everyone's point of view. It is an arbitrary accident of history that British drivers steer left rather than right, but no unfairness is involved. In contrast, it **is** unfair for men consistently to get more than women, merely because they are men.

But remember that what we are considering is what it is **rational** for bargainers to do, not what is **fair**. The purpose of this paper is to ask whether rational bargaining from an initial position of equality must necessarily produce impartial results. If the example is correct, the answer to the question must be that rationality does not guarantee impartiality: it is possible for rational bargainers to agree on unfair outcomes. This is not to say that unfair bargains are good.

Many people have suggested to me that if a convention systematically favors one group of people at the expense of another, some individuals in the disfavored group will refuse to go along with the convention in an effort to change it. But notice that what is at issue here is whether it would be **rational** to behave in this way, when 'rationality' is defined in terms of the efficient pursuit of individual interests. The whole point of contractarian theory is to derive moral principles from such an instrumental conception of rationality. From a Kantian point of view, for example, it would indeed be irrational to acquiesce in unfair conventions; but if we can accept a Kantian conception of rationality we have no need for contractarianism (cf. Gauthier's remarks on Kantian reasoning (6-7)).

Given an instrumental view of rationality, it will rarely be rational for an individual to challenge a well-established convention. Consider any convention that is a strict Nash equilibrium (for example, the rule 'Men claim two thirds, women claim one third' in the division game). Considering any game in isolation, rationality clearly requires each player to behave exactly as she believes her opponent expects her to behave: unilateral deviations from conventions are irrational. (In the case of the division game, suppose *B* believes that *A* expects her to claim only one third. Then *B* might expect *A* to claim two thirds. So rationality requires *B* to claim one third, thus confirming what she believes to be *A*'s expectations. We should, of course, also consider the long-run benefits that would accrue to any member of the disfavored group if the unfair convention were to collapse and be replaced by a fair one. But there is a free-rider problem here: when an individual challenges a convention, the benefits of this action (the weakening of the convention) are spread among all members of the disfavored group while the costs fall only on the individual who makes the challenge.

Does it make a difference if, as in my formulation of the division game, the players are allowed to discuss the game with one another before choosing their strategies? To answer this question, we must ask what rational players could usefully say to one another. We know that when it comes to making final claims, each player must make whatever claim she believes her opponent expects her to make. Being rational, the players must know this too. So if discussion is to serve any purpose, each player must try to change her opponent's expectations about her.

Suppose I am playing you. There is an unfair but well-established convention that favors you. You come to the game expecting me to follow this convention, and so you are planning to follow it too. How am I to dislodge your expectation about me? Your expectation is grounded in your experience of opponents who have invariably followed the convention. If you tell me that this has been your experience, I cannot credibly claim not to believe you. Nor can I credibly deny that my experience had also been of opponents who follow the convention. If I am to make any progress, I must convince you that our common experience is irrelevant, that somehow the game we are playing now is different from all those other games we have played in the past. I may say that the difference is that in this case you are hearing **my** arguments for co-ordinating on the fair solution. But this is empty unless I can produce some new argument that you have not heard before.

In trying to persuade you to ignore your experience, I am trying to persuade you to treat your game with me as a one-off interaction. The problem is that this one-off game has no uniquely rational solution, and that any attempt to construct a deductively rational argument for one solution rather than another will collapse in an infinite regress of reasoning. In a one-off version of the division game, the best that each of us can do is to identify some solution that is especially 'prominent' or 'salient'. A salient solution somehow sticks out or suggests itself as a focal point for co-ordination by virtue of some property that both players can recognize, can expect each other to recognize, and so on (Schelling (1960), Sugden (1986, Chapters 3 and 5)). There must be something common to the two players with which the salient solution can connect. Usually what is common is experience: when a rational player is guided by experience in predicting the behavior of a rational opponent, he is making use of a particular form of salience. Playing the division game, neither of us has any option but to search around for a solution that is salient, and a particularly 'natural' (that is, particularly salient) place to start is with our common experience of how analogous problems have been resolved before. So in trying to persuade you to ignore your experience, I start out at a disadvantage: our common experience just **is** a source of ideas of salience. Whatever I may say, you know that I know this. The best I can do is to try to persuade you to look for some other form of salience.

Could a common standard of fairness provide an alternative focal point? Clearly, it could. If it is a matter of common belief between us that a fifty-fifty division is the fair solution - or even that most people believe a fifty-fifty division to be fair - then that solution does have a special prominence. (This is not, of course, to say that it will always be perceived to be the **most** prominent solution: common experience is relevant too.) But a contractarian cannot use such an argument. The whole point of the contractarian enterprise is to **derive** principles of fairness from an analysis of rational bargaining. We cannot presuppose a particular, non-contractarian principle of fairness and then feed that into the bargainers' rational calculations.

5. Is the Contractarian Enterprise Possible?

I have argued that bargaining problems typically do not have uniquely rational solutions. Rational bargainers, starting out from an initial position of equality, may agree to unequal divisions of their co-operative surplus. Rationality does not guarantee impartiality. Where does this leave the contractarian enterprise?

Recall the distinction I made at the beginning of this paper, between weak and strong contractarianism. Weak contractarians try to derive impartial moral principles from an analysis of rational bargaining, starting from a fair initial position or state of nature. If the argument of this paper is correct, this enterprise cannot succeed. When individuals interact strategically with one another, each person's rational choices must be based on expectations about other people's choices. There can be many patterns of expectations, each of which is self-confirming: once one of these patterns becomes established, it becomes rational for everyone to act in a way that sustains the pattern. Among the patterns of expectations that can be self-sustaining are some that lack the impartiality that would qualify them to be called moral; but these expectations are no less rational than the impartial ones.

It might be objected that unequal agreements cannot result unless there are some asymmetries in the expectations of the bargainers, and that in this case, some people must be unfairly disadvantaged in the initial position. If, for example, there is a common expectation that women will settle on less favorable terms than men, mustn't this be the product of a common experience of inequality between the sexes? If the initial position were truly fair, it may be said, it would not be contaminated with the residue of past unfairness.

But how, then, are we to construct a fair initial position? If we make it part of the definition of the original position that the bargainers already have a common experience of abiding by moral principles, contractarian reasoning becomes circular. The only alternative seems to be to require that the past casts no shadow at all, that it is as if the bargainers' experience had been totally erased. But this takes us back to classical game theory, and to the attempt to ground expectations in rational analysis alone. I have argued that this attempt cannot succeed. If experience is erased, rationality has nothing on which to grip.

There is a way out of this problem for the weak contractarian, but it has heavy costs. This is the route taken by Rawls (1971).

In Rawls's 'original position', the contracting parties are not allowed to know their gender, race, class or natural talents, or any other facts about themselves as individuals: the only facts they know are about people in general (p.137). At first sight, this veil of ignorance may seem no more than a way of dramatizing a particular view about the fairness of initial endowments. For example, Rawls holds that because no one deserves his natural talents, the distribution of talents should be regarded as a common asset (101-102). On this view, a fair starting-point for bargaining must have the property that everyone has an equal claim on the product of everyone's talents. The veil of ignorance, which prevents the contracting parties from knowing their own talents, seems to be a way of imposing this property on the original position.

However, as Rawls points out, the veil of ignorance has a much more drastic effect:

> ... since the differences among the parties are unknown to them, and everyone is equally rational and similarly situated, each is convinced by the same arguments. Therefore, we can view the choice in the original position from the standpoint of one person selected at random. If anyone after due reflection prefers a conception of justice to another, then they all do, and a unanimous agreement can be reached. ...
> Thus there follows the very important consequence that the parties have no basis for bargaining in the usual sense. No one knows his situation in society nor his natural assets, and therefore no one is in a position to tailor principles to his advantage. We might imagine that one of the contractees threatens to hold out unless the others agree to principles favorable to him. But how does he know which principles are especially in his interests? (139-140)

Notice the difference between this and Gauthier's argument that the outcomes of symmetrical bargaining games must be symmetrical. Gauthier's bargainers know who they are, and so we can make sense of the idea that one of them might demand more favorable terms than he is prepared to concede to the others. Gauthier then tries to show that if the bargainers' preferences and endowments are the same, and if they are equally rational, such a demand cannot **rationally** be made (since a rational opponent would not concede to it). This is the argument that I have questioned. Rawls, in contrast, sets up his original position so that the idea of demanding differentially favorable terms has no meaning. Such a demand would have to be made on behalf of some person or class of persons in the society beyond the veil of ignorance, and the contracting party making the demand must know that this is the person he will be, or that this is a class to which he will belong. And this is precisely the kind of knowledge that the veil of ignorance is designed to hide.

Thus, I suggest, Rawls **is** entitled to claim that his form of contractarianism generates unique and impartial principles. But he has to pay a high price for this.

It is a recurring theme in *A Theory of Justice* that society should be viewed as a 'voluntary scheme' (p.13), as a form of 'social co-operation among equals for mutual advantage' (p.14), as a 'system of co-operation designed to advance the good of its members' (p.178). This contractarian vision is contrasted with that offered by utilitarianism, in which there can be no assurance that social arrangements work to everyone's benefit. In a utilitarian society, some people may have to 'forgo advantages for the sake of the greater good of the whole' (p.177), 'the violation of the liberty of a few might be made right by the greater good shared by many' (p.26). It is Rawls's rejection of this feature of utilitarianism that lies behind his famous remark that utilitarianism does not take seriously the distinction between persons (p.27).

In a contractarian theory such as Gauthier's, in which the bargainers know their identities, it is quite clear that what will be agreed will be a system of cooperation for mutual advantage. If (as Gauthier and other contractarians assume) the bargainers are motivated by their own interests, then no one will agree to sacrifice his own interests for the greater good of others. Perhaps the benefits of cooperation will not be shared equally, but at least everyone must get **some** share. But as soon as we lower Rawls's veil of ignorance, we have to recognize the possibility that the contracting parties will agree to sacrifice the interests of some people for the greater good of others. Since the contracting parties do not know their identities, each may gamble on finding himself one of the people who share in the greater good and not one of those whose interests have been sacrificed. To put this another way, Rawls's argument that choice in the original position can be viewed from the standpoint of any one person comes uncomfortably close to the utilitarian concept of the impartial spectator. And the impartial spectator, for Rawls, is the personification of the error of not taking seriously the distinction between persons (26-27).

Rawls, of course, argues that his contracting parties will choose according to the maximin criterion. This leads to principles of justice that **do** take seriously the distinction between persons, and that are in this sense recognisably contractarian. Nevertheless, this feature of Rawls's theory must be regarded as the result of the particular and controversial position he takes on rational choice under uncertainty. The deep structure of the theory - the idea of choice in the original position - is not contractarian in the same sense that this can be said of the theories of Hobbes or Locke or Gauthier.

So far I have considered the implications of my argument for the weak form of contractarianism in which the initial bargaining position is characterized in moral terms. Strong contractarians, in contrast, want to find out what rules would be agreed by rational people who consulted only their own interests. We might **hope** that this enquiry will show the rationality of impartial rules, but showing this is not its **purpose**. Having committed ourselves to the enquiry, we must accept the way the chips fall.

On this view, we cannot make it a matter of decree that the bargainers do not know the facts about themselves that would allow them to try to hold out for principles that work to their individual advantage. Nor can we decree that all experience of previous interaction is erased from their memories. The object is to show what is rational for real people in the real world.

My conclusion is that we cannot show that impartial rules are uniquely rational. Rational bargainers will choose their strategies using expectations about one another that are grounded in their common experience. This common experience may be of conventions that divide the fruits of co-operation unequally, and in ways that seem morally arbitrary. Nevertheless, it can be rational for each person to expect every other person to continue to follow such a convention; and hence it can be rational for each to follow the convention herself. This may be unfair, but it is not irrational.

I have presented successive versions of this paper: to a conference on 'Rationality and Moral Choice' in Munich in December 1988; to a conference on 'Rationality and Morality: Themes from "Morals by Agreement"' at the University of East Anglia in March 1989; to an Ethics symposium on norms at the University of Chicago in May 1989; and to a seminar at Nuffield College, Oxford in July 1989. I am grateful to the participants at all these meetings for their comments, and in particular to Richard Arneson, Bruce Coram, David Gauthier, Alan Hamlin and Susan Hurley.

References

Axelrod R. (1981). The Emergence of Cooperation among Egoists. **American Economic Review**, 53, 941-973.

Gauthier D. (1986). **Morals by Agreement.** Oxford University Press, Oxford.

Harsanyi J. (1955). Cardinal Welfare, Individualistic Ethics and Interpersonal Comparisons of Utility. **Journal of Political Economy**, 63, 309-321.

Hobbes Th. (1651/1962). **Leviathan.** Macmillan, London.

Kalai E., Smorodinsky M. (1975). Other Solutions to Nash's Bargaining Problem. **Econometrica,** 43, 513-518.

Locke J. (1690/1960). **Two Treatises of Government.** Cambridge University Press, Cambridge.

Maynard Smith J. (1982). **Evolution and the Theory of Games.** Cambridge University Press, Cambridge.

Nash J. (1950). The Bargaining Problem. **Econometrica,** 28, 155-162.

—— (1953). Two-Person Cooperative Games. **Econometrica,** 21, 128-140.

von Neumann J., Morgenstern O. (1947). **Theory of Games and Economic Behavior** (2nd edition). Princeton University Press, Princeton.

Rawls J. (1971). **A Theory of Justice.** Harvard University Press, Cambridge (Mass.).

Schelling Th. (1960). **The Strategy of Conflict.** Harvard University Press, Cambridge (Mass.).

Sugden R. (1986). **The Economics of Rights, Co-operation and Welfare.** Basil Blackwell, Oxford.

Wulf Gaertner

Einige Überlegungen zu A. Sens Formulierung individueller Rechte

1. Einleitung

In der *Social Choice* Theorie haben drei Unmöglichkeitsergebnisse - und zwar jedes für sich - eine fast unübersehbare Zahl von Artikeln entstehen lassen, die sich intensiv mit dem jeweiligen Resultat auseinandersetzen. Wir denken hier zum einen an Arrows (1951, 1963) "General Possibility Theorem", zum zweiten an Gibbards (1973) und Satterthwaites (1975) Satz über die Unmöglichkeit manipulationsfreier nichtdiktatorischer Abstimmungsregeln und, *last but not least*, an Sens (1970) "Unmöglichkeit eines Paretianischen Liberalen". Im Zentrum des vorliegenden Aufsatzes steht nicht Sens berühmter Unmöglichkeitssatz, sondern nur ein "Baustein" dieses Theorems. Worum geht es in dem Satz? Sen hat gezeigt, daß die Bedingung der schwachen Pareto-Effizienz, die Forderung des unbeschränkten Definitionsbereichs einer kollektiven Auswahlregel und eine Bedingung, die ein Mindestmaß an individueller Gestaltungsmöglichkeit i.S. einer auf eine einzelne Person bezogenen Ausübung von Rechten garantiert, nicht miteinander vereinbar sind.

Die nachfolgenden Ausführungen werden sich fast ausschließlich mit Sens Formulierung individueller Rechtsausübung befassen. Sen gibt in seinem Buch "Collective Choice and Social Welfare" auf S.79 eine verbale Umschreibung seiner Liberalismus-Bedingung[1] in der Weise, daß er fordert, daß jedes Individuum in der sozialen Entscheidung über wenigstens ein Paar von Alternativen, gemeint sind soziale Alternativen i.S. von Arrow (1963, S.17), d.h. vollständige Beschreibungen des gesellschaftlichen Zustands, allein bestimmend ("decisive") zu sein habe. J.S. Mill (1848, Buch 5, Kap. 11) beschrieb diesen grundlegenden Gedanken sehr zutreffend in der folgenden Weise: "... there is a circle around every individual human being which no government, be it that of one, of a few, or of the many, ought to be permitted to overstep."

Sen sieht, wie aus den obigen Ausführungen klar hervorgeht, den Prozeß der Verwirklichung individueller Rechte eingebettet in einen Aggregationsmechanismus à la Arrow. Wir wollen zunächst versuchen, diesen Prozeß mit Hilfe weniger elementarer Definitionen präziser zu beschreiben.

Sei $N = \{1,2,\ldots,n\}$ eine endliche Menge von Individuen, die die betrachtete Gesellschaft bilden. X sei die Menge aller sozialen Zustände und $S \subset X$ eine beliebige Teilmenge von X. Die Menge aller nichtleeren Teilmengen von X bezeichnen wir mit $X^{\wedge}$. Für jedes $i \in N$ sei R_i die Präferenzordnung von Person i; $R = (R_1,R_2,\ldots,R_n)$ bezeichne ein gesellschaftliches Präferenzprofil. Die Menge aller möglichen Profile der Gesellschaft wollen wir mit R^n bezeichnen. Eine soziale Entscheidungsregel sei eine Funktion f, die für alle $S \subset X$ und für jedes Profil $R \in R^n$ eine nichtleere Teilmenge $C(R_1, \ldots, R_n; S)$ aus S festlegt. $C(\cdot)$ wollen wir auch als gesellschaftliche Auswahlmenge interpretieren.

Für jedes Individuum i gebe es nun mindestens ein Paar von Alternativen $x, y \in X$ mit der Eigenschaft, daß i ein Recht bezüglich x, y und möglicherweise weiterer Paare von Alternativen habe. Mit D_i wollen wir die Menge aller solchen Paare für Person i bezeichnen und i.S. von Mill von der geschützten Sphäre von Individuum i sprechen. Daß Person i ein Recht bezüglich $x, y \in X$ hat und in der sozialen Entscheidung über dieses Paar, wie Sen sagt, allein bestimmend sein soll, läßt sich nun in der folgenden Weise ausdrücken:

(1) Falls $x, y \in X$ sowie $(x,y) \in D_i$, gilt für alle $S \in X^{\wedge}$ und für alle $(R_1, \ldots, R_n) \in R^n$: Falls $x \in S$ und xP_iy, dann folgt $y \notin C(R_1, \ldots, R_n; S)$, und falls $y \in S$ und yP_ix, dann folgt $x \notin C(R_1, \ldots,R_n; S)$.

Formulierung (1) gewährt Person i unter gewissen Bedingungen die Möglichkeit, das soziale Ergebnis $y(x)$ zu verhindern, falls Zustand $x(y)$ in der Menge der erreichbaren Alternativen enthalten ist. Die Frage, der wir nun nachgehen wollen, ist, ob Formulierung (1), welche bei der Herleitung von Sens Unmöglichkeitssatz eine entscheidende Rolle gespielt hat, die Struktur und Sachlage eines jeden individuellen Rechts widerspiegelt oder ob eventuell einige Rechte, u.U. sogar nur in besonderen Situationen, mit Hilfe von Formulierung (1) korrekt beschrieben werden können. Richtschnur für unsere Beurteilung soll ein intuitives Rechtsverständnis sein, welches auf dem Grundsatz freier individueller Selbstbestimmung basiert und vermutlich durch zahlreiche Erfahrungen und Beobachtungen im täglichen Leben geformt worden ist.

2. *Widersprüche verschiedener Art*

Wir wollen unsere Diskussion mit einem Beispiel beginnen, welches auf Gibbard (1974) zurückgeht. Zwei Mädchen, Antje und Sabine, haben sich für einen Sonntagsspaziergang verabredet. Das Recht, welches wir im folgenden analysieren werden, ist das Recht eines jeden Mädchens, sein Kleid bzw. die Farbe seines Kleides (bei gegebenem Kleidervorrat) selbst zu bestimmen. Wir wollen der Einfachheit halber annehmen, daß jedes der beiden Mädchen nur zwei Kleider besitzt, ein gelbes und ein blaues Kleid. Außerdem setzen wir voraus, daß alle anderen Aspekte der sozialen Zustände bereits festgelegt und den beiden Mädchen vollständig bekannt sind. Jedes Mädchen hat nun eine

Entscheidung bezüglich des zu tragenden Kleides zu treffen, ohne daß es etwas über die gleichzeitig zu treffende Wahl des anderen Mädchens weiß. Da, wie gesagt, alle anderen Aspekte eines jeden sozialen Zustands bereits determiniert sind, können wir die Beschreibung der vier logisch möglichen Zustände in der folgenden verkürzten Form[2] vornehmen. Die Menge der sozialen Zustände ist $S = \{bb, gg, bg, gb\}$, wobei z.B. *gb* bedeutet, daß das erste Mädchen, Antje, das gelbe Kleid ausgewählt hat, während Sabine sich für ihr blaues Kleid entschieden hat.

Wir wollen nun nachweisen, daß Formulierung (1) zur intuitiven Rechtsauffassung im Widerspruch steht. Angenommen, Formulierung (1) ist für die beiden Personen, $i = 1,2$, erfüllt. Dann muß entsprechend der Mill'schen Vorstellung von einer geschützten individuellen Sphäre mindestens einer der nachfolgenden Fälle (a) und (b) und wenigstens einer der Fälle (c) und (d) gelten:

(a) $(gg,bg) \in D_1$ und $(bg, gg) \in D_1$;
(b) $(bb,gb) \in D_1$ und $(gb, bb) \in D_1$;
(c) $(bg,bb) \in D_2$ und $(bb, bg) \in D_2$;
(d) $(gb,gg) \in D_2$ und $(gg, gb) \in D_2$.

Hierbei bezeichnen D_1 und D_2 die geschützten Sphären der beiden Mädchen und, wie der Leser bemerkt hat, wollen wir die Ausübung von Rechten entsprechend der Sen'schen Formulierung "in either order", also in beiden Richtungen zulassen.

Betrachten wir zunächst Fall (a). Die Präferenzordnungen der beiden Mädchen lauten wie folgt: $gg\, P_1\, bb\, P_1\, bg\, P_1\, gb$ und $gb\, P_2\, bg\, P_2\, gg\, P_2\, bb$. Wir nehmen an dieser Stelle an, daß keines der beiden Mädchen auch nur die geringste Kenntnis über die Präferenzordnung des anderen Mädchens hat. Unter dieser Voraussetzung ist es nicht unvernünftig zu postulieren, daß sich sowohl Antje als auch Sabine für eine "maximin" Strategie entscheiden. Dann wählt Antje *b* und Sabine *g*, so daß der soziale Zustand *bg* erreicht wird. Da aber Antje die Präferenz $gg\, P_1\, bg$ aufweist, steht das soziale Ergebnis im Widerspruch zu Fall (a).[3] Wir müssen uns nun fragen, ob durch die Realisation des Zustandes *bg* Antjes Recht verletzt worden ist, ihr Kleid bzw. die Kleiderfarbe entsprechend den eigenen Präferenzen frei zu wählen. Nach Fall (a) und Formulierung (1) hätte *bg* kein Element der Auswahlmenge sein dürfen. Kann man aber ausgehend von einer intuitiven Rechtsauffassung tatsächlich von einer Rechtsverletzung sprechen, wenn sich durch die freie und voneinander unabhängige Wahl der beiden Mädchen der Zustand *bg* ergeben hat?

Hätten beide Mädchen bei gegebenen Präferenzen die "maximax" Strategie gewählt, hätte sich der soziale Zustand *gb* eingestellt, und auch hier wäre eine Unvereinbarkeit zu konstatieren gewesen, nämlich zu Fall (b). Für die Fälle (c) und (d) können durch geeignete Wahl der individuellen Ordnungen und eine entsprechend spezifizierte Risikohaltung der Personen ähnliche Inkompatibilitäten aufgezeigt werden. Wir sollten noch einmal fragen, ob wir tatsächlich in bestimmten Situationen von einer Verletzung individueller Rechte sprechen müssen, obwohl nach unserem vom Alltag geprägten Rechtsverständnis keines der persönlichen Rechte auf freie Wahl des eigenen Kleides verletzt worden ist.

Für das soeben aufgezeigte Problem reichte es aus, die Gültigkeit von nur einem der vier Fälle (a) bis (d) anzunehmen, was gleichbedeutend mit der Forderung ist, nur *einem* der beiden Mädchen ein Entscheidungsrecht über *ein* Paar von sozialen Alternativen einzuräumen. Diese Einschränkung erscheint recht willkürlich und auch unrealistisch, so daß wir unser Beispiel in der Weise abändern wollen, daß in bezug auf die Rechtsausübung des ersten Mädchens die Fälle (a) und (b) gleichzeitig gültig seien. In bezug auf das zweite Mädchen würde man fordern, daß die Fälle (c) und (d) gemeinsam erfüllt sind, doch wollen wir diese Erweiterung unseres Beispiels erst in einer dritten Variante untersuchen. Sind nun (a) und (b) gleichzeitig gegeben und hat das erste Mädchen dieselbe Präferenzordnung wie zuvor, führt Formulierung (1) dazu, daß die Auswahlmenge einen leeren Durchschnitt mit der Menge $\{bg,gb\}$ aufweist. Dies heißt, daß Antje die Macht hat, sowohl *bg* als auch *gb* als soziales Ergebnis zu verhindern. Kann Antje tatsächlich diesen Einfluß geltend machen in einer Situation, in der jedem Mädchen nach unserer intuitiven Rechtsauffassung die Möglichkeit eingeräumt wird, das eigene Kleid und somit die eigene Kleiderfarbe unabhängig von der Entscheidung des anderen Mädchens zu bestimmen?

Bezeichnen wir mit *g*(*b*) die "Strategie" eines jeden Mädchens, das gelbe Kleid (blaue Kleid) zu wählen, erhalten wir die folgende Matrixstruktur:

$A \backslash S$	g	b
g	g,g	g,b
b	b,g	b,b

Es sollte nun klar sein, daß Antje durch die Wahl von *g* erreichen kann, daß das soziale Ergebnis nicht in der Menge $\{bg, bb\}$ liegt, und daß sie es aufgrund von Strategie *b* schaffen kann, daß das soziale Ergebnis nicht in der Menge $\{gg, gb\}$ enthalten ist. Nach unserem intuitiven Rechtsverständnis kann aber Antje nicht das Recht haben, dafür zu sorgen, daß das soziale Ergebnis nicht in der Menge $\{bg, gb\}$ liegt. Dies aber ist, wie bereits gesagt, gerade der Fall, wenn bei gegebener Präferenzordnung von Person 1 die Fälle (a) und (b) gleichzeitig gelten. Formulierung (1) würde Antje (und in analoger Weise Sabine in den Fällen (c) und (d)) eine Einflußmöglichkeit gewähren, die Gaertner, Pattanaik und Suzumura (1988) als "power of conditional rejection" bezeichnet haben. Daß freie und voneinander unabhängige Individuen kein individuelles Recht darauf haben, farblich entweder gleich wie eine andere Person oder gerade anders als eine andere Person gekleidet zu sein, sollte wohl unbestritten sein.

Sen (1988) hat in einer sehr ausführlichen Stellungnahme zu dem Papier von Gaertner, Pattanaik und Suzumura (von nun an mit GPS abgekürzt) völlig zu Recht darauf hingewiesen, daß in seiner Formulierung der "Unmöglichkeit eines Paretianischen Liberalen" jedem der betrachteten Individuen ein Paar von sozialen Alternativen zugeordnet war, über das es allein bestimmen konnte, während unsere obige Situation Antje (und in analoger Weise Sabine) zwei Paare von sozialen Alternativen zur Ausübung von persönlichen Rechten zugewiesen hat. Man kann mit einiger Berechtigung argumentieren, daß unsere Betrachtung der Fälle (a) bis (d) eine naheliegende Verallgemeinerung dessen darstellt, was Sen in seiner Analyse vor Augen gehabt haben mag - dies wird auch von Sen in dem genannten Schreiben angedeutet, doch müssen wir, wie der Leser gesehen hat, diesen Anspruch nicht unbedingt erheben, um die Unvereinbarkeit von intuitivem Rechtsverständnis und Formulierung (1) nachzuweisen. Unsere erste Variante hat nämlich deutlich gezeigt, daß diese Widersprüchlichkeit bereits dann auftritt, wenn nur eine Person ein Recht über ein Paar von Alternativen i.S. der Formulierung (1) geltend macht.

Betrachten wir schließlich noch die dritte Variante unseres Beispiels, in der nun die Fälle (a) bis (d) gleichzeitig erfüllt sein sollen. Die Präferenzordnungen der beiden Mädchen seien dieselben wie bisher. Wie man leicht nachprüfen kann, ist unter Gültigkeit der Fälle (a) bis (d) die gesellschaftliche Auswahlmenge $C(R_1, R_2; S)$ leer. Dieses Resultat muß insoweit überraschen, als die gleichzeitige Wahl der beiden Mädchen doch immer einen sozialen Zustand hervorbringen wird, der ungleich der leeren Menge ist. Bei Gültigkeit der Fälle (a) bis (d) und unter Hinzuziehung von Formulierung (1) kann aber ein soziales Ergebnis nur dann zustande kommen, wenn wenigstens bei einem der beiden Mädchen eine Verletzung seines Rechts auf freie Wahl des eigenen Kleides stattgefunden hat. Auch hier tritt uns wieder eine Unvereinbarkeit zwischen intuitivem Rechtsverständnis und Formulierung (1) entgegen. Übrigens bewog Gibbard (1974) der obige Fall einer leeren Auswahlmenge dazu, ein Unmöglichkeitsresultat ohne Zuhilfenahme des schwachen Pareto-Prinzips zu formulieren. "Schuld" an diesem Ergebnis sind die bedingten Präferenzen ("conditional preferences") der beiden Personen.

3. Individuelle Handlungen und soziale Zustände

Wir hatten in unserer Einleitung darauf hingewiesen, daß Sens Liberalismus-Bedingung jedem Individuum im kollektiven Entscheidungsprozeß wenigstens ein Paar von sozialen Zuständen zuweist, über die es allein bestimmen kann, wobei ein sozialer Zustand als vollständige Beschreibung der gesellschaftlichen

Verhältnisse zu verstehen ist. In unserem in Abschnitt 2 diskutierten Beispiel hatten die beiden Mädchen die Freiheit, unabhängig voneinander die Farbe des eigenen Kleides auszuwählen. Sie hatten eine Entscheidung über alternative Handlungen zu treffen mit der Konsequenz, daß durch die Entscheidung für die eine oder andere Handlung ein bestimmter Aspekt innerhalb der Gesamtbeschreibung eines sozialen Zustands festgelegt wurde. Antje z.B. konnte durch die Wahl von gelb die sozialen Zustände bg und bb ausschließen, sie vermochte aber nicht dafür zu sorgen, daß eine bestimmte soziale Alternative mit Sicherheit eintrat. Somit konnte es schließlich geschehen, daß sich aufgrund von Antjes Entscheidung für Strategie b der Zustand bg einstellte, obwohl ihr ein Recht i.S. der Sen'schen Liberalismus-Forderung zustand, gerade diese Alternative im kollektiven Auswahlprozeß zu verhindern.

Die von uns dargestellte Inkompatibilität zwischen intuitivem Rechtsverständnis und Sens Formulierung individueller Rechte wäre in der ersten Variante unseres Beispiels dann nicht aufgetreten, wenn das zweite Mädchen z.B. nur ein einziges Kleid besessen hätte und dies dem ersten Mädchen bekannt gewesen wäre. Hätte Sabine nur über ein blaues Kleid verfügt, hätte sich Antje gemäß ihren Präferenzen für Strategie *b* entschieden und ihr Recht auf freie Wahl des eigenen Kleides wäre nicht in Widerspruch zu Formulierung (1) geraten. Die gleiche Aussage würde für den Fall gültig sein, in dem eines der beiden Mädchen seine Wahl bereits getroffen und das andere Mädchen hiervon Kenntnis hat.[4] Damit ist klar geworden, daß Formulierung (1) in der Tat in einigen Situationen eine angemessene Charakterisierung der individuellen Ausübung von Rechten geben kann, nämlich in den Fällen, in denen alle Aspekte eines sozialen Zustands bis auf einen "letzten" vollkommen determiniert sind, nämlich den, der durch die individuelle Handlung einer Person noch festzulegen ist.

Unser Beispiel in Abschnitt 2 zeichnete sich u.a. dadurch aus, daß die den beiden Personen jeweils möglichen Handlungen unabhängig voneinander ausgeführt werden konnten. Gibbard (1974) zeigte, daß in einem solchen Fall der aus den individuellen Handlungen resultierende soziale Zustand vollständig zerlegbar ist. Die Gesamtmenge der sozialen Zustände ergibt sich aus dem kartesischen Produkt der Handlungsmöglichkeiten aller am Entscheidungsprozeß beteiligten Personen, gegebenenfalls erweitert um die Handlungsmöglichkeiten politischer Instanzen. Bedingen sich die individuellen Handlungen gegenseitig, d.h. sind bestimmte Aktivitäten erst dann zulässig, wenn bestimmte Handlungen anderer Personen entweder bereits erfolgt sind oder gleichzeitig vollzogen werden, ist die vollständige Zerlegbarkeit eines sozialen Zustands nicht länger gegeben. Sen schildert in seinem Kommentar zum GPS Papier mehrere Beispiele, in denen Interdependenzen zwischen den Handlungen der beteiligten Personen auftreten, u.a. eine nunmehr der Vergangenheit angehörende Situation innerhalb der Britischen Eisenbahnen, bei der die Möglichkeit, in einem

Zugabteil zu rauchen, davon abhing, ob nicht mindestens ein Mitreisender hiergegen Einspruch erhob.

Sen scheint mit den von ihm gewählten Beispielen andeuten zu wollen, daß die Schwierigkeiten, die wir in unserem ersten Beispiel mit Formulierung (1) hatten, dann nicht auftreten, wenn die individuellen Handlungen - und damit die Ausübung von Rechten - durch einen hohen Grad von Interdependenz geprägt sind. Wir wollen uns daher nun der Frage zuwenden, ob die Widersprüchlichkeiten in unserem Beispiel eng mit dem Phänomen der vollständigen Zerlegbarkeit eines sozialen Zustands zusammenhingen oder ob ähnliche Unvereinbarkeiten auch in Situationen auftreten, in denen bestimmte Handlungen oder Strategien als konditional angesehen werden müssen.[5]

Als Beispiel wählen wir die "Kirschen in Nachbars Garten", die auf einen Jungen in der Nachbarschaft geradezu magische Anziehungskraft ausüben, die für den Eigentümer des Kirschbaums aber einen wesentlichen Obstvorrat für den kommenden Winter darstellen. Wir wollen im folgenden das Recht des Eigentümers E betrachten, den Jungen J durch Verbot davon abzuhalten, über den Zaun zu steigen und seine Taschen und Backen vollzustopfen. Um das Beispiel einfach zu gestalten, nehmen wir an, daß J ständig zum Kirschenpflücken in den Garten kommen wird, wenn E kein Verbot ausspricht, und daß dies allgemein bekannt ist.

Wir betrachten nun zwei Varianten dieser Situation. In Variante 1 habe E zwei Handlungsmöglichkeiten, nämlich ein Verbot auszusprechen (v) oder von einem Verbot abzusehen (v'). J habe die zwei Handlungsalternativen, weiter Kirschen zu stehlen (s) oder dies zu unterlassen (s'). Wir wollen voraussetzen, daß alle Eigenschaften des sozialen Zustands bis auf die Handlungen von E und J bereits festgelegt und allgemein bekannt sind. Wir werden diese anderen Eigenschaften bei der Beschreibung der Menge der möglichen sozialen Zustände S unberücksichtigt lassen. Welche Zustände sind nun tatsächlich möglich? Nach unserer Voraussetzung kann die Alternative $v's'$ nicht eintreten. Da wir in unserem Beispiel das Recht von E diskutieren, durch ein Verbot das Kirschenstehlen zu unterbinden, gehört vs ebenfalls nicht zur Menge S, jedenfalls würde die Existenz von vs mit unserem Rechtsverständnis kollidieren. Somit besteht S nur aus den Elementen vs' und $v's$. Zieht E vs' der Alternative $v's$ vor, wählt er die Handlung v, und E weiß, daß sich dann nicht der Zustand $v's$ einstellen kann. Präferiert E andererseits $v's$ gegenüber vs', wählt er die Handlung v', und der Zustand vs' wird nicht eintreten. Positiv ausgedrückt ist in unserer Variante 1 die Entscheidung von E für eine bestimmte Handlung (entweder v oder v') mit der Wahl und dem Zustandekommen eines ganz bestimmten sozialen Zustandes verknüpft. Somit läßt sich hier das individuelle Recht von E durch Formulierung (1) darstellen, und dies entspricht auch, so glauben wir, dem intuitiven Rechtsverständnis. Wir können damit im Sen'schen Sinne schreiben: $(vs', v's) \in D_E$ und $(v's, vs') \in D_E$, wobei D_E die Rechtssphäre des Eigentümers repräsentiert.

Wir werden nun in Variante 2 die unmittelbare Verknüpfung zwischen einer bestimmten Handlung von E und dem Zustandekommen eines eindeutig bestimmten sozialen Zustands fallenlassen. Dies können wir dadurch erreichen, daß wir dem Verhalten von J im Falle eines Verbots durch E zwei alternative Ausprägungen verleihen: im ersten Fall stellt J das Kirschenstehlen sang- und klanglos ein, im zweiten Fall berichtet J seinen Eltern, mit denen E gut bekannt ist, von dem Vorfall und beschreibt, wie sehr sich E über "die paar entwendeten Kirschen" aufgeregt habe. Wir wollen annehmen, daß dem E die Reaktion des J auf sein Verbot nicht gleichgültig ist. Ganz im Gegenteil. Es wäre E ausgesprochen peinlich, wenn J seinen Eltern von der Auseinandersetzung mit ihm berichten würde. Damit ergeben sich als alternative soziale Zustände, wenn wir alle anderen Aspekte eines jeden Zustands wieder außerhalb unserer Betrachtung lassen, die folgenden drei Elemente:

- x: E spricht kein Verbot aus, J stiehlt Kirschen;
- y: E spricht ein Verbot aus, J hört auf zu stehlen und verschweigt den Vorfall;
- z: E spricht ein Verbot aus, J hört auf zu stehlen und berichtet seinen Eltern von dem Vorfall.

Der Fall, daß E kein Verbot ausspricht und J von allein zu stehlen aufhört, sei wieder ausgeschlossen, ebenso die Situation, in der E ein Verbot ausspricht und J weiterhin "den Kirschbaum frequentiert".

Wenn wir die Ausübung von individuellen Rechten im Sen'schen Sinne formulieren wollen, müssen wir annehmen, daß wenigstens einer der beiden folgenden Fälle gültig ist:

(a) $(x,y) \in D_E$ und $(y,x) \in D_E$;
(b) $(x,z) \in D_E$ und $(z,x) \in D_E$.

Betrachten wir Fall (b) und postulieren wir die folgenden individuellen Präferenzen von E und J. Bezüglich E gelte yP_ExP_Ez und J habe die Präferenz xP_JzP_Jy. Wir wollen weiter annehmen, daß E nicht die Präferenz von J bezüglich y und z kennt, daß er aber glaubt, daß J im Falle des Verbots seinen Eltern die Auseinandersetzung lieber verschweigen wird. E hat also zwischen der sicheren Alternative x und einer gemischten Alternative mit den Ausprägungen y oder z zu wählen. Aufgrund seiner Vermutung über das Verhalten des Jungen und aufgrund seiner eigenen Präferenzrelation entscheidet sich E für ein Verbot. Der soziale Zustand, der sich einstellen wird, ist wegen der Präferenz zP_Jy der Zustand z. Dieses Resultat ist nun aber nicht mit xP_Ez und $(x, z) \in D_E$ vereinbar. Andererseits läßt sich nicht feststellen, daß das Recht von E, ein Verbot auszusprechen oder hiervon Abstand zu nehmen, in irgendeiner Weise verletzt worden ist. Für Fall (a) können wir ebenfalls eine

Unvereinbarkeit zwischen Sens Formulierung individueller Rechte und unserem intuitiven Rechtsverständnis erhalten, wenn wir unsere Geschichte inhaltlich ein klein wenig verändern und auch die Präferenzen der beteiligten Personen leicht variieren. Damit haben wir zeigen können, daß auch im Falle von Interdependenz Schwierigkeiten mit Sens Formulierung der Ausübung von Rechten auftreten werden, und zwar immer dann, wenn die Handlungen oder möglichen Strategien mindestens einer Person nicht mit einem eindeutig bestimmten sozialen Zustand verknüpft sind.

4. Ausblick

Kehren wir noch einmal zu unserem Beispiel mit den beiden Mädchen zurück. Antje und Sabine hatten, jedes Mädchen für sich, die Freiheit, unabhängig voneinander entweder die Strategie "gelb" oder die Strategie "blau" zu wählen. Der soziale Zustand ergab sich aus der Kombination der individuellen Handlungen. Wir stellten fest, daß in unserem Beispiel die Eigenschaft der vollständigen Zerlegbarkeit erfüllt war. Einen solchen Fall hatte Nozick (1974) vor Augen, als er schrieb (S.166): "Individual rights are co-possible; each person may exercise his rights as he chooses. The exercise of these rights fixes some features of the world .... Rights do not determine a social ordering but instead set the constraints within which a social choice is to be made, by excluding certain alternatives, fixing others, and so on." Und ein wenig konkreter: "If I have a right to choose to live in New York or in Massachusetts, and I choose Massachusetts, then alternatives involving my living in New York are not appropriate objects to be entered in a social ordering" (S.166).

Sens Beispiel von den Britischen Eisenbahnen hat ebenso wie unser zweites Beispiel deutlich gemacht, daß die vollständige Zerlegbarkeit häufig nicht gegeben ist. Unterschiedlichste Erklärungen lassen sich hierfür anführen - ein eher ökonomischer Grund, nämlich der der Knappheit, soll hier noch kurz genannt werden. Mein Recht, einen Sitzplatz auf einer Bank in einem öffentlichen Park einzunehmen, hängt davon ab, ob zum Zeitpunkt meines Spaziergangs durch den Park tatsächlich freie Sitzplätze vorhanden sind. Der Freiheitsraum des einzelnen Individuums wäre also dadurch charakterisiert, daß es vollständige Freiheit bei der Wahl aus der Menge der zulässigen Strategien genießt und gleichzeitig die Verpflichtung hat, sich für keine der unzulässigen Handlungen zu entscheiden. Diese Einschränkung gilt aber auch für alle anderen Mitglieder der Gesellschaft, denen es nicht erlaubt sein darf, das von uns betrachtete Individuum an der Ausübung seiner legitimen Rechte zu hindern.

Gärdenfors (1981), Sugden (1985) und Gaertner, Pattanaik und Suzumura (1988) haben vorgeschlagen, das Problem der Verwirklichung von individuellen Rechten mit Hilfe des Konzepts der Spielform ("game form"), welches auf

Gibbard (1973) zurückgeht, zu analysieren. Eine Spielform ist eine Spezifikation von (i) einer Menge N von Handelnden oder Spielern, zu denen neben Privatpersonen natürlich auch die staatlichen Organe gehören können, (ii) einer Strategiemenge σ_i für jeden Spieler $i \in N$, (iii) der Menge X aller möglichen Ergebnisse und (iv) einer Ergebnisfunktion $f : \prod_{i \in N} \sigma_i \rightarrow X$, die für jedes Element von $\prod_i \sigma_i$ genau ein Ergebnis festlegt.[6] Der Bereich der Rechte und Freiheiten einer jeden Person wird in diesem Konzept durch die Menge der zulässigen Strategien definiert, zwischen denen die Person frei wählen kann. GPS haben verschiedene Arten von positiven und negativen Rechten in ihrer jeweiligen aktiven und passiven Ausprägung (zu diesen Begriffen siehe z.B. Feinberg (1973)) mit Hilfe des Konstrukts der Spielform untersucht und festgestellt, daß sich diese Rechte in einem solchen Rahmen adäquat behandeln lassen. Dies heißt aber natürlich nicht, daß sich dadurch Sens berühmtes Unmöglichkeitsresultat in ein positives Ergebnis umwandeln läßt. Der Konflikt zwischen der Ausübung von individuellen Rechten und dem Kriterium der Pareto-Effizienz bleibt weiter bestehen. Aber dieses Dilemma war nicht Gegenstand unserer Ausführungen.

Diese Arbeit wäre nicht ohne die zahlreichen fruchtbaren Diskussionen mit Prasanta Pattanaik und Kotaro Suzumura zustande gekommen. Meine Ausführungen machen auch erhebliche Anleihen an unserem gemeinsamen Papier von 1988. Mein besonderer Dank gilt Amartya Sen, der unserer Arbeit eine Fülle von konstruktiven Kommentaren hat zukommen lassen. Die im vorliegenden Aufsatz enthaltenen Unzulänglichkeiten gehen allein zu meinen Lasten.

Anmerkungen

1 Wir wollen hier nicht diskutieren, ob die gewählte Bezeichnung "Liberalismus-Bedingung", gemessen an ihrem Inhalt, als zutreffend angesehen werden kann.

2 Wir lassen die anderen, bereits festgelegten Aspekte eines jeden Zustands vollkommen außer acht.

3 Unseres Wissens ist P.K. Pattanaik (1989) der erste gewesen, der auf diese Form von Inkonsistenz aufmerksam gemacht hat.

4 Diese Behauptung gilt jedoch nicht notwendigerweise für das Mädchen, das seine Entscheidung zuerst getroffen hat.

5 Siehe hierzu auch die Ausführungen von Pattanaik (1989), der Sens Eisenbahn-Beispiel genauer analysiert hat.

6 Siehe hierzu auch Deb (1990).

Literatur

Arrow K.J. (1951, 1963). **Social Choice and Individual Values**. Wiley, New York.

Deb R. (1990). **Rights as Alternative Game Forms: Is There a Difference of Consequence?** Diskussionsarbeit, Southern Methodist University, Dallas, USA.

Feinberg J. (1973). **Social Philosophy**. Prentice Hall, Englewood Cliffs, New Jersey.

Gaertner W., Pattanaik P.K., Suzumura K. (1988). **Individual Rights Revisited.** Diskussionsarbeit Nr. 8808, Fachbereich Wirtschaftswissenschaften, Universität Osnabrück.

Gärdenfors P. (1981). Rights, Games and Social Choice. **Noûs**, 15, 341-356.

Gibbard A. (1973). Manipulation of Voting Schemes: A General Result. **Econometrica**, 41, 587-601.

—— (1974). A Pareto Consistent Libertarian Claim. **Journal of Economic Theory**, 7, 388-410.

Mill J.S. (1848). **On Liberty**. J.W. Parker and Son, London.

Nozick R. (1974). **Anarchy, State and Utopia**. Basil Blackwell, Oxford.

Pattanaik P.K. (1989). **A Conceptual Assessment of Sen's Formulation of Rights.** Manuskript, University of Birmingham, England.

Satterthwaite M.A. (1975). Strategy-Proofness and Arrow's Conditions. **Journal of Economic Theory**, 10, 187-217.

Sen A.K. (1970). **Collective Choice and Social Welfare**. Oliver & Boyd, London.

—— (1988). **Private Korrespondenz vom 20. August 1988**. Harvard University, Cambridge, USA.

Sugden R. (1985). Liberty, Preference and Choice. **Economics and Philosophy**, 1, 185-205.

Nick Baigent

Deliberation and Rational Choice

1. Introduction

As Schelling says[1], "Just how one decides whether one is in the mood for broiled salmon or roast duck isn't the concern of the decision sciences, *at least not unless the way it is done turns out to conflict in some fashion with the rest of the model of rational choice*". The way it will be done in this paper is to give a central role to deliberation and the conclusion is that in general, the choices of rational agents need not bare any particular relationship to a preference. Thus, inquiring how agents decide on their choices does indeed conflict with the rest of the model of rational choice.

The paper begins by distinguishing three variants of the model of rational choice which may be called the pure choice approach, the single objective approach and the trade-offs and multiple objectives approach (TAMO). Within each of these variants choice is associated in an essential way with a preference. Then, the details of a deliberative procedure will be sketched and it will be shown that the resulting choices do not satisfy an axiom known as condition α. Since this condition is well known to be a necessary, but not sufficient, condition for choice to be based on a preference, it follows that rationally deliberated choice in general has little to do with preference. Thus, a central feature of the model of rational choice depends on the exclusion of deliberative considerations from the model.

It may be asked how deliberation can be explicitly accommodated in a model of rational choice? After all, agents are usually characterized so sparsely that there is nothing to deliberate non trivially about. For example, for agents characterized by a single preference and an objective of optimizing that preference, only the mechanical role of finding best available alternatives remains for deliberation. Therefore, the richer characterization used by Sen in his famous paper on Rational Fools[2] will be used in this paper. Accordingly, agents will be characterized by a set of preferences and a meta preference which ranks these preferences. It must be emphasized however that this characterization by itself is not inconsistent with preference based choice. It is the way in which deliberation links choice and Sen's characterization of agents that is inconsistent with preference based choice.

The results on which the argument in this paper depends are either well known or require minor modifications of well known results.[3] Therefore, the argument will be presented without technicalities.

2. Non Deliberative Rational Choice

Much of the literature in decision theory, economics and game theory focuses on the consistency of choices *in themselves*. Such an approach may be called the *pure choice* approach. One of the origins of this approach is the revealed preference analysis introduced by Samuelson (1938). The type of consistency involved is well illustrated by the Weak Axiom of revealed preference. It requires that if one alternative x, is chosen and another y is rejected in one situation, then in any other situation y is never chosen if x is available. In such axioms, only the choices themselves play a role. If choices satisfy this axiom then it is know that they also satisfy the following axiom known as condition α. This condition requires that if an alternative x is chosen in one situation then it is also chosen in any other situation in which it is present but in which some previously present alternatives are no longer present. For example, if x is chosen from x, y and z then it must also be chosen from x and y.

In this variant of the model of rational choice, preference plays no independent role. Even so, preference may be a useful descriptive device for cases in which choice happens to be consistent with a preference. But that is all it is. Preference has no prior status independent from choice. However, the consistency that is typically required in the form of the weak axiom of revealed preference or condition α, cannot provide sufficient conditions for the rationality of choices. For example, consider an agent who does subscribe to a single preference but whose choices are always the opposite of those that are induced by the preference. Such choices will not only satisfy both of the consistency axioms mentioned above but just about all other known consistency axioms as well.[4] Such choices are perfectly consistent but highly irrational. What this example shows is that rationality requires that choices bare some relation to something other than themselves. Simply requiring consistency between choices is not enough. It will be shown later that it is nothing at all, if choices are required to bear some relation to deliberation.

Another variant of the model of rational choice is the single objective approach. In this variant, agents are characterized by a single objective that takes the form of a preference over the alternatives, together with the goal of choosing so as to optimize according to this preference. In this case, preferences exist independently of choices. This approach may be very useful for the analysis of choices in some simple situations. For example, if the alternatives only differ in one way, say in the amount consumed of one desirable commodity, then choices induced by the optimization of a single preference may be reasonable. However, such a severe restriction on the scope of the theory of rational choice would greatly detract from its usefulness and interest. The third variant is probably the most popular, at least in microeconomics, and it does not presume that agents have a single objective. Rather, it is usually assumed that the preference on which choice is based is arrived at by establishing trade-offs between different objectives. That is, agents may have multiple objectives that conflict, but any such conflict is resolved by the agent's trade-offs into a single *all things considered preference* (ATC preference). It is presumed that the deliberation of a rational agent will result in an ATC preference, but that the particular trade-offs with which the agent resolves conflicting objectives into an ATC preference is not a legitimate concern of the theory of rational choice. Thus, the ATC preference is taken as the appropriate starting point for the characterization of agents in the theory of rational choice.

The ATC preference is therefore a great divide. On one side lies deliberation and on the other lies the modern theory of rational choice. In fact, it often seems as if there is a taboo on crossing the great divide separating the theory of rational choice from deliberation.

One of the reasons for the reluctance of rational choice theory to embrace deliberation is that establishing trade-offs between different objectives is something that is distinct from considerations of rationality. Consider the problem of trying to establish trade-offs between any pair of conflicting objectives. Is there anything in the content of the concept of rationality that rules out particular trade-offs being established? There may be a question of the consistency of these trade-offs with those established between other pairs of alternatives.[5] Viewed in isolation however, there seems to be no reason why the trade-off between any particular objectives should take any particular value. Thus, the conventional view would be that trade-offs are whatever agents themselves claim they are. In other words, considerations of rationality should place no restriction on the value of trade-offs.

For some purposes, there are probably stronger objections to considerations of rationality "interfering" with the establishing of trade-offs. Consider one of the major purposes for which the theory of rational choice has been used, that of providing part of the foundations for the measurement of individual welfare. There is a justifiable concern here with the "autonomy" of the individual. That is, the measurement of individual well-being should not be sullied by the hands of the rational choice theorist. Furthermore, if, as is often the case, the measurement of individual well-being is itself to be used as the basis for collective judgements of group well-being, then it would be considered quite wrong if the measurement of individual well-being were tainted with values that were not the individual's own values. The appeal of this view is immediate and widespread. It is however, completely irrelevant for the issues being addressed in this paper. The issue of whether or not there is something about rationality that requires trade-offs, is obviously prior to the issue of whether trade-offs are restricted by the requirements of rationality. It is the former issue that is central in this paper.

What reasons are there, for insisting that rationality requires that trade-offs be established between conflicting objectives leading to choice based on an ATC preference? It is difficult to find an explicit argument in the literature. However, the following view is probably widespread among economists. For most of the purposes for which the theory of rational choice is used, there is no possibility of not choosing. Opting for the statůs quo or "doing nothing" is itself an alternative. Since some choice has to be made, it may be thought that, whatever the choice is, it necessarily reveals a trade-off between objectives. It is as though the formation of trade-offs is forced upon the rational agent by the fact that some choice has to be made. Stated more formally, if some choice has to be made then trade-offs must be established. But, in fact, it is certainly not the case that trade-offs are logically required by choice. That choice implies preference is a non sequitur, can be established by the following simple counter example.

Consider an agent with several objectives and whose choices are determined by the Narrow Borda Score. This method of choosing uses only the part of the rankings induced by the objectives of the alternatives in the particular subset from which a current choice has to be made. Points are assigned to alternatives according to their position in the rankings in such a way that more points are awarded for higher positions in the rankings. The choice then consists of all the alternatives with the highest scores. It is well known that this method of choice is not generally consistent with a preference. Therefore, and this is strictly a matter of logic, no trade-offs could be revealed by such choices. Many more examples could be given of ways of choosing in the presence of conflicting objectives that would be inconsistent with *any* system of trade-off. Therefore, the proposition that choice implies trade-offs is false.

Apart from logical necessity, is there any other general argument that can be given to justify an insistence on resolving conflicts between different objectives into a single ATC preference by means of trade-offs between objectives? The following argument does just the opposite in that it establishes that there cannot be trade-offs between some objectives.

Agents may well care about the distributional consequences of their choices together with other sorts of consequences. This is obviously the case for individuals holding egalitarian values having to choose between candidates in an election where the policies of the candidates have different distributional consequences. It will also be the case in choosing between employment opportunities in different locations if the other family members have different preferences regarding the places in which they would like to live and the agent making the choice wishes to take into account the preferences of other family members. In such cases, it may not be possible to form trade-offs between an egalitarian objective and other objectives. The reason is that objectives have to be measurable in a certain sort of way for trade-offs to be possible between them. In general, distributions may not be completely ordered. If the Lorenz curves of two distributions do not intersect then one distribution is objectively more equal than another. However, if there are intersections in the Lorenz curves then it will not be possible to rank the two distributions according to their degrees of equality. Two objectives cannot be resolved by trade-offs into a single preference if one of the objectives takes the form of a strictly partial ordering.

In such cases, why not find some way to complete the partial orders? It may be possible to do this in some special cases but it is difficult to regard this as a general solution. Indeed, the way in which the partial ordering of distributions according to Lorenz domination has been extended to a complete ordering in the literature on economic inequality[6] fails in the present context. It is instructive to see why this is the case. Consider a social welfare function that assigns a level of social welfare to any distribution and which respects the ordering induced by Lorenz domination. Then, if x is any distribution, let x* denote the perfectly equal distribution that gives the same level of social welfare according to the given social welfare function. (x* may be called the equally distributed equivalent of x relative to the given social welfare function.) Now consider two distributions, x and y. These two distributions may still be ranked even if their Lorenz curves intersect by comparing their equally distributed equivalents, x* and y*, as follows. Distribution x may be considered at least as good as distribution y if and only if the level income in x* is at least as high as the level of income in y*. This procedure will certainly complete the partial ordering of distributions induced by Lorenz domination. It is important to stress however that the completion is performed by the use of values embodied in the social welfare function. Therefore, the complete ranking of distributions does not only reflect objective inequality.

In the context of a single agent attempting to form trade-offs between objectives some of which take the form of strictly partial orderings of the alternatives, what is it that corresponds to the social welfare function? It would have to be some function that took account of all the objectives of the agent. But this would then be an ATC preference that aggregated the multiple objectives of the agent and this cannot be assumed to exist from the outset when the very purpose of the analysis is to see whether trade-offs can generally establish an ATC preference in the presence of objectives that take the form of strictly partial orderings. To do so would be to assume the solution of the problem.

This is not to say that there may be some contexts in which conflicts between different objectives may be resolved by establishing an ATC preference by means of trade-offs between objectives. However, there remains an important class of cases in which objectives take the form of strictly incomplete orderings of the alternatives. In these cases, trade-offs cannot result from deliberation for strictly logical reasons.

In concluding this section the main points will be briefly recapitulated. Three variants of the model of rational choice were distinguished. In the pure choice variant, it was argued that the rationality of choices requires something other than the consistency conditions that are usually imposed. It remains to be seen whether deliberation can play this role. The single objective variant is so limited in its scope that it cannot be taken seriously as general theory. As for the TAMO variant, it was argued that there are some objectives that take the form of preferences that are not complete and are not completable by the usual means. In such cases, which arise quite naturally, conflict between objectives cannot be resolved by establishing trade-offs between objectives. Finally, it therefore follows that in such cases, rational choice cannot be based on an ATC preference.

3. Agent Characterization

In situations in which deliberation cannot establish trade-offs between conflicting objectives, what role can it play? This issue is the subject of this section and the next.

Consider then, an agent having to make choices for which many concerns are relevant, and between which trade-offs cannot be established. Each concern induces a preference, some of which may be incomplete. The impossibility of trade-offs between objectives does not mean that some other sort of weighing up of the priorities may not be possible. Indeed, whatever the reasons for trying to establish trade-offs where possible, those same reasons presumably suggest that some less demanding judgements between concerns should be attempted in situations in which the formation of trade-offs is not possible.

Of course, it may be that in some cases the concerns may be so overbearing that the agent will simply not be able to say that one concern is more compelling than another. These are the hard choices. However, agents would be able to make a judgement that one concern is more compelling than another for some types of choices. Consider the choice between jobs in different locations referred to earlier and assume a family consisting of both adults and some children. Abstracting from bargaining and other strategic considerations, the adult facing the choice may consider that adult preferences are more compelling for such choices than the preferences of young children.[7] Thus the agent may rank any of the adult preferences above any of the childrens' preferences. Furthermore, the agent may not be able to rank two adult preferences for reasons that were discussed in the previous section. If pairs of concerns can be ranked then surely such rankings of concerns are relevant in determining a rational choice.

Thus, it makes sense to characterize agents by a set of preferences and a meta preference where the latter ranks some pairs of preferences. The set of preferences consists of a preference for each concern that the agent considers relevant for the choice in hand and some of these preferences may be incomplete. The meta preference is a ranking of the preferences and it too, may be incomplete. Notice that this rich characterization includes the usual characterization in terms of a single preference as a special case.

Characterizing agents in this way was first proposed by Sen (1977). He considers several interpretations that differ from the one that is relevant here. Indeed, one of Sen's main purposes was to set out a framework that would be rich enough to be useful for a variety of problems. In the present context it is natural to extend Sen's concept of meta preference so that subsets of preferences are ranked as well as pairs of preferences. After all, in comparing two alternatives, x and y, what matters is whether all the concerns that favour x over y are more compelling than all the concerns that favour y over x. Therefore, in what follows agents will be characterized by a set of preferences and a meta preference that ranks pairs of subsets of the agent's preferences. However, the meta preference does not have to rank every possible pair of subsets of preferences.[8]

This still leaves the question of how agents characterized in this way can make rational choices. One approach that is briefly discussed by Sen is to determine choices as maximal alternatives. However, there are several different ways of defining maximality in the present context. One way is to use the following dominance relation. Alternative x dominates alternative y if and only if the meta preference ranks any preference for which x is strictly preferred to y higher than any preference for which y is strictly preferred to x. The set of chosen alternatives then consists of all that are undominated. There are obvious strengthenings and weakenings of the dominance relation that could be used in the same way. These will not be pursued here because the purpose of this paper is to focus on deliberation and its role in rational choice. Of course, the consistency of choices based on dominance relations of the kind just described, with choices determined by explicitly modelling the steps of a rational deliberation, remains as an important question for future work.

4. Deliberation

In this section a sequential deliberative procedure will be described. It should be stressed however that there is no reason to expect that a single procedure for deliberation can be distinguished as *the uniquely rational procedure*. Rather, there may be several procedures none of which is more rational than any of the others. All that should be expected from such a "thin" theory of rationality is that alternatives for which there are good reasons for rejection, should not be chosen.

There is something else that it is important to emphasize before getting into details. The detailed account of the steps of a rational deliberation may be called an *extensive* theory of rational choice to distinguish it from the usual *axiomatic* theory. This terminology is deliberately chosen to reflect the same distinction that is made in game theory. Just as in game theory there has been an attempt to model the details of bargaining in order to establish the robustness of cooperative solution concepts that are defined axiomatically, this can also be done in the context of individual choice. In the usual axiomatic approach, the set of alternatives is determined by *reasonable* axioms. However, the reasonableness of the axioms may the tested by describing procedures that determine directly which alternatives can be considered as satisfactory choices. It is the latter, extensive approach that is followed in this section.

Given the characterization of agents described in the previous section, the following dominance relation seems crucial. Let alternative x dominate alternative y if and only if the subset of preferences for which x is strictly preferred to y is at least as compelling as the subset of preferences for which y is strictly preferred to x according to the meta preference. Given that indifference is possible in the meta preference it is possible for there to be "indifference" in the dominance relation. Thus the terminology "strictly dominates" will be used if x dominates y but y does not dominate x.

The deliberative procedure that will be described is sequential in that all of the alternatives are listed and then considered in the order in which they are listed. Suppose then, that the alternatives are listed in an arbitrary order. (Ignore the arbitrariness of the order of the listing for the moment - it will be dealt with later.) Designate the first alternative as a *tentative choice*. Now move to the second alternative. Loosely speaking, what has to be considered is whether there are reasons that are good enough to justify replacing the first alternative by the second as the tentative choice. There would certainly be a good reason if the second alternative strictly dominated the first according to the dominance relation defined above. Consider now the situation after several alternatives have been considered in this way so that the process is somewhere in the middle of the list. At any such point in the deliberation there is a tentative choice. It is also the case that in reaching this point in the deliberation, some alternatives that have already been considered have been tentative choices and some have not. This partition of all alternatives that have been considered at any point in the deliberation into those that have been tentative choices and those which have not will be important in what follows.

The next step involves applying criteria for whether the current tentative choice should be replaced by the next alternative in the list and become the new tentative choice. Several such criteria are possible, each giving rise to a different deliberative procedure. The one used here certainly seems reasonable. It requires that the next alternative replace the current tentative choice if and only if two conditions are met. The first condition is that it strictly dominate the current tentative choice. The second condition is that it weakly dominate all the alternatives that have been tentative choices up to that point in the deliberation.

Thus, at any point in the deliberation the alternatives that have been considered up to that point are partitioned into those that have, at some point, been tentative choices and those that have not. For the next alternative to replace the current tentative choice it should stand in a Pareto-like relationship to the subset of alternatives that have been tentative choices. Finally, the alternative that is the tentative choice after the list is exhausted is a final tentative choice.[9]

Of course, a different alternative could well have been a final tentative choice if the alternatives had been listed in a different order. Since the order is arbitrary, it makes sense to consider all possible ways in which the alternatives may be listed. Therefore, the set of rational choices should consist **of any alternative that is a final tentative choice for some possible listing of the alternatives.**

Consider the following example. Suppose an agent has a set of preferences and a meta preference that induces a dominance relation in which y dominates x and x dominates z but in which there is no dominance between y and z. In this case the dominance relation is incomplete over y and z. Take the alternatives listed in the order zxy. Alternative z begins as a tentative choice but it is immediately replaced by x since x dominates z. However y does not then replace x because, although y strictly dominates x it does not dominate z. Therefore x is a rational choice since it is a final tentative choice for some listing of the alternatives. If the alternatives are listed in the order xyz then y is a final choice. However, z can never be a final choice however the alternatives are listed. Therefore, the subset consisting of x and y constitutes a rational choice in this case. Now suppose that z turns out to be unavailable. In this case a choice has to be made from x and y. Since only two alternatives are available and y dominates x, only y can be a final tentative choice. This violates condition α. In fact, it seems easy to come up with examples that violate many of the consistency conditions that are used in axiomatic approaches to rational choice.

Of course, different criteria may be used for replacing a current tentative choice by a new one. However, it is fairly clear that consistency axioms may well be violated. This leads to the main conclusion of the paper. Once deliberative procedures are explicitly included in a model of rational choice, consistency axioms that provide the foundations for the usual models of rational choice lack justification. In particular, condition α is a necessary condition for choices to be consistent with a preference. It therefore follows that rationally deliberated choices need bare no relation to any particular preference.

I am very grateful to Jonathon Riley, Amartya Sen and Kotaro Suzumura for helpful conversations.

Notes

1 Schelling (1985).

2 Sen (1977).

3 All of the results can be found in Sen (1986) or Suzumura (1983).

4 See Sen (1986).

5 This type of inconsistency would allow a sort of intra-personal arbitrage.

6 Atkinson (1970).

7 This is not to say that adults ignore the interests of young children.

8 Thus, the characterization used here differs from that used by Sen in two details. The set of preferences may contain preferences that are incomplete and the meta preference is a binary relation on the power set of preferences rather than the set of preferences.

9 For an extended discussion of this procedure and some others in the context of social choice, see Banks and Bordes (1988). The dominance relations they deal with are complete. However, incompleteness does not seem to introduce any real difficulties.

References

Atkinson A.B. (1970). On the Measurement of Inequality. **Journal of Economic Theory**, 2, 244-263.

Banks J.S., Bordes G.A. (1988). Voting Games, Indifference, and Consistent Sequential Choice Rules. **Social Choice and Welfare**, 5(1), 31-44.

Schelling T. (1985). The Mind as a Consuming Organ. In: Elster J.(ed.), **The Multiple Self**. CUP & Universitetsforlaget AS, Cambridge & Oslo.

Sen A.K. (1977). Rational Fools: A critique of the behavioral foundations of economic theory. **Philosophy and Public Affairs**, 6, 317-344.

—— (1986). Social Choice Theory. In: Arrow K.J, Intriligator M. (eds.), **Handbook of Mathematical Economics**, Vol.3. North Holland, Amsterdam.

Suzumura K. (1983). **Rational Choice, Collective Decisions and Social Welfare**. Cambridge University Press, Cambridge.

Isaac Levi

Consensus, Rationality and Pareto Unanimity

Rational agents rarely, if ever, countenance every logical possibility as seriously possible. At the same time, no one has a settled opinion on every issue. We are convinced about some matters and in doubt about others. Those matters which we take to be settled, at least for the time being, define the space of serious possibilities in terms of which we represent the hypotheses and conjectures we entertain and judge to be more or less certain. Both the probability judgements and utility judgements which strict Bayesians tell us ought rationally to determine the expected utilities of options in a decision problem are defined on such a space of serious possibilities as de Finetti (1974), for example, was acutely aware.

I have suggested that rather than understand knowledge as true, justified belief, we understand it in terms of its function - to wit, as constituting the standard whereby an agent judges serious possibility (Levi, 1980). Proposition h is a serious possibility according to agent X at time t if and only if it is consistent with what he knows.

It is a corollary of this vision of knowledge that according to Ron at t, there is no serious possibility that anything he knows at t is false. In this sense, according to Ron at t, everything he knows at t he knows infallibly.

Of course, Nancy may dissent from Ron's view of his knowledge at t as Ron himself may do at some subsequent stage.[1] Nancy may be convinced that the horoscopes foretell an economic collapse after the 1988 election and, hence, that Ron's optimistic assessment is false. Nancy thinks that Ron has false conviction and, hence, lacks knowledge. George does not read the horoscopes. But he is in a state of suspense as to whether there will or will not be an economic collapse. So he too denies that Ron knows. But the mere fact that Nancy and George doubt Ron's view need not lead him to abandon it. Indeed, he should not do so unless he has good reason to contract his corpus of knowledge just as he should not add items to his firm convictions without good reason.

But even if Ron lacks good reason for giving up his firm convictions, the vicissitudes of life may have brought it about that he, Nancy and George have to make an investment decision which depends vitally on the future state of the economy. Assuming that none of the parties have the means to coerce cooperation to their preferred policy from the other and that the joint decision is not itself the product of separate decisions independently made by each of the three agents but is to be justified by an appeal to a single rationally coherent system of values and beliefs, Ron, Nancy and George will have to fix on a consensus.

To do so, they cannot rest content with reasoning from their own differing points of view. To avoid begging questions, they need to start from a system of shared agreements. In this case, this means moving to a position of suspense on the question of the future course of the economy.

To be sure, Ron need not give up his optimistic view. As far as he is concerned, it is absolutely certain that the economy will continue to boom. He has not been given good reason to think otherwise.

However, when engaging in the joint venture, he must surrender his autonomy and engage in a group choice based on shared agreements between the agents. In the context of group choice, the agent is neither Ron, Nancy nor George. The agent who does the choosing based on a body of convictions, probability judgements and utilities is a group agent whose propositional attitudes are determined by the shared agreements between the members of the group. The views of the group agent are to be distinguished from Ron's, from Nancy's and from George's.

Such a group agent, so I submit, must meet standards of rational coherence and consistency which are the same as personal agents should satisfy. I do not suggest that all kinds of social choice should be rationalizable in this manner. Group choices which are the output of a "game" - i.e., are the result of independent decisions of rational agents each promoting his or her own agenda - may very well fail to meet standards of rationality. (The prisoner's dilemma illustrates this nicely.) Such group choices are not strictly speaking choices at all but are the outputs of the choices of several diverse agents.[2] When the group choice is coerced by one of the parties to the joint decision or by some outside agency, we may want to require that the dictator obey requirements of rationality; but in that case, one may resist claiming that the choice is the choice of the group rather than that of the dictator. When, however, group choice is grounded in consensus in beliefs and values, the group is required to be rational in the same sense in which individual agents are. For this reason, the examination of consensus is of philosophical interest; for an exploration of the conditions of rational consensus provides us with an opportunity to shed light on conditions of rational belief, desire and decision in the case of individuals from a somewhat different perspective.

There are, to be sure, differences between consensual views and individual ones. A consensus is a point of view where controversial claims are treated as conjectural or as hypotheses open to doubt. Only shared agreements are settled. What an individual takes to be conjectural and what he regards as settled does not correspond in all cases with what is and what is not controversial. In spite of these differences, there are requirements which both types of standards for serious possibility ought to share in common.

For example, both personal and corporate agents should rationally endorse standards for serious possibility or corpora of knowledge which (1) contain all logical truths and (2) are closed under deduction or under some more general consequence relation. Because such standards are revisable, it is a central project for epistemology to give as systematic account as is possible of the rational revision of such standards for serious possibility.

My concern in this paper, however, is not with revisions of standards for serious possibility but with probability and utility judgement. Given a division of logical possibility into serious possibility and impossibility, we may distinguish between serious possibilities in terms of how desirable they are and how probable they are. According to strict Bayesians, we may represent our judgements of how desirable they are by utility functions unique up to positive affine transformations and our judgements of probability by unique probability measures. When an agent faces a set of options, he should, if he is rational, choose an option from among those he recognizes to be available which maximizes expected utility as determined by these utility and probability judgements.

Advocates of this view are not always committed to utilitarian principles of the good or the right. A maximizer of expected utility is not to be understood as a maximizer of the expected net of pleasure over pain, of satisfaction or of welfare. A value pluralist who acknowledges that the values which agents may rationally seek are diverse and are irreducible to some single dimension of value may nonetheless be a strict Bayesian. Strict Bayesians insist, however, that a rational agent should be in a position, at the moment of choice, to aggregate somehow the several dimensions of value into a single evaluation which irons out the conflicts which inevitably arise according to the value pluralist vision of things. Either this can be done by invoking so called higher order principles to weight the import of competing goals and values or if the value pluralist strict Bayesian is sceptical of the availability of such higher order principles (as well he should be in my opinion), he will insist that the agent's choice legislates what the resolution of conflict will be. In either case, at the moment of choice, the decision taken by a rational agent among the options available must be representable as maximizing expected utility and this implies that there is a single index (or, at least, one unique up to a positive affine transformation) representing expected utility.

This strict Bayesian view leaves no room for the agent who at the moment of choice does not think he has good enough reasons to resolve the conflict between the rival goals and standards of value he considers and wants, therefore, to remain in a form of suspense. To acknowledge one's ignorance is a virtue in scientific inquiry. But when it comes to ethics and values strict Bayesians think it a vice. They reason that in the face of such ignorance, the agent would be in doubt as to which of rival assessments of expected utility to maximize and, hence, that whatever he would choose, he could not claim to choose for the best all things considered. And that is irrational. The peremptoriness of choice requires us to be opinionated.

This conclusion is unacceptable. Whereas we would regard it as absurd to require of rational agents that they have a definite and certain conviction on every issue, those who endorse the conclusion insist that rational agents have definite and precise commitments on every question about value. The oddity of this stance is intensified by the trilemma which it imposes on us. We must either reject value pluralism, insist on second order standards to resolve conflicts or endorse a Sartrean voluntarism.

A similar observation applies mutatis mutandis concerning probability judgement. Strict Bayesians insist that rational agents have numerically definite probability assignments for every proposition. To be sure, at least since F.P. Ramsey (1926), strict Bayesians have acknowledged that ordinary mortals cannot identify their own belief or credal probabilities with infinite precision but, perhaps, only to a few decimal places.

We used to think that a rod has an infinitely precise length even if we have not and never will determine that length with perfect precision. Strict Bayesians still understand rational probability judgement as if this were true of ideally rational agents. As I.J. Good (1962) has suggested, there is a numerically definite probability function in a rational agent's "black box" whether the agent or anyone else can determine it exactly. An agent may be in doubt as to what his numerically definite credal probability function is but, if he is rational, he is, whether he is aware of it or not, in no doubt as to which probability function to use to compute expected utilities. The only ignorance allowed here is lack of self awareness.

Just as in the case with utility judgement, strict Bayesians leave no room for doubt concerning credal probability judgement. To think otherwise would be to generate doubt in the evaluation of available options with respect to expected utility just as surely as failure to resolve value conflicts would. Either there is some system of objective principles which determine what a rational agent's probability judgements should be in every situation as H. Jeffreys (1961), R. Carnap (1950), and E.T. Jaynes (1983) suggest in opposition to pluralism or the probability judgements are legislated by the agent's choices. Ramsey, de Finetti and L.J. Savage (1954), like J.P. Sartre (1946), avoid scepticism by embracing voluntarism. Neither the anti-pluralism of Jeffreys, Carnap and Jaynes nor the voluntarism of Ramsey, de Finetti and Savage is acceptable when it comes to probability judgement any more than it is in the case of utility judgement.[3]

Because strict Bayesianism requires rational agents to be opinionated in their utility and credal probability judgements, it seems to me to be desirable to seek an alternative approach to rational choice which allows for decision making under doubt as to how to maximize expected utility due to doubts about credal probabilities or utilities.

The approach I favor is relevant not only to individual decision making but also to contexts of joint decision making where several individuals participate in a collective choice and seek to do so not by playing games with one another but by basing their choices on shared agreements in probability, utility and expected utility judgement as well as with respect with what they take for granted as settled and certainly true. In the subsequent discussion, I intend to focus on the context where such consensus as shared agreement is at stake not only concerning judgements of serious possibility but credal probability, utility and expected utility.

Study of such consensual social choice entails a departure from the approach developed by K.J. Arrow (1951) in at least two respects. Arrow required that social choice satisfy the same conditions of rationality as are imposed on individual decision makers. I do not dispute this requirement at least not for consensual social choice. However, Arrow's theory does not take into account decision making under risk or uncertainty and, as a consequence, does not need to bring in questions of utility and probability judgement in a critical manner. Moreover, Arrow assumes that both individual and social evaluations of options should be free of doubt or unresolved conflict. But if Ron and Nancy disagree in their expected utility judgements, the views of neither represents consensus between them. Nor can we say that some third evaluation - e.g., a weighted average of their expected utility functions - can do so. That is to say, we cannot say so as long as we are thinking of consensus as shared agreement; for the third evaluation is as much in conflict with Ron's and Nancy's views as they are with each other's. If Ron thinks it is better to purchase a certificate of deposit rather than stock in Boeing and Nancy thinks it is better to purchase the stock, thinking them equally valuable does not represent a shared agreement. Neither of them agrees that the options are equally valuable. Such a compromise is a way to resolve their conflict and should be recognized as such. But Ron's view, though not a compromise, is also not to be ruled out as a potential resolution of the conflict. Nor is Nancy's view. But neither the compromise resolution nor the uncompromising ones should be confused with consensus as shared agreement. That is the perspective which refuses to rule out either Ron's view or Nancy's view or any potential resolution of the conflict between them including compromises as permissible to use in maximizing expected utility. In consensual decision making, the parties to the decision agree to restrict their choices to options which come out optimal with respect to expected utility relative to some such "permissible" evaluation of expected utility and to invoke whatever secondary criteria they can agree upon to choose between these E-admissible options (Levi, 1974, 1980, 1986). This implies that the consensual evaluation of the expected utilities of the available options does not determine a unique weak ordering of these options as an Arrovian social welfare function does. I contend that Arrovian social choice theory rules consensus as shared agreement out of consideration in advance of all discussion.

T. Seidenfeld, J.B. Kadane and M. Schervish (1989) have published an important paper on consensual decision making. These authors contend that the consensual preference among available options ought to preserve those comparisons among available options which all parties to consensus agree in making. Pareto Unanimity ought, in this sense, to be a constraint on consensual decision making. Indeed, all and only expected utility functions which preserve Pareto Unanimity in the preferences of Dick and Jane are permissible.

Seidenfeld, Kadane and Schervish then consider situations where there are two agents (they speak of Dick and Jane) concerned to fix on a consensus who face so called "horse lotteries" in the technical sense of Anscombe and Aumann over two states.[4] If Dick and Jane share the same probability distribution over the states but different utility assignments to the prizes, Pareto Unanimity requires that every permissible utility function must be a positive affine transformation of a weighted average of Dick's utility and Jane's utility. The set of permissible utility functions will be the set of all such weighted averages. It satisfies the convexity requirement on permissible utility functions I advocated in "On Indeterminate Probabilities". If Dick and Jane share the utility but have different probabilities, Pareto Unanimity requires that every permissible probability must be a weighted average of Dick's and Jane's. Again the set of such permissible probabilities satisfies the convexity requirement.

Consider, however, the case where both the probabilities and the utilities of Dick and Jane differ in some respect. Seidenfeld, Kadane and Schervish prove the remarkable result that the only two probability-utility pairs which preserve Pareto Unanimity are those representing the views of Dick and of Jane. Hence, these are the only two permissible probability-utility pairs if we insist that Pareto Unanimity is obeyed in consensus.

This result conflicts with the proposals I have made for such cases according to which one should consider as permissible all weighted averages of Dick's probabilities and Jane's and all weighted averages of Dick's utilities and Jane's and consider all methods of determining expected utilities to be permissible which are based on a probability and a utility permissible from these two sets.

There is no gainsaying the results demonstrated by Seidenfeld, Kadane and Schervish. What may be questioned is whether unqualified Pareto Unanimity is required in consensual decision making as these authors see to think it is. The attractions of Pareto Unanimity are undeniable. But there is a problem. To appreciate the nature of the problem, a numerical illustration of their result may be useful.

Suppose Dick and Jane jointly face a choice between two "horse lotteries" in the technical sense of Anscombe and Aumann. Let c^*, c and c_* be three prizes. Dick and Jane agree that c^* is better than c which is better than c_*. Let *rl* be a roulette lottery which yields c with a chance of 190/300, c^* with a chance of 8/300 and c_* with a chance of 102/300. The two options faced by Dick and Jane are given in table 1.

Table 1

	s	¬s
Option A	rl	rl
Option B	c_*	c

s and ¬s are two "states" about whose truth Dick and Jane are uncertain. Dick assigns probability 0.1 to s (and 0.9 to ¬s) and Jane assigns probability 0.3 to s (and 0.7 to ¬s). Letting the utility of c^* be 1 for both agents and for c_* be 0 (as we may do without making any substantial assumption), Dick's utility for c is 0.1 and Nancy's is 0.4. Computation reveals that the expected utilities assigned by Dick to options A and options B are both equal to 0.9. Nancy's expected utilities for these two options are both 0.28.

Thus, in spite of the differences in their probability and utility judgements, Dick and Nancy agree that A and B are to be equivalued.

Because of this agreement, Seidenfeld, Kadane and Schervish conclude that the consensual point of view ought to preserve this equivaluation as well just as Pareto Unanimity requires. That is to say, any permissible comparison of A and B should rank them together.

However, we are assuming that consensus is rational in the sense that every permissible ranking of the options should be representable by a pair of probability assignments to the states and utilities to the prizes such that the evaluation of the options is representable in terms of expected utilities.

Combining this requirement of Bayesian Rationality with Pareto Unanimity implies that the expected utility representations should rank A and B together. This implies that any permissible pair (p,u) of probability and utility functions should satisfy the following condition:

$$\text{(i)} \qquad (19/30)u(c) + 8/300 = p(\neg s)u(c).$$

Let rl_1 be a roulette lottery yielding c^* with a chance 0.1 and c_* with a chance 0.9. Let the payoffs for options C and D be as given in table 2.

Table 2

	s	¬s
Option C	rl^*	rl^*
Option D	c^*	c_*

Ron and Nancy agree that C is not better than D. Pareto Unanimity and Bayesian Rationality then require that the permissible probability-utility pairs should restrict probabilities to the interval between 0.1 and 0.3.

Let rl_2 yield c^* with chance 0.4 and c_* otherwise. Consider then the three options consisting of Option C, Option E which yields c for sure and option F which yields rl_2 for sure. Ron and Nancy agree that C is not better than E which in turn is not better than F. To preserve these shared agreements, the utility of c must be restricted to the interval from 0.1 to 0.4.

If we seek to preserve the shared agreements in preferences between C, D, E and F, we now see that any probability-utility pair (p,u) which assigns probability to s in the range from 0.1 to 0.3 and assigns utility to c in the range between 0.1 and 0.4 will satisfy our requirements. However, if we seek to preserve the shared agreement concerning comparisons between A and B as well, the only probability-utility pairs from that set which satisfy our requirements are the pairs (0.1, 0.1) and (0.3, 0.4) representing Dick's and Jane's points of view respectively.

An implication of this is that given any pair of horse lotteries on the pair of states s and $\neg$s H and H' such that Dick prefers H to H' and Jane prefers H to H', there is no permissible evaluation of these options which ranks them together. There are no potential compromises.

Seidenfeld, Kadane and Schervish generalize the result for this particular example and show that when two Bayes-rational agents differ in their probabilities and utilities over a set of horse lotteries, the set of potential resolutions which preserve shared agreements as Pareto Unanimity does contain no compromises.

Seidenfeld, Kadane and Schervish exhibit no doubt that unrestricted Pareto Unanimity is a *conditio sine qua non* of consensus as shared agreement. They are prepared to abandon the inclusion of compromises among the potential resolutions. This means that even when choosing between roulette lotteries (i.e. opportunities where chances are given), Dick and Jane must not countenance any compromise potential resolutions as long as they differ in both their probability and utility judgements and no matter how slight these differences might be. Consider for example a choice between receiving prize c for sure and receiving a roulette lottery which yields c^* with a chance of 0.25 and c_* with a chance of 0.75. Dick prefers the roulette lottery to c but Jane prefers c to the roulette lottery. According to the position taken by Seidenfeld, Kadane and Schervish, if Dick and Jane also have the option of flipping a fair coin to decide the issue, this option ought not to be counted as E-admissible. According to Dick's view, it is inferior to the roulette lottery. According to Jane's, it is inferior to the prize c.

Prohibiting such mixed options as inadmissible is surely an extreme view to take. I am not contending that adopting the mixed option is rationally obligatory. But it is not rationally prohibited either. Such prohibition is, however, an implication of the Seidenfeld, Kadane and Schervish position if E-admissibility is necessary for admissibility.

To be sure, the Seidenfeld, Kadane, Schervish approach removes the prohibition if there is complete unanimity on either the probability or on the utility function. It is a remarkable and, perhaps, objectionable aspect of their approach that it allows and, indeed, mandates the permissibility of compromises if there is complete agreement on either probability or on utility but prohibits compromises otherwise.

These reservations would, perhaps, be worth little were unrestricted Pareto Unanimity a compelling requirement on consensus as shared agreement. And at first glance, it does seem obviously mandatory. What is a consensus as shared agreement if it does not preserve shared agreements?

A second glance, however, reveals that the case for Pareto Unanimity is not only not compelling but is clearly untenable - at least for any one who thinks that in the evaluation of horse lotteries, "Bayesian" rankings representable by probability-utility pairs are the only potential resolutions in consensus. Since there is no disagreement between Seidenfeld, Kadane and Schervish and myself on this score, we may leave this Bayesian assumption unquestioned.

Dick and Jane differ in their credal probabilities and utilities. Seidenfeld, Kadane and Schervish do not tell us whether their differences are accompanied by a difference in their corpora (i.e., standards for serious possibility). I myself do not think that the status of Bayes Rationality and Pareto Unanimity ought to depend on whether the participants disagree with respect to the corpus or not. In particular, either Pareto Unanimity ought to apply in both cases or fail to apply in both cases. Whether Seidenfeld, Kadane and Schervish agree is unclear. However, the fact that they overlook the case where participants in a joint decision differ with respect to corpus as well as with respect to probability and utility judgement suggests that they may agree that the general conditions on consensus ought to cover both cases.

Consider then the case of Ron and Nancy who resemble Dick and Jane in their credal probabilities and utilities as envisaged in our numerical example. Unlike Dick and Jane, it is clear that they also disagree with respect to the corpora to which they are committed as standards for serious possibility. Ron's corpus K_1 is the set of logical consequences of e and Nancy's corpus K_2 is the set of logical consequences of $\neg$e. Let us suppose, moreover, that Ron and Nancy agree in their confirmational commitments. That is to say, Ron agrees with Nancy that relative to K_2 0.3 is the appropriate credal probability assignment to s. And Nancy agrees with Ron that relative to K_1, 0.1 is the appropriate credal probability assignment. Finally, Ron and Nancy agree that relative to the corpus K according to which both e and $\neg$e are serious possibilities, the credal probability of e should be x and the credal probability of $\neg$e should be 1-x.

Under any familiar understanding of consensus as shared agreement, the parties to consensus should move to a corpus which preserves just those judgements of serious possibility and impossibility which they share in common and counts every proposition a serious possibility when parties to the consensus differ as to its status. Without agreement on the corpus, there is no consensus as shared agreement.

But if Ron and Nancy move to *K* and assign hypothesis e credal probability x, hypothesis s receives credal probability 0.1x + 0.3(1-x). If we assume, as we consistently can, that neither Ron nor Nancy change their utilities for roulette lotteries relative to *K* from what they were initially, then the probability-utility pair which represents consensus must rank options A and B in violation of unrestricted Pareto Unanimity. Ron and Nancy both equivalue A and B. They both weakly prefer F over E, weakly prefer E over C and weakly prefer D over C. As we have seen, the only probability-utility pairs which satisfy these consensual valuations are Ron's and Nancy's. On the other hand, as long as x is distinct from 0 and 1, the probability-utility pair representing consensus relative to the consensus corpus is distinct from either of these pairs. Options C, D, E and F will continue to be ranked in the way required by Pareto Unanimity relative to the consensus corpus but A and B will not.

Observe that this objection to the Pareto Unanimity condition cannot be dismissed so readily as the implication that there are no compromises by saying that Pareto Unanimity is definitory of the conception of consensus as shared agreement. Insisting that compromises of conflict be permissible does carry considerable plausibility. But one may well doubt that, whatever the attractions of compromise may be, it is ingredient in our understanding of consensus as shared agreement. But the requirement that consensus as shared agreement presupposes that potential resolutions of the conflicting views relative to the consensus corpus should be the permissible potential resolutions of the conflicting views of the parties to consensus relative to the corpora they actually adopt seems noncontroversial as a requirement on consensus as shared agreement. It requires that in such consensus, the permissible probability-utility pairs should be defined over the space of possibilities determined by the consensus corpus. That should go without saying.[5]

Strictly speaking I have begged the question against Seidenfeld, Kadane and Schervish. But at this point, I must plead with the reader to consider whether a point of view is a consensus as shared agreement unless there is a single corpus relative to that consensus - the consensus corpus of shared agreements as to what is certain and unless the consensual evaluation of horse lotteries is relative to the consensus corpus.

To sustain my own affirmative answer to this question, however, it is desirable to appeal to more than presystematic conceptions of consensus as shared agreement as I have done. After all, the Pareto Unanimity principle also seems presystematically compelling. In order to sustain my rejection of Pareto

Unanimity, it is desirable that a more modest version of the principle be suggested which can plausibly be said to accommodate what is presystematically attractive about Pareto Unanimity.

Ron's corpus is K_1. Nancy's K_2. Ron can recognize that were he to endorse Nancy's probability judgements relative to her corpus while keeping his utility function for roulette lotteries intact, his ranking of the elements of horse lotteries would differ from what it currently is. In point of fact, it would be Nancy's under the conditions we have envisaged. However, some of the comparisons of horse lotteries would remain the same relative to (0.3, 0.1) as they are relative to (0.1, 0.1). These comparisons of value we shall call Ron's robust preferences for the purpose of consensus with Nancy. Nancy like Ron has robust preferences for the purpose of consensus with Ron. With the notion of robust preferences for the purpose of consensus, we can then identify those robust preferences which Ron and Nancy share. We may speak of robust consensual strict preference, indifference and weak preference in a sense paralleling the corresponding notions of consensual preference. Finally, we obtain the idea of a robust consensual quasi ordering.

Observe that the robust consensual quasi ordering is induced by the probability-utility pairs for Ron and Nancy relative to their current points of view whether they share the same corpus or not. We may distinguish that robust consensual quasi ordering from the robust consensual quasi ordering which they would endorse were they to move to the consensus corpus. We shall call the latter the epistemically robust consensual quasi ordering.

With these ideas in place, the Pareto Unanimity condition may be modified as follows:

Robust Pareto Unanimity: Every potential resolution is a consistent extension of the robust consensual quasi ordering over the set of horse lotteries.

Robust Pareto Unanimity and Bayes Rationality may now be taken to be necessary conditions on potential resolutions relative to the probability-utility pairs for the parties to the dispute given the corpora they actually adopt. These two conditions are jointly sufficient.

If we assume that the probability judgements endorsed by Ron and Nancy relative to their current corpora are derivable from the consensus corpus by conditionalization and Bayes theorem upon adding the information present in Ron's (Nancy's) current corpus but not in the consensus corpus, it is clear that all robust comparisons of horse lotteries relative to the consensus corpus are robust relative to the current corpora though the converse does not hold except when Ron and Nancy share the same corpus.

Consequently, since Ron and Nancy do not share the same corpus, our current proposal does not imply that Ron's and Nancy's probability-utility pairs are permissible.

On the other hand, if Dick and Jane share the same corpus, our conditions do imply that both of their probability-utility pairs are permissible. Hence, these evaluations of horse lotteries are a potential resolution in this case. We get mutual respect for the views of the participants in consensual choice in the sense that these views count as permissible precisely when we want it - to wit, when their current corpora are one and the same and, hence, qualify as the consensus corpus (or where the probability-utility pairs relative to the consensus corpus are identical with those relative to the current corpora in all relevant respects so that disagreements in corpus are irrelevant).

What about the permissibility of compromises? Whether or not Ron and Nancy share a corpus in common, Bayes Rationality and Restricted Pareto Unanimity imply that all weighted averages of the expected utility functions defined by their probability-utility pairs represent potential resolutions. To see this consider that C is robustly strictly preferred to D relative to Ron's and Nancy's views. Because of this, this preference is preserved by the pairs (0.1, 0.4) and (0.3, 0.1). Hence, they are also satisfied by all probability utility pairs (p,u) where p is a weighted average of 0.1 and 0.3 and u is a weighted average of 0.1 and 0.4.

If a is strictly preferred to a' according to Ron and a' is strictly preferred to a according to Nancy, then either a and a' are equipreferred according to (0.1, 0.4) or according to (0.3, 0.1) or according to neither. If one of the first two alternatives obtained, the compromise condition is satisfied, if the third alternative is satisfied, then one of these pairs ranks a over a' or a' over a. Either way, there is a conflict between the ranking induced by this pair and either Ron's or Nancy's ranking. But now the conflict obtains between pairs which contain either a probability or a utility in common and as we saw earlier on, the compromise condition is satisfied by the unrestricted Pareto Unanimity and a fortiori the Robust Pareto Unanimity condition in that case.

This does not mean that a compromise potential resolution will be permissible in consensus. For this to obtain, either Ron and Nancy must share the same corpus or, if they have different potential corpora, the set of potential resolutions of their conflicts relative to the consensus corpus must include compromise potential resolutions relative to the actual corpora for each paired comparison between horse lotteries. This need not, in general obtain.

Thus, it has been shown that Robust Pareto Unanimity is compatible with the requirement that there be permissible compromises of conflict even though the unqualified Pareto Unanimity condition is not. It has also been shown that Robust Pareto Unanimity is compatible with the requirement that in consensus as shared agreement, judgements should be made relative to the consensus corpus. Unqualified Pareto Unanimity is not compatible with this requirement.

Seidenfeld, Kadane and Schervish, in effect, point out that weakening Pareto Unanimity to Robust Pareto Unanimity fails to make a distinction between seeking consensus as shared agreement when Dick and Jane are the participants, when Tom and Mary are the participants and where Tom's evaluation of the given options is representable by (0.1, 0.4) and Mary's by (0.3, 0.1) and when

Dick, Jane, Tom and Mary all join it. In these three cases, the pairs of acts about whose ranking all parties to consensus agree are different. But the differences occur only with respect to those agreements which lack robustness. With respect to robust agreements, all three cases are the same and, hence, the set of potential resolutions on my view are the same. Seidenfeld, Kadane and Schervish seem to think that this is a defect in my view. It fails to make fine grained enough distinctions. They see vice in neglecting nonrobust consensual preferences in consensus. Where they see vice, I see virtue.

To see the virtue, suppose that Ron, Nancy, George and Barbara agree that 0.1 is appropriate to use as the probability of s relative to e and 0.3 is appropriate to use relative to ¬e. Ron and George agree that e is true and Nancy and Barbara that ¬e is true. Now just as Ron and Nancy should reach consensus as shared agreement by moving to suspense between e and ¬e, so should George and Barbara and so should all four do when they are seeking to make a joint consensual decision. If they all agree that x is the probability of e in the state of suspense, the consensus probability-utility pairs will be the same in all three cases. If they recognize all values of x in some range as permissible, the same will be true. In short, there will be no difference between the three cases of consensus when the parties do not share a common corpus to begin with. If the status of Pareto Unanimity is the same whether participants to a consensus share the same corpus or not, as I am maintaining, there should be no difference between the cases of consensus when the parties do share a common corpus at the outset.

I concede this much to the unqualified devotion to Pareto Unanimity advocated by Seidenfeld, Kadane and Schervish. A Catholic and a Communist might face a choice between two policies and agree that one is better than the other even though they differ in probability and utility. They might agree to act in concert without seeking a consensus as shared agreement. They might rest content with a political consensus. But such a political consensus is not consensus as shared agreement. Indeed, the Catholic and Communist both view the joint action as the action of two agents each acting separately to promote his or her personal agenda as in a game. Both prefer a national health insurance plan with a prohibition of aid for abortions to no health plan at all. Each will vote for the plan. But their both voting is not a group action grounded on consensus as shared agreement. The alleged group action is the implementation of the national health plan which by hypothesis is the outcome of their both voting for it. In our example, it turns out that a form of Pareto Unanimity will be observed. The Catholic and the Communist both prefer the health plan being implemented than not. And their "votes" will result in its implementation. But as is well known, there are game like situations (e.g. prisoners' dilemmas) where the "votes" or "choices" of the participants will yield Pareto inferior outcomes even though the players are fully rational. In any case, when group action is the outcome of the independent decisions of members of the group, there is no failure of group rationality. There is no group agent to fail.

Seidenfeld, Kadane and Schervish start with the premiss that the kind of group decision making they are considering is not of the game like sort just mentioned but belongs to the category of social choice problems where the decisions made should meet canons of rationality applicable to individual choice. Yet, so I contend, the result they come up with according to which the only resolutions of the conflict between Dick and Jane are the views of Dick and Jane is, for reasons I have already indicated, unacceptable as an account of consensual decision making. It remains an open question whether there are any contexts of group behavior where their requirements may plausibly be imposed.

Seidenfeld, Kadane and Schervish have produced an impossibility theorem which is at once a surprising and novel contribution to the Arrovian tradition and a fertile source for philosophical reflection. We should be grateful to them for having opened up new avenues for exploration in theories of individual and group decision making. Nonetheless, I think their unrestricted endorsement of Pareto Unanimity and abandonment of the requirement that in consensus compromises should be countenanced as potential resolutions is misguided. To my way of thinking, the important lesson to be drawn from their theorem is that adherence to Pareto Unanimity is not all it is cracked up to be.

Thanks are due to Teddy Seidenfeld for important error detection.

Notes

1 Characterizing X's knowledge as X's standard of serious possibility as I have been accustomed to do is subject to a certain misunderstanding. Let us say that X fully believes that h when there is no serious possibility according to X that h is false. Then according to what I have said about knowledge, everything X knows, X fully believes. What about the converse? From X's point of view, everything X fully believes is true so that there is no difference between what X fully believes and what x knows. From Y's point of view, however, there can be a substantial difference between what X knows and what X fully believes. Many critics have refused to appreciate my emphasis on this point.

Although I have characterized knowledge in terms of its function in inquiry, I have never offered this characterization as a necessary and sufficient condition for knowledge - except from the point of view of the knower. Is there a specification of necessary and sufficient conditions for knowledge which is the same for all agents? Yes. X knows that h if and only if X fully believes that h and it is true that h. A body of knowledge is, therefore, an error free standard for serious possibility. From X's point of view, X's standard for serious possibility is error free. The distinction between knowledge and full belief collapses as before.

What is ruled out is any appeal to a justificatory or explanatory condition on knowledge. Questions of justification arise, on the view I favor, when changes of point of view are being contemplated. With Charles Peirce, I say that when there is no "living doubt", inquiry (and, hence, justification) is not demanded.

2 To be sure, Ron, Nancy and George may have to vote to determine whether the joint policy is to be chosen consensually (although that issue also could be settled without the participation of the members of the group). But we must distinguish between the consensual decision problem and the game where Ron, Nancy and George have the opportunity of cooperating in surrendering their autonomy to the consensus. The latter is analogous to the question of surrendering autonomy to any outside agency. Our interest here is in a special kind of outside agency - the group consensus.

3 We should not take the black box metaphor too literally. Some strict Bayesians are more realistic about the metaphor than others. The realists take the position that prior to behavior which "reveals" a probabilistic commitment, the agent does make a numerically definite probability judgement or is committed to one. The more instrumentalistic view denies this and maintains a more voluntaristic approach which states that the behavior which the realists insist reveals probabilistic commitment creates it. The difference between this "as if" view of black boxes and more realistic construals is irrelevant to our current concerns.

4 Anscombe and Aumann (1963). A roulette lottery over a set of prizes is a stochastic process which when implemented yields prizes from a given set with specific objective or statistical probabilities or chances. A horse lottery relative to a specified list of states and prizes is an option which, for each state, yields a roulette lottery on the prizes as the payoff. Each horse lottery can be represented as a function from the states to the roulette lotteries.

5 In the case envisaged, relative to the consensus corpus neither the probability-utility pair (0.1, 0.1) nor the pair (0.3, 0.4) is a potential resolution of the conflict. This does not imply that the differing points of view of Ron and Nancy are ignored. These two probability-utility pairs represent the viewpoints of Ron and Nancy relative to distinct corpora. We require only that their views relative to the consensus corpus be considered.

If these two probability-utility pairs were permissible, it would then turn out that according to the consensus, the assignment of probability 1 to e and of probability 0 to e would both be permissible. This cannot be right relative to the consensus corpus. We have assumed that Dick and Jane agree that the credal probability for e is x relative to the consensus corpus. This might be 0 or it might be 1 (although neither is very plausible). But it cannot be both.

References

Anscombe F.J., Aumann R. (1963). A Definition of Subjective Probability. **Annals of Mathematical Statistics**, 49, 199-205.

Arrow K.J. (1951). **Social Choice and Individual Values**. Wiley.

Blackwell D., Girshick M.A. (1954). **Theory of Games and Statistical Decisions.** Wiley.

Carnap R. (1950). **Logical Foundations of Probability**. University of Chicago Press.

De Finetti B. (1974). **Theory of Probability**, Vol. 1. Wiley.

Good I.J. (1962). Subjective Probability as the Measure of a Non-Measurable Set. In: Nagel E., Suppes P. and Tarski A. (eds.), **Logic, Methodology and Philosophy of Science**. Stanford University Press.

Jaynes E.T. (1983). **Papers on Probability, Statistics and Statistical Physics**. Reidel.

Jeffreys H. (1961). **Theory of Probability**. 3rd edition. Oxford.

Levi I. (1974). On Indeterminate Probabilities. **Journal of Philosophy**, 71, 391-418.

—— (1980). **The Enterprise of Knowledge**. MIT Press.

—— (1986). **Hard Choices**. Cambridge University Press.

Ramsey F.P. (1931). Truth and Probability. Written in 1926 and reprinted in **Foundations of Mathematics** edited by Braithwaite R.B. (1931); revised under the title **Foundations** by Mellor D.H. (1978). Routledge, Kegan Paul, 58-100.

Sartre J.P. (1946). **Existentialism and Humanism**. Methuen.

Savage L.J. (1954). **The Foundations of Statistics**. Wiley.

Seidenfeld T., Kadane J.B., Schervish M.J. (1989). On the Shared Preferences of Two Bayesian Decision Makers. **The Journal of Philosophy**, 86, 225-244.

Ulrich Krause

Rationalität angesichts von Konflikten

1. Einführung und Überblick

Konflikte sind das tägliche Brot. Im Leben. Nicht in der Theorie. Die Existenz von Konflikten macht, einerseits, eine Theorie rationaler Entscheidungen erst interessant, läßt eine solche aber, andererseits, wenig aussichtsreich erscheinen. Nehmen wir das der Ökonomie entstammende kühne und nützliche Konzept des rationalen Agenten, das heute eine dominierende Rolle in verschiedenen Bereichen spielt. Ein rationaler Agent sucht unter den gegebenen Alternativen die für ihn beste aus. Zu diesem Zweck wird er von der Theorie mit einer Nutzenfunktion (oder einer Präferenzrelation) ausstaffiert. Das ermöglicht eine, wenn auch etwas mechanische, Theorie rationaler Entscheidung. Die interessante Frage dabei ist natürlich die, wie ein Agent überhaupt eine Nutzenfunktion o.ä. angesichts von Konflikten konstruieren kann. Dieser Frage, die auch in empirischer Hinsicht interessant ist, will ich im folgenden nachgehen, allerdings nur im Hinblick auf Vorstellungen von Rationalität.

Betrachten wir einen Agenten, der sich in einem Konflikt befindet, was im folgenden immer heißen soll, daß der Agent unter einem gewissen Aspekt 1 die Alternative a der Alternative b vorzieht, unter einem anderen Aspekt 2 hingegen die Alternative b der Alternative a. (Man mag dabei an den Faust in Goethes gleichnamigem Drama denken oder einfach an sich selbst im Drama des Alltags.) Wie könnte in einem solchen Konflikt eine "rationale Entscheidung" aussehen?

Die Antwort darauf im nächsten Abschnitt "Konflikt und Charakter" wird sein, daß Entscheidungen in Konflikten weniger mit Rationalität (im Sinne eines rationalen Agenten) zu tun haben als damit, was man den Charakter eines Agenten nennen könnte. Das heißt natürlich nicht, daß Rationalität dabei keine Rolle zu spielen hätte. Im Gegenteil, im dritten Abschnitt "Rationale Charaktere" werde ich mich für solche Charaktere interessieren, die - wie auch immer - mit solchen Ergebnissen aufwarten können, die man vom rationalen Agenten erhoffte. Ein erstes Ergebnis wird sein, daß, grob gesagt, die Rationalität eines solchen Charakters sich daraus speist, daß er Konflikte meidet, also eher einem harmonischen Charakter entspricht. Ein weiteres Ergebnis wird im vierten Abschnitt "Hierarchische Charaktere" dargestellt. Dort knüpfe ich an eine billige, und wohl auch gebräuchliche, Art rationaler Konfliktentscheidung an, die darauf beruht, daß die entscheidungsrelevanten Zusammenhänge quantifiziert und die anfallenden Zahlen mittels einer geeigneten Regel aggregiert werden. Das funktioniert immer - mit vielen Widersprüchen. Um hier Konsistenz bzw. Stabilität der Entscheidungen zu erreichen, muß die Aggregation der Daten unabhängig von der zugrundegelegten Skalierung sein. In dem Fall bleibt als einziger Typus rationaler Entscheidung nur noch der hierarchische, in einfachster Form lexikografische, Charakter übrig. Dieser zeichnet sich dadurch aus, daß er Konflikte zwischen Alternativen löst, indem er die für die Beurteilung von Alternativen relevanten Aspekte bzw. Kriterien nach ihrer Wichtigkeit ordnet.

Dies kann man als eine Rekonstruktion des Konzepts vom rationalen Agenten auf einer höheren Ebene auffassen. Ironischerweise ist die so begründbare Präferenzstruktur eines rationalen Agenten in der Regel nicht durch eine Nutzenfunktion numerisch darstellbar. Die Rationalität des hierarchischen Charakters besteht wesentlich darin, daß der Agent, statt Entscheidungen zwischen gegebenen Alternativen zu treffen, die Kriterien für Entscheidungen reflektiert.

Nun gibt es einen populären Irrtum derart, daß man in schwierigen Situationen, also im Falle von Konflikten, nicht blind entscheiden, sondern rational abwägen solle. Zum einen aber ist "abwägen" keine Frage von Rationalität allein, sondern auch eine der Gewohnheit, des Brauchtums, der kulturellen Norm wie des persönlichen Geschmacks usw. Zum anderen mag diese Art der Konfliktbewältigung durch Reflexion auch dazu führen, daß Konflikte generiert werden, z.B. auf der Ebene der beurteilenden Kriterien. Nachdenken muß nicht immer zur Entscheidungsfindung beitragen, sondern mag eine solche - bis hin zum Nervenzusammenbruch - unmöglich machen. Denken und Entscheiden sind mitunter Gegensätze.

Hinsichtlich der erwähnten Rekonstruktion von Rationalität als hierarchischer Charakter muß man sich daher fragen, wie es einem Individuum gelingen kann, auf der höheren Stufe der Kriterien eine Ordnung zu erreichen, die ihm, angesichts von Konflikten, auf der tieferen Stufe der gegebenen Alternativen versagt blieb. Offensichtlich, und das liegt ja im Wesen der Reflexion, kann man eine dritte, eine vierte usw., Stufe nicht ausschließen. Wie und wo soll man diesen unendlichen Prozeß abbrechen? Oder, allgemeiner, wie steht es mit der "Konvergenz" eines solchen Reflexionsprozesses? All das hat mit Moral zu tun, und wird Gegenstand des letzten Abschnitts "Rationalität, Reflexion und Moral" sein. Die Reflexion von Maßstäben der Beurteilung angesichts von Entscheidungskonflikten deutet ja bereits in diese Richtung.

Allerdings wäre es vorschnell, Präferenzen zweiter Stufe oder Meta-Präferenzen gleich in eine moralische Ebene umzumünzen. Leider mehren sich wieder die Versuche, in jede sich bietende Lücke ökonomischer Theorie vorschnell Moral und Ethik einzufüttern. Eine der wirklich umwälzenden Erkenntnisse der Neuzeit ist gerade die, daß, innerhalb eines präzise formulierbaren Rahmens, der von Eigeninteresse geleitete rationale Agent Moral überflüssig macht. Für die hier behandelte Frage der Rationalität bei Konflikten läßt sich sagen, daß die Erörterung von Moral überflüssig ist, falls Konflikte vom rationalen Agenten gelöst werden können. Moral wäre bloßer Paternalismus, denn die Individuen wüßten es selbst besser.

Nun ist aber gar nicht zu sehen, wie Rationalität, Eigeninteresse und Egoismus in einem Konflikt der hier betrachteten Art eine Entscheidung herbeiführen könnten. Es ist vielmehr so, daß all diese - ansonsten oft einschneidenden Annahmen - im Fall von Konflikten ihren Geist aufgeben. (In der Tat spielt sich die Axiomatik des rationalen Agenten jenseits aller Konflikte ab.) So wird das Fazit des letzten Abschnitts nicht sein, daß man Rationalität, Egoismus usw. durch Moral anreichern solle, sondern, daß letztere dann ernsthaft ins Spiel kommt, wenn erstere, wie im Fall von Konflikten, nicht mehr greifen.

2. Konflikt und Charakter

Fast alles hat mehrere Seiten, und das macht es schwierig, sich zu entscheiden. Ein Individuum hat bei seinen Entscheidungen diese verschiedenen Seiten oder Aspekte zu berücksichtigen. Die Schwierigkeit besteht dann darin, die den unterschiedlichen Seiten entsprechenden Einschätzungen so zu einer Gesamteinschätzung zusammenzufassen, daß eine Entscheidung möglich wird.[1] In der entscheidungstheoretisch orientierten ökonomischen Literatur findet man die obige Sichtweise wieder in Verbindung mit "Multicriteria Decision Making" und Vektoroptimierung.[2] Daß Dinge mehrere Seiten haben und Individuen daher in Entscheidungskonflikte geraten können ist ein alltägliches und praktisch-technisches Phänomen. Zur Illustration will ich ein Beispiel von Levi (1986) aufgreifen, nämlich das des Managers Jones der anhand von Tests in Tippen (Schreibmaschineschreiben) und Stenographie unter den Kandidatinnen Jane, Dolly und Lilly eine als Sekretärin auszuwählen hat. In jedem der beiden Tests erreichen die Kandidatinnen gewisse Punktzahlen, die für sich genommen noch keine Auswahl ermöglichen. Daher muß Manager Jones die relevanten Kriterien "Tippen" und "Stenographie" mittels einer geeigneten Entscheidungsregel gegeneinander abwägen. Das kann auf vielerlei Weise geschehen - und mit unterschiedlichen Ergebnissen, das ist das Dilemma. Manager Jones befindet sich in einem Konflikt, er hat keine Möglichkeit allein auf Grund der verfügbaren Daten eine (echte) Entscheidung zu treffen.[3] Die folgende Tabelle gibt die Punktzahlen der Kandidatinnen wieder, sowie die ausgewählte Kandidatin (durch Hervorhebung markiert) für eine Reihe unterschiedlicher

Entscheidungsregeln. Wie man sieht, kann jede Kandidatin die Siegerin sein, je nachdem, für welche Entscheidungsregel sich Manager Jones entscheidet.

Fig. 1

	Jane	Dolly	Lilly
Tippen (T)	100	99	90
Stenographie (S)	90	99	100
Minimum	90	**99**	90
Maximum	**100**	99	**100**
Summe	190	**198**	190
Gewichtete Summe			
— (10T+1S)	**1090**	1089	1000
— (1T+20S)	1900	2079	**2090**
Produkt	9000	**9801**	9000

Das Grundsätzliche an diesem Beispiel wie an anderen läßt sich leicht folgendermaßen beschreiben. Zur Entscheidung steht eine Menge A von *Alternativen* a, b,... die gemäß einer Menge N von *Kriterien* 1,2,...,n (Aspekte, Gesichtspunkte, Ziele o.ä.) ausgewertet werden. Im Beispiel von Manager Jones erfolgte die Auswertung auf *numerische Weise*, d.h. durch Funktionen f_i: A → **R**, wobei $f_i(a)$ den Wert der Alternative a gemäß Kriterium i angibt. Die Auswertung gemäß Kriterium kann aber auch, weniger anspruchsvoll, auf *ordinale Weise* durch Angabe einer Präferenz R_i auf A erfolgen.[4] Daß ein *Konflikt* zwischen zwei Alternativen a und b besteht, heißt dann, im numerischen Fall, daß es zwei Kriterien i und j gibt derart, daß $f_i(a) < f_i(b)$ und $f_j(b) < f_j(a)$ ist. Im ordinalen Fall hat man - wenn P die strikte Präferenz zur Präferenz R bezeichnet - aP_ib und bP_ja als Beschreibung eines Konfliktes. Eine *Entscheidungsregel* (Aggregationsregel) ist dann eine Regel, die es erlaubt aus jeweils n Kriterien ein einzelnes zusammenfassendes Kriterium zu machen. Im numerischen Fall ist das eine Regel F, die einer Kombination $(f_1,\ldots,f_n)$ von Funktionen eine einzelne Funktion f zuordnet; im ordinalen Fall hat man eine Regel F, die einer Kombination $(R_1,\ldots,R_n)$ von Präferenzen eine einzelne Präferenz R auf A zuordnet. Im Manager Jones Beispiel ordnet die Entscheidungsregel "Summe" einer Kombination (f_1,f_2) die Funktion $f = f_1 + f_2$ zu. Eine andere Regel, in die in der Tat alle Regeln von Fig. 1 eingehen, wäre

$$f = \min_{1 \le i \le m} \left(\sum_{j=1}^{n} s_{ij} \, , \, \max_{1 \le k \le p} f_j^{r_k} \right)$$

Diese Formel steht hier nur zum Spaß - aber, wer weiß, vielleicht ist dies gerade die richtige für Manager Jones (für n=2). Nur zur Illustration von ordinalen Entscheidungsregeln erwähne ich folgende Regeln, die sich nichtsdestoweniger auf reale Typen von Entscheidungen beziehen.[5] Ein Agent, der eine Regel der Gestalt $F(R,\ldots\ldots,R) = \bigcap_{i=1}^{n} R$ verwendet, wird sich immer konsistent verhalten, doch, wie im Falle des Prinzen Hamlet, viele Konflikte unentschieden lassen. Das extreme Gegenteil wäre ein Agent, beschrieben durch $F(R,\ldots,R) = \bigcup_{i=1}^{n} R_i$, der schnell entscheidet aber selten konsistent, wie im Falle von Bond, James Bond.

Vorstellbar und leicht präzisierbar ist eine Mischung aus diesen beiden extremen Entscheidungstypen. Diese Beispiele sollen illustrieren, daß Entscheidungen, insbesondere rationale Entscheidungen, eng mit einer unterliegenden Entscheidungsregel verbunden sind - und daß diese nicht allein "Rationalität" widerspiegelt, sondern, umfassender, den Charakter des entscheidenden Agenten. Im folgenden wird daher das hier auftauchende charakteristische Tripel, also n = Anzahl der Kriterien, D = Bereich der zugelassenen Kombinationen $(R_1,\ldots,R_n)$, F = Entscheidungsregel - kurz: das Tripel (n, D, F) - auch als *Charakter des Agenten* bezeichnet werden. Der Bereich D gibt dabei wieder, wieviele und welche Konflikte der Agent bereit ist bei seinen Entscheidungen zuzulassen, und soll daher als *Konfliktbereich* bezeichnet werden.

3. Rationale Charaktere

Die Entscheidungsregel F eines Charakters (n, D, F) faßt jede Kombination $(R_1,\ldots,R_n)$ aus dem Konfliktbereich D zu einer einzelnen Relation R auf A zusammen. Dabei ist R nicht unbedingt selbst wieder eine Präferenz auf A. In der Tat ist etwa im Falle von James Bond die zusammenfassende Relation $F(R_1,\ldots,R_n)$ nicht transitiv (von Grenzfällen abgesehen) und daher keine Präferenz. Natürlich sind diejenigen Charaktere von besonderem Interesse, bei denen für jede mögliche Kombination $(R_1,\ldots,R_n)$ im Konfliktbereich die zusammenfassende Relation $R = F(R_1,\ldots,R_n)$ wieder eine Präferenz ist. Solche Charaktere sollen *rationale Charaktere* heißen. Der Begriff des rationalen Charakters läßt sich als ein Versuch der (Re-)Konstruktion des üblicherweise axiomatisch postulierten Begriffs des rationalen Agenten ansehen.[6]

Die interessante, theoretisch gemeinte, Frage ist dann, ob es rationale Charaktere gibt und wie diese aussehen. Leider kann ich diese Frage nicht vollständig beantworten. Zunächst einmal, es gibt offensichtlich einige triviale Fälle von Rationalität. Im Grenzfall n = 1 ist jeder Charakter rational. Dieser Fall entspricht dem Postulat des rationalen Agenten der neoklassischen Ökonomie. Einen anderen Grenzfall von Rationalität erhält man, wenn Konflikte dadurch ausgeschlossen sind, daß der Konfliktbereich nur aus Kombinationen

$(R_1,\ldots,R_n)$ mit $R_1 = R_2 = \ldots = R_n$ besteht. In diesem Fall sind die n Kriterien einander sehr ähnlich, wenn auch nicht identisch. Schließlich kann auch die Entscheidungsregel degenerieren derart, daß F für $(R_1,\ldots,R_n)$ entweder stets R_i, für ein festes i, liefert oder stets eine konstante Präferenz S. Einen solchen Charakter, der trivialerweise rational ist, könnte man fanatisch nennen, da unterschiedliche Einschätzungen gemäß den Kriterien gar keinen Niederschlag finden.

Diese Fälle von "Rationalität durch Trivialität" sollen uns im folgenden nicht interessieren. Eine sehr durchsichtige Beschreibung rationaler Charaktere ist möglich, wenn man sich dabei auf die folgende Klasse von Charakteren beschränkt.[7] Für festes n und D bestehe die Klasse K (n, D) aus allen Charakteren (n, D ,F) durch deren Entscheidungsregel F im folgenden Sinne auf vernünftige Weise Einschätzungen $R_1,\ldots,R_n$ zu $R = F(R_1,\ldots,R_n)$ zusammengefaßt werden: Ist aR_ib für alle i (und zusätzlich strikt für wenigstens ein i), so auch aRb (strikt).

Ein Charakter (n, D, F) heiße *harmonisch*, wenn kein Konflikt möglich ist, d.h. aP_ib und bP_ja sind nicht zugleich möglich; dabei sind a und b zwei Alternativen, i und j zwei Kriterien und $(R_1,\ldots,R_n)$ ist aus dem Konfliktbereich D. Es läßt sich nun zeigen, daß die Charaktere in Klasse K (n, D) genau dann alle rational sind, wenn sie alle harmonisch sind. Dieses Resultat führt auf gewisse Weise die Rationalität angesichts von Konflikten auf Harmonie zurück. Dies ist jedoch nur ein partielles Resultat, das keineswegs eine Übersicht über alle möglichen rationalen Charaktere gibt. Rationale Charaktere, die weder trivial noch harmonisch sind, kann man sich leicht auf folgende Weise verschaffen. Für jede auf der Menge A mögliche Präferenz S verschaffe man sich eine beliebig, aber fest, ausgewählte Nutzenfunktion f_S - das ist auf jeden Fall möglich, wenn A eine endliche Menge ist. Ist $(R_1,R_2,\ldots,R_n)$ irgendeine Kombination von Präferenzen, so induziert die Funktion $f = f_{R_1} + f_{R_2} + \ldots f_{R_n}$ eine Präferenz R auf A vermöge aRb genau dann, wenn $f(a) \geq f(b)$. Mit $R = F(R_1,\ldots,R_n)$ und n, D beliebig erhält man einen rationalen Charakter. Allerdings ist ein solcher Charakter sehr instabil. Die Wahl der f_S ist nämlich willkürlich und beeinflußt dennoch auf einschneidende Weise die spätere Entscheidung. Das soll im folgenden genauer untersucht werden.

4. Hierarchische Charaktere

Verfolgen wir etwas weiter die Möglichkeit eines numerischen Charakters, d.h. eines Agenten, der in der Lage ist, für jedes Kriterium i eine Auswertung $f_i: A \to \mathbf{R}$ auf numerische Weise vorzunehmen und die für jede Alternative a anfallende Kombination $(f_1(a),\ldots,f_n(a))$ von Zahlen zu einer einzigen Zahl zusammenzufassen. Das führt zurück auf das im ersten Abschnitt diskutierte Beispiel des Manager Jones. In seinem Fall besteht die Menge der Alternativen aus Jane, Dolly und Lilly, deren Punktezahlen numerische Auswertungen der beiden Kriterien "Tippen" und "Stenographie" darstellen (n=2). Manager Jones' mögliche Entscheidungsregeln wie "Summe" usw. sind auf Paare beliebiger Zahlen anwendbar. Allgemeiner haben wir eine Entscheidungsregel F zu betrachten, die jeder Kombination von n Zahlen eine einzige Zahl zuordnet, d.h. eine Funktion $F: \mathbf{R}^n \to \mathbf{R}$, wobei $\mathbf{R}^n$ der Raum aller Kombinationen von n (reellen) Zahlen (sogenannter n-tupel) ist. Wird bei der numerischen Auswertung eines Kriteriums Nullpunkt und Einheit der Messung geändert, so bedeutet dies eine Transformation $u \mapsto ru + s$ der Daten, wobei r eine positive Zahl (Änderung der Maßeinheit) und s eine beliebige Zahl (Änderung des Nullpunktes) ist. Eine solche Transformtion oder Umskalierung hat man für jedes Kriterium zu betrachten, wobei die Transformationen sich voneinander unterscheiden können. Insgesamt haben wir eine *Umskalierung* der Gestalt

$$Tz = (r_1z_1 + s_1, r_2z_2 + s_2, \ldots, r_nz_n + s_n)$$

zu betrachten, wobei $z = (z_1, z_2, \ldots, z_n)$ ein typisches Element von $\mathbf{R}^n$ ist, und die r_i positive Zahlen sind. Von der Entscheidungsregel erwarten wir nun, daß eine bloße Änderung in Nullpunkten und Maßeinheiten, also eine Umskalierung T, zwar die Größe der Werte von F beeinflußt, nicht aber die durch F induzierten Entscheidungen umkehrt.

Sind a und b zwei Alternativen, so wird b als wenigstens so gut wie a eingestuft werden, wenn $F(f_1(a),\ldots,f_n(a)) \leq F(f_1(b),\ldots,f_n(b))$ gilt. Also bedeutet die erwartete *Skalenunabhängigkeit* (Invarianz gegen Umskalierungen) der Entscheidungsregel F, daß für beliebige Punkte x und y von **R** und jede Umskalierung T folgendes gilt: Ist $F(x) \leq F(y)$, so auch $F(Tx) \leq F(Ty)$. Damit äquivalent ist, daß Entscheidungen nicht durch kleine Fehler in der numerischen Auswertung der Kriterien in ihr Gegenteil verkehrt werden können.[8]

Man möchte nun gerne wissen, welche Entscheidungsregeln denn skalenunabhängig sind. Etwas allgemeiner interessieren wir uns für *skalenunabhängige Präferenzen* $\leq$ d.h. Präferenzen $\leq$ auf der Menge $\mathbf{R}^n$ für die aus $x \leq y$ folgt, daß $Tx \leq Ty$ ist. In der Tat interessieren ja auch nicht die absoluten Werte der Funktion F, sondern nur die durch F vermöge $F(x) \leq F(y)$ induzierte Präferenz auf $\mathbf{R}^n$ Das Resultat über skalenunabhängige Präferenzen, das man intuitiv vielleicht nicht gerade erwarten wird, will ich durch eine geometrische Betrachtung der speziellen Situation n = 2 vorbereiten. Sei also $\leq$ eine skalenunabhängige Präferenz auf $\mathbf{R}^2$ und sei C die Menge aller Punkte x in $\mathbf{R}^2$ mit $0 \leq x$. Aus der Skalenunabhängigkeit folgt sofort, daß die Menge C mit je zwei Punkten x und y auch deren Summe x + y und mit jedem Punkt x auch alle Vielfachen rx (r eine positive Zahl) enthält. (Man sagt, C ist ein konvexer Kegel.) Außerdem ist jeder Punkt von $\mathbf{R}^2$ in C oder -C enthalten, da $\leq$ vollständig ist. (-C ist die Menge aller Punkte -x mit x aus C). Welche Möglichkeiten gibt es für eine solche Teilmenge C der Ebene $\mathbf{R}^2$? Da der

Durchschnitt von C und -C (Menge aller Elemente von $\mathbf{R}^2$ die zu C und zu -C gehören) ein Unterraum von $\mathbf{R}^2$ ist, kann dieser Durchschnitt nur 2-dimensional oder 1-dimensional oder O-dimensional sein. Also gibt es für C die folgenden Möglichkeiten:

Fig. 2

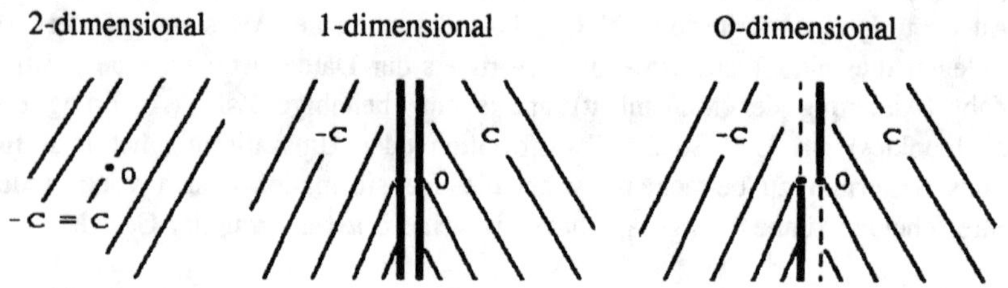

Das linke Bild besagt, daß $C = \mathbf{R}$ ist und daher alle Elemente von $\mathbf{R}$ indifferent sind. Das mittlere Bild besagt, daß für ein Element $x = (x_1, x_2)$ genau dann $0 \leq x$ gilt (d.h. x in C), wenn $0 \leq x_1$ ist. Das rechte Bild schließlich besagt, daß $0 \leq x$ genau dann gilt, wenn $0 < x$ ist oder $0 = x_1$ und $0 \leq x_2$. Letzteres ist die übliche Form einer lexikografischen Ordnung. Die beiden ersten Fälle kann man als Grenzfälle einer lexikografischen Ordnung ansehen. Diese geometrische Diskussion in $\mathbf{R}^2$ deutet bereits an, was sich präzise und allgemein für beliebiges n beweisen läßt, nämlich das folgende *Resultat*:[9]

> Eine Präferenz auf $\mathbf{R}^n$ ist genau dann skalenunabhängig, wenn sie hierarchisch ist, d.h. bis auf eine Permutation der Komponenten und Ordnungsumkehr ist sie eine gestutzte lexikografische Präferenz, definiert durch $x_1 < y_1$ oder ($x_1 = y_1$ und $x_2 < y_2$) oder ... oder ($x_1 = y_1$ und $x_2 = y_2$ und ... und $x_m \leq y_m$) (dabei $0 \leq m \leq n$) (Speziell: $m = n$ liefert die übliche lexikografische Präferenz; $m = 1$ liefert $x_1 \leq y_1$; $m = 0$ liefert Indifferenz aller Punkte von $\mathbf{R}$.)

Da eine (echte) lexikografische Präferenz sich nicht durch eine reelle Funktion darstellen läßt, erhalten wir sofort als *Folgerung*:

> Die einzigen skalenunabhängigen Entscheidungsregeln auf $\mathbf{R}^n$ sind diejenigen, die von höchstens einer Komponente abhängen.

Die Folgerung besagt, daß es überhaupt keine skalenunabhängige Entscheidungsregel gibt, die brauchbar wäre. Denn Abhängigkeit von höchstens einer Komponente bedeutet, daß, außer höchstens einem, die Kriterien gar nicht für die Entscheidung herangezogen werden. (Die Situation ähnelt der früher erwähnten trivialen Möglichkeit von Rationalität durch Fanatismus). Das Resultat selbst zeigt, daß das Postulat des rationalen Agenten im hier formulierten Rahmen nur als *hierarchischer Charakter* zu überleben vermag, d.h. als ein numerischer Charakter mit hierarchischer Entscheidungsregel. Die Folgerung besagt dann allerdings, daß sich diese Rationalität prinzipiell nicht (bis auf Grenzfälle) durch eine Nutzenfunktion darstellen läßt. Etwas anders gewendet besagt die Folgerung, daß ein numerischer Charakter der nicht gerade ein Fanatiker ist, nur dann rational sein kann, wenn seine Entscheidungen von der Art der Skalierung bei der quantitativen Auswertung abhängen. Einen solchen Charakter könnte man einen *kompensatorischen Charakter* nennen. Auf die Probleme, die sich dann ergeben, will ich hier nicht eingehen.[10] Stattdessen will ich im letzten Abschnitt auf Konsequenzen eingehen, die sich für ein Konzept von Moral ergeben angesichts der sichtbar gewordenen Schwächen des rationalen Agenten im Falle von Konflikten.

5. *Rationalität, Reflexion und Moral*

Wieso gelingt dem hierarchischen Charakter eine rationale Entscheidung angesichts von Konflikten? Offensichtlich bringt der hierarchische Charakter Ordnung unter die Alternativen, indem er eine Ordnung unter den Kriterien herstellt. Die Prioritätsbeziehung zwischen Kriterien erlaubt es ihm, die Alternativen auf lexikografische Weise zu ordnen. Die Herstellung einer Ordnung unter den Kriterien ist vorstellbar, wenn sich auf der Stufe der Kriterien keine Konflikte ergeben. Was aber, wenn sich auf der höheren Stufe der Kriterien ebenfalls Konflikte ergeben, womöglich sogar schärfere Konflikte als auf der niederen Stufe der Alternativen?

Betrachten wir das Beispiel von Manager Jones aus dem ersten Abschnitt. Ein hierarchischer Charakter erforderte, daß Jones eine Priorität zwischen "Tippen" und "Stenographie" setzt. Um da eine Entscheidung zu finden, wird Jones darüber nachdenken, was für bzw. gegen diese beiden Kriterien spricht. Dabei mag er angesichts der fortschreitenden Computerisierung Maschinenschreiben für wichtiger halten als Stenographie. Andererseits mag er sich sagen, daß aufgrund von häufig abzuhaltenden Konferenzen Stenographie doch höher einzuschätzen sei als Maschinenschreiben. Damit ist wieder eine Entscheidung angesichts von Konflikten zu treffen. (Hinzukommen mag, daß eine Auswertung, zumal eine numerische, auf höherer Stufe schwieriger wird.) Der Konflikt betrifft jetzt die ursprünglichen Kriterien, die nun hinsichtlich zweier Meta-Kriterien gegensätzlich beurteilt werden. Sicher, und das liegt im Wesen des Nachdenkens, kann Manager Jones sich fragen, ob eines der Meta-Kriterien wichtiger ist als das andere. U.s.w. Reflexionen dieser Art könnten bedeuten, daß Jones ein überdurchschnittlicher Manager ist - oder sie kosten ihm den Job als Manager , weil er sich mehr als Philosoph denn als Manager betätigt. Nachdenken und Entscheiden sind eben Gegensätze.

Der geschilderte Reflexionsprozeß hat viele interessante Aspekte, insbesondere den, daß moralische Überzeugungen oder Prinzipien ins Spiel kommen können, die auf der Stufe der Alternativen noch abwegig gewesen wären. Zunächst einmal, die Reflexion muß sich nicht unbedingt in einem einzelnen Kopf abspielen, sondern kann auch als eine "vernünftige Diskussion" unter mehreren Personen stattfinden, in die vielleicht noch tote Reflexionen in Gestalt von Expertisen Eingang finden. Ein solcher Reflexionsprozeß muß auch nicht unbedingt realiter stattfinden, sondern ist eventuell nur konzipiert, um ein gewisses Vorgehen zu legitimieren. Eine zentrale Frage ist sicherlich, ob ein solcher Prozeß zu einem sinnvollen Ende kommt oder nicht. Dafür, daß ein solcher Prozeß abbricht, kann es verschiedene Gründe geben. Auf mehr oder weniger hoher Stufe der Reflexion entscheidet sich der Agent vielleicht gemäß Gewohnheiten, nach dem, was so Brauch ist (Mode eingeschlossen), nach überlieferten kulturellen Normen, gemäß selbstgebastelten Lebensweisheiten oder nach vorgefertigten moralischen Prinzipien. Oft ist es angesichts von Konflikten auch so, daß der Agent einfach schlapp macht und die Zeit entscheidet. Oder der Agent läßt die Zeit entscheiden. Es gibt ja fast immer die Möglichkeit, Entscheidungen sein zu lassen. (Interessanterweise findet sich die Kunst des "Seinlassens" häufiger auf höherer Stufe der Reflexion). Wenn ein Reflexionsprozeß nicht abbricht, dreht er sich dann im Kreise oder kann er konvergieren, einem Ziel zustreben?

Im folgenden will ich wesentliche Bestandteile eines Reflexionsprozesses der betrachteten Art schematisch skizzieren und ein - wenngleich sehr simples - Beispiel für die Möglichkeit der Konvergenz angeben. Es bezeichne A(k) die *Menge der Alternativen* und N(k) die *Menge der Kriterien* (Aspekte, Ziele, ...) *auf der Stufe k*. Dabei ist k = 1,2,..., und k kann die "Zeit" bedeuten, muß aber nicht. Es kann A(k+1) = N(k) sein, wie in der Diskussion von Manager Jones, muß aber nicht. Es besteht ein *Konflikt auf der Stufe k* zwischen den Alternativen a und b aus A(k), wenn für zwei Kriterien in N(k) a der Alternative b strikt vorgezogen wird bezüglich des einen Kriteriums und b der Alternative a bezüglich des anderen Kriteriums. Wenn auf der Stufe k kein Konflikt auftritt, so läßt sich vermöge der Pareto-Regel eine Entscheidung treffen, da alle Kriterien in dieselbe Richtung zeigen. Schematisch hat man folgenden *Entscheidungsturm*:

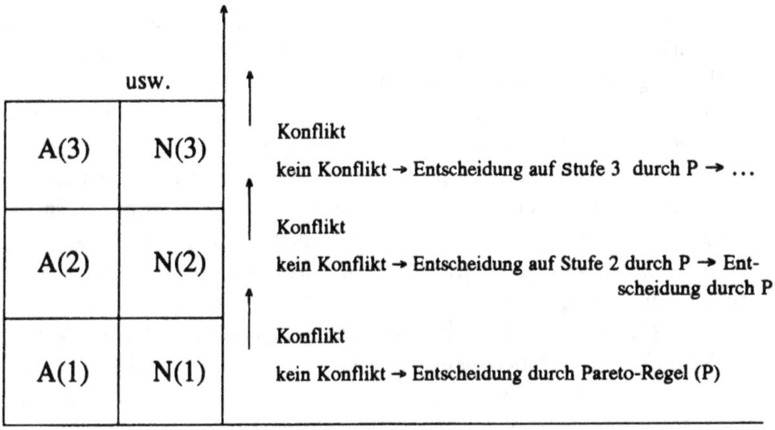

Fig. 3

Ein einfaches *Beispiel* (mit numerischer Auswertung), in dem auf jeder Stufe Konflikte auftreten und der Prozeß dennoch konvergiert, ist das folgende:

$$A(k) = \{ x \in \mathbf{R}^2 \mid x = (x_1, x_2), x_1 \geq 0, x_2 \geq 0 \}.$$

$N(k) = \{ R(k), N(k) \}$ ist rekursiv definiert durch

$xR(1)y$ genau dann, wenn $\frac{1}{2}x_1 + \frac{1}{2}x_2 \leq \frac{1}{2}y_1 + \frac{1}{2}y_2$

$xR(k+1)y$ genau dann, wenn $x_qR(k)y_q$, wobei

$$x_q = (\tfrac{1}{2}x_1 + \tfrac{1}{2}x_2, \tfrac{1}{4}x_1 + \tfrac{3}{4}x_2),$$
$$y_q = (\tfrac{1}{2}y_1 + \tfrac{1}{2}y_2, \tfrac{1}{4}y_1 + \tfrac{3}{4}y_2)$$

Und analog

$xS(1)y$ genau dann, wenn $\frac{1}{4}x_1 + \frac{3}{4}x_2 \leq \frac{1}{4}y_1 + \frac{3}{4}y_2$

$xS(k+1)y$ genau dann, wenn $x_qS(k)y_q$, mit x_q, y_q wie oben.

Es besteht auf allen Stufen ein Konflikt zwischen $u = (3,1)$ und $v = (1,2)$, es gilt nämlich $uR(k)v$, und zwar strikt, und $vS(k)u$, ebenfalls strikt, für alle k. Es bezeichne $R(\infty)$ die Relation, die dadurch definiert ist, daß die Relation $R(k)$ für alle k besteht; analog für $S(\infty)$. Es zeigt sich, daß $xR(\infty)y$ genau dann gilt, wenn $\frac{1}{3}x_1 + \frac{2}{3}x_2 \leq \frac{1}{3}y_1 + \frac{2}{3}y_2$ gilt, und daß die selbe Bedingung auch $xS(\infty)y$ beschreibt. Also ist $R(\infty) = S(\infty)$ und der Konflikt zwischen $R(k)$ und $S(k)$ verschwindet, wenn man den Grenzwert nimmt.[11]

Im vorangehenden Abschnitt hat sich gezeigt, daß die dort diskutierte Rationalität von Agenten wenig taugt, um im Falle von Konflikten eine Entscheidung herbeizuführen. Die Erörterung des Reflexionsprozesses zeigte ebenfalls, daß es weniger auf Rationalität als, z.B., auf Moral zurückzuführen ist, wenn dieser Prozeß abbricht oder konvergiert. Das heißt nicht, daß sich moralische Vorstellungen oder gar spezifische moralische Prinzipien anhand des Reflexionsprozesses deduzieren ließen. Dazu besteht auch keine Veranlassung, denn daß es moralische Vorstellungen und Prinzipien gibt, ist eine Tatsache, und auch, daß sie, obzwar in unterschiedlichem Ausmaß, bei Entscheidungen von Menschen eine Rolle spielen.[12]

Am ausgiebigsten ist das Verhältnis von Ökonomie und Ethik im Rahmen der Wohlfahrtstheorie diskutiert worden. Auch hier spielen Konflikte eine wichtige Rolle.[13] Im allgemeinen wird dabei eine Gesellschaft von rationalen Agenten vorausgesetzt und das Problem besteht darin, Verteilungen von Gütern unter den Agenten auf Interessenkonflikte und Formen von Gerechtigkeit zu untersuchen.[14] Das ist eine andere Fragestellung, als die im vorliegenden Aufsatz behandelte Frage nach Entscheidungen eines einzelnen Agenten angesichts von Konflikten. Dennoch gibt es Zusammenhänge, insbesondere formale Entsprechungen wie z.B. die zwischen Entscheidungsregeln und Wohlfahrtsfunktionen. (Hierarchische Formen treten via Arrow'schem Unmöglichkeitssatz auch bei Wohlfahrtsfunktionen auf.) Der Hauptunterschied ist der, daß in der Wohlfahrtsökonomie Ethik als Verhältnis zwischen rationalen Agenten thematisiert wird, während in dem hier formulierten Rahmen sich die Frage der Moral für einen einzelnen Agenten stellt, und zwar gerade deshalb, weil in seiner Situation Rationalität keinen Sinn macht. Natürlich hängt die Ethik letztlich immer am einzelnen Agenten und dessen Entscheidungen.

Es ist ein Stolperstein für jede Theorie von Ethik, zu begründen, wieso sich die Individuen praktisch an theoretisch begründete ethische Normen halten sollten.[15] Warum sollte ein rationaler Agent nicht beides tun, Normen befolgen und Normen mißachten, je nachdem was seinen Interessen zuträglich ist?[16] Dieses Problem stellt sich nicht, wenn, wie im vorliegenden Artikel intendiert, moralische Vorstellungen gerade da ansetzen sollen, wo rationales Verhalten und egoistische Interessen nicht mehr greifen. Was sollte man am Egoismus aussetzen - außer, daß er schwer zu praktizieren ist? Was ist im Falle eines Konfliktes das Eigeninteresse eines Agenten? Was ist das Eigeninteresse von Manager Jones im bereits öfter angesprochenen Konflikt? Zu sagen, daß dies klar wäre, hieße den Konflikt zu negieren. Man könnte weitergehen und fragen, was denn das "Ego" in Egoismus, das "Eigen" in Eigeninteresse, das "self" in self-interest überhaupt bedeuten solle. Was sind diese "Einheiten" im Falle eines Konfliktes? Psychologische Untersuchungen und Religionen wie der Buddhismus lehren, auf ganz verschiedene Weise, daß die Antwort nicht einfach sein wird.[17]

Anmerkungen

1 Zu einer solchen Sichtweise des Individuums, die nicht die in der Ökonomie vorherrschende ist, siehe z.B. Baigent (o.J.), Elster (1985), Levi (1986), Krause (1973; o.J.), Schelling (1984), Sen (1987), Steedman / Krause (1985).

2 siehe z.B. Jahn/Krabs (1987), Krause (1987).

3 "Jones' predicament is not made of the stuff which furnishes the text for moral sermons.", Levi (1986), p.12.

4 Präferenz ist eine binäre Relation auf A, die reflexiv, transitiv und vollständig ist.

5 siehe Steedman/Krause (1985).

6 Für eine kritische Diskussion dieser Axiome siehe Anand (1987), Sen (1987).

7 siehe Steedman/Krause (1985).

8 siehe Krause (1987).

9 Krause (1987).

10 siehe Krause (1989).

11 Zur Theorie von Konsensus allgemein siehe Chatterjee & Seneta (1977).

12 Siehe dazu Sen (1987), wo auch überzeugend dargelegt wird, daß vernünftiges menschliches Verhalten viel reichhaltiger ist als im ökonomischen Postulat des rationalen Agenten vorgesehen. Siehe auch Hogarth & Reder (1987) zu Experimenten über Abweichungen von rationalem Verhalten.

13 "In the absence of any conflict of interest there are no (non-trivial) ethical problems", Trapp (1988), p.5.

14 Siehe dazu Gaertner (1985).

15 Das gilt meines Erachtens insbesondere für Versuche, ethische Normen über rationales Verhalten zu begründen wie etwa in den Theorien von Harsanyi (1977) oder Gauthier (1986).

16 Ein immer wieder interessantes Beispiel, insbesondere unter dem Gesichtspunkt der Moral, ist das Gefangenendilemma. Siehe dazu Hegselmann (1988).

17 Siehe dazu Elster (1985) und insbesondere Kolm (1985). Arrow (1987) problematisiert das "self" im Bereich der Ökonomie.

Literatur

Anand P. (1987). Are the Preference Axioms Really Rational? **Theory and Decision,** 23, 189-214.

Arrow K.J. (1987). Rationality of Self and Others in an Economic System. In: Hogarth M., Reder M.W. (eds.), **Rational Choice,** 201-215.

Baigent N. (o.J.). **Practical Reason and Rational Choice.** Mimeo, New Orleans.

Chatterjee S., Seneta E. (1977). Towards Consensus: some Convergence Theorems on Repeated Averaging. **Journal of Applied Probability,** 14, 89-97.

Elster J. (ed.) (1986). **The Multiple Self**. Cambridge University Press, Cambridge.

Gaertner W. (1985). Einige Theorien der Verteilungsgerechtigkeit im Vergleich. In: Enderle G.(Hrsg.), **Ethik und Wirtschaftswissenschaft**. Duncker & Humblot, Berlin, S.112-142.

Gauthier D. (1986). **Morals by Agreement**. Clarendon Press, Oxford.

Harsanyi J.G. (1977). **Rational Behavior and Bargaining Equilibrium in Games and Social Situations**. Cambridge University Press, Cambridge.

Hegselmann R. (1988). Wozu könnte Moral gut sein? Oder Kant, das Gefangenendilemma und die Klugheit. **Grazer Philosophische Studien**, 31, 1-28.

Hogarth M., Reder M.W. (eds.) (1987). **Rational Choice. The Contrast between Economics and Psychology**. The University of Chicago Press, Chicago and London.

Jahn J., Krabs W. (eds.) (1987). **Recent Advances and Historical Development of Vector Optimization**. Springer-Verlag, Berlin.

Kolm S. (1986). The Buddhist Theory of 'No-Self'. In: Elster J. (ed.), **The Multiple Self**, 233-265.

Krause U. (1973). Analyse und Synthese von Präferenzen. **Operations Research Verfahren**, 15, 108-116.

—— (o.J.). **Inside the Rational Individual**. Mimeo, Bremen.

—— (1987). Hierarchical Structures in Multicriteria Decision Making. In: Jahn J., Krabs W. (eds.), **Recent Advances and Historical Development of Vector Optimization**, 183-193.

—— (1989), On the Resolution of Conflicts by Compensation, erscheint demnächst.

Levi I. (1986). **Hard Choices. Decision Making under Unresolved Conflict**. Cambridge University Press, Cambridge.

Schelling T.C. (1984). Self-Command in Practice, in Policy, and in a Theory of Rational Choice, **American Economic Review**, 74, 1-11.

Schick F. (1988). Coping with Conflicts. **The Journal of Philosophy**, 85, 362-375.

Sen A. (1987). **On Ethics and Economics**, Basil Blackwell, Oxford.

Steedman I., Krause U. (1986). Goethe's Faust, Arrow 's Possibility Theorem and the Individual Decision-Taker. In: Elster J. (ed.), **The Multiple Self**, 197-231.

Trapp R.W. (o.J.). **Utilitarianism Incorporating Justice - A Decentralised Model of Ethical Decision Making**. Mimeo.

Martin Hollis

Honour Among Thieves

Old-world ethics set Reason to discern a meaning in human life which pointed beyond it. Platonists searched for an ideal of the Good and the Right, to which a moral life will conform. Aristotelians hoped to attune the good life to moral rhythms in the larger universe where human nature belonged. New-world ethics dispensed with all such external sources of meaning. In the Enlightenment main line, moral progress was entrusted to science as a matter of furthering goals internal to human well-being. As Helvetius put it, 'ethics is the agriculture of the mind'. Utilitarianism proceeded accordingly. Even Kant, who believed in calling a spade a categorical imperative, gave Reason a task which was transcendental, rather than transcendent. In one way or another, ethics was to be rationally grounded without appeal to God or to Nature other than human nature. That was the only course, if, as Dilthey declared later, 'life does not mean anything other than itself. There is nothing which points to a meaning beyond it'.

Life can still mean something beyond the individual, however, if culture or, to use the current term, community can bind us and make us part of one another. But the Cartesian origins of the Enlightenment work against that thought. The **cogito** revealed an individual ego, ontologically as independent of other people as it is of the physical world. When the Enlightenment set about a science of society, it began with a science of mind, where minds were individual and society a set of relations between individuals. That favoured a moral psychology where the only reasons which can move an individual are those internal to his own character and concerns. It went nicely with a secular and individualist theory of the social contract, thus making it a central problem of ethics to reason an enlightened egoist into disinterested co-operation.

Today's post-modernists are at one with yesterday's Romantics in despairing of this whole approach. In the words of Burke's thunderous verdict on the French Revolution, 'the age of chivalry is gone. That of sophisters, economists and calculators has succeeded; and the glory of Europe has departed for ever'. Yet such gloom may be premature. Contractarian ethics is flourishing at present and its exponents are full of ingenious ways of proving that it is rational to be moral. The economist emerges as someone who knows the price of everything and hence the value of everything too. When an individualist psychology is properly construed, we allegedly find that indeed it pays to be good. 'There's glory for you', we might exclaim, provided that there is a knock-down argument involved. I propose to ask whether it is truly rational to be moral from an individualist and contractarian point of view, and, if not, where exactly a corrective should be applied.

All this is spoken from a great philosophical height. The line which I wish to discuss, however, is precise and down-to-earth. So, shifting abruptly from the sublime to the particular, I shall lead off with a vignette of that epitome of modernity, markets and the good life - the antique dealer. Whether fairly or not, I shall suppose antique dealers to be enligthenedly self-interested persons, whose life has no meaning outside itself and some of whose activities, as revealed in the Sunday newspapers, set an interesting problem for a contractarian ethics.

Antique dealers know many tricks. One is to form a 'ring' which gets together secretly before an auction and agrees how high to bid for items in the sale. These items, if secured, are regarded as the property of the ring, which then meets afterwards to share them out among the members, perhaps by holding its own closed auction on the quiet. Each member emerges not with quite what he would have acquired at the public sale, if left to himself, but with an acceptable bundle at bargain prices. Each will make more money than he would have done without the ring, the losers being the outsiders who were trying to sell their possessions on an open market. Since the arrangement is profitable and illegal, it seems to show that there can be honour among thieves because it can pay to be honourable.

Such rings are instructive for contractarian ethics. They are formed through rational individual choice. If all involved comply with their promise, all do better than they would otherwise have done. Yet it is not necessarily rational to comply in full. So members who do comply seem to have accepted a **moral** obligation, thus proving that, overall or at least sometimes, it is rational to be moral. But, at the same time, suspicion lingers that, whatever precisely the mutually profitable relation involved, it is not moral obligation nor a moral source of reasons for action. I shall start by giving contractarian ethics a run for its money and then pin the suspicion down in order to defend a wider view of morality and rational action.

Think of the dealers as the rational agents of standard decision theory or rational choice theory, playing a game in the sense defined by the theory of games. The game is in three stages, the first ending with agreement to form the ring, the second with the resulting pile of booty from the public auction and the third with its private distribution among the players. Each stage has various feasible outcomes and each player has a complete and consistent order of preference over them. For instance, it may be that Alf will finish up with the ikon, Bert with the samovar and Charles with the Tampion clock; or Alf with the samovar, Bert with the clock and Charles with the ikon; or an outsider may acquire some of these treasures; and so on. The feasible outcomes change between stages, in particular because those of the third stage depend on what exactly is agreed at the first and exactly what happens at the second.

Throughout, each dealer follows a strategy of getting more for less, governed by how much he would prefer a given outcome on the one hand and how unlikely he is to get it on the other. (I word this vaguely because nothing turns on questions of maximising or satisficing, of maximax, maximin or other variants of the approach.)

The expected utility involved in each dealer's calculation is his own. He wishes the others neither good nor ill. He co-operates with them if and only if he expects to be better off thereby (or at least no worse off) himself. He is moved by considerations conventionally described as moral, but only in so far as it pays him to take them into account. The rationality, which marks each player and which each knows the others to embody, is strictly instrumental, with no other office than to serve and obey the demand of preferences. Thus each dealer, reflecting on his own increased profits, finds it instrumentally rational to join the ring and the first stage sets no puzzles.

The next stage is more challenging. Alf very much wants the Tampion clock for himself. The ring has agreed a limit of £1000 and he knows that he could resell it for £2000. There is a risk both that an outsider will bid more than £1000 and that, even if the ring gets it, it will not fall to him at stage three. He could, however, find a crony outside the ring to bid for it at the public auction. With his fellow dealers holding back, it would be a sure thing at a bit over £1000 and, if he is careful, no one will know that he is involved. He has of course made a pact of honour not to do this sort of thing, but that makes it the more profitable to do it. Shall he make the free-riding choice? The challenging answer is, 'morally speaking, no; instrumentally speaking, yes; therefore no'.

The challenge to an ambitious contractarian ethics is to show that in joining the ring Alf acquires a reason to comply with its rules even on occasions when it would raise his pay-off not to. By 'ambitious' I mean that 'morally speaking' is to be construed without reference to reasons for compliance independent of all contracts whatever. Older social contract theories of ethics and politics are not as ambitious at this. Locke, for example, presents the contract as our best way to fulfil God's purpose in setting us on earth and expects us to bear this in mind when framing and acting out its provisions. An ambitious theory dispenses with all independent guidance, whether divine or derived from natural rights or implicit **a priori** in the concept of morality. What it leaves in is not altogether clear, because even the idea that the contracting parties are rational individual agents makes some claim about human nature, as we shall see. But the broad impetus is to exhibit moral reasons as arising wholly from human activity, useful for human purposes and rationally motivating on that score alone.

To give ambition a sporting chance, take the game-theory notion of a pay-off as giving a neutral sense in which one outcome is **better than** another **for** a person or group. 'Instrumentally speaking' it is better for Alf to make sure of the clock by stealth. But what exactly is meant by the suggestion that 'morally speaking' it may not be? It seems not to be true that **all** members of the ring do better if the clock is secured by the ring, since Alf does worse. It seems not to be enough that **most** members do better, in that each then has a prospect of acquiring it afterwards. How exactly do we tell the tale so that Alf is not only pulled in two directions but will do better to let the clock reach stage three, instead of diverting it earlier on the quiet? The central idea is that, if the proverbial 'honour among thieves' is to mean exactly what it says, then it is rational for Alf to do the honourable thing even when it seems to have less expected utility than the dishonourable. This needs to be demonstrable but not too easily.

It would be too easy to prove it by adding some hidden costs. Alf would be taking risks in cornering the clock. There is a risk of blackmail by his crony. There is a risk of being identified, when he comes to resell it. If the others find out, there is a risk in using dark alleyways and a certainty of being excluded from future rings. We might argue that the balance of risk against extra profit favours keeping faith. But this is too easy because it relies solely on fear. Perhaps, as Hobbes contends, a group of people can co-operate to secure the advantages of commodious living, only if there is a common power to keep all in awe. Yet this is not the ideal answer, because the policing needed to keep the risks of defection high is a dead-weight loss. A ring which operates successfully on trust will be cheaper and, from a collective point of view, more effective. Conversely an ambitious contractarian theory must try to show that even a modest background threat of violence is a sign that some members are not properly rational.

It would also be too easy to give Alf the pangs of a bad conscience, thus raising the costs of free-riding from the inside. An ambitious theory will allow this only if it is **rational** for Alf to let his conscience worry him. Otherwise too much work is being done either by a brute fact of Alf's particular psychology or, worse, by a moral concept slipped in from outside. But this may be only a preliminary objection. The thought that Alf can decide whether to be moved by feelings of guilt invites the further suggestion that he can perhaps choose his dispositions - a matter to return to. For the moment, however, it is too easy to burden Alf with a conscience and too unlikely that all thieves have much of one.

Approached through the theory of games, the root problem is set by the Prisoner's Dilemma, arising where each dealer can 'comply' or 'defect' and has this order of preference over the four combinations for 'self' and 'others'.

Preference	**Self**	**Others**
1st	Defect	Comply
2nd	Comply	Comply
3rd	Defect	Defect
4th	Comply	Defect

Each reasons that, since it is better for him to defect if others comply, and better for him to defect, if others defect, it is better for him to defect **whatever others do**. With all reasoning like this, all defect and the ring collapses to their mutual disadvantage. This is the so-called 'dominance thesis' and the snag of raising Alf's costs is that the problem vanishes if the outcome described by the top line becomes so unlikely or so expensive that it no longer ranks as his first preference. If there is to be genuine honour among rational thieves, Alf has to think his way round the dominance thesis, not forget about it. To declare the game to be an Assurance game or some other where the 1st preference is for mutual compliance, for instance:

Preference	**Self**	**Others**
1st	Comply	Comply
2nd	Defect	Comply
3rd	Defect	Defect
4th	Comply	Defect

is too easy.

A tempting move is to recall that we are looking at only one round among several in one stage of a game with other stages or even, having an eye to past and future rings, in a series of such games. This lets Alf reckon with the reactions of other players in later rounds. For instance, in a supergame of indefinite length, it may pay to comply in the first round and then play tit-for-tat. It can also pay to establish a reputation, which will induce others to play in ways which suit one. Such considerations might make it rational for Alf to override preferences which, for any single round or game, are correctly described by the Prisoner's Dilemma format.

In my view this is still too easy. As a general move, it works by putting enough of a long term price on the free-rider outcome to demote it from first place in the short run. For, given the minimal rational-choice idea of what motivates a rational agent, this is the only way in which it can work. I shall therefore refuse to be tempted, at least until more is said on the topic of motivation. Meanwhile it is not a convincing move in the present case, where the dealers are not fully transparent and Alf can get away with cornering the clock. If he has read **The Prince**, he will have noted Machiavelli's advice that the prince will do best by maintaining a reputation for keeping faith, while secretly breaking faith when occasion suits. An ambitious contractarian ethics, especially if addressed to an everyday world where we are not fully transparent, must tackle Machiavelli head on. This means, among other things, not assuming an established social order in which supergames can be played with reliable information about institutional arrangements and future costs and benefits.

More promising, perhaps, is a notion of pre-commitment. Alf, foreseeing that, faced with a Prisoner's Dilemma, he will defect, commits himself in a way which avoids the dilemma. This is the strategy of the alcoholic who, in a sober moment, locks the cellar and gets rid of the key. But how? Alf could warn the other dealers to keep an eye on him or make himself somehow transparent to them. But this is, in effect, to take a more Hobbesian view of the necessary form of the original contract by establishing more of a power to keep all in awe. It amounts to conceding that there can be honour among thieves only if they give up all chance to get away with dishonour; or, more simply, that there cannot be **honour** among rational thieves. Alternatively he could place the key out of his own psychological reach by, for instance, changing his dispositions, so that he is no longer disposed to steal a march on anyone who will play fair with him. But, as yet, we see neither how he could nor why he should. As with self-deception, he must consciously arrange his own motivations in a pattern which he now finds uncompelling. It is not clear how this can be done. It is not clear that, while he remains a rational agent, it cannot therefore later be undone. It is still unclear why it would be rational for him to do it.

Someone may suspect that my example is by now doing too much work. Contractarian ethics is a serious attempt to work through the ethical implications of denying all meaning to human life external to human life and yet to emerge with an account of how there can be moral reasons for action. To focus the attempt on honour among thieves, one might complain, is to include an obvious booby trap. If thieves' 'honour' were the genuine article, they would of course not be thieves. Conversely, if thieves were all mankind's epitome, it would be no surprise to find the problem insoluble; but the lesson is only that human nature should not be assumed to have an inbuilt bias to personal gain.

I stand by the example, however, which I chose in order to press contractarian thinking on two fronts, one psychological and one social. Its familiar current versions rely on an instrumental notion of rationality, which relies in turn on the Humean view that only desire can motivate action. These components together put an embargo on discussing the rationality of an agent's ends. A rational agent can have any set of reflectively consistent ends, provided that they translate into preferences, or desires for situations to come about, which can then motivate a choice guided by rational calculation. In that case the generic problem arises not in ethics but because individually rational choices can sum to collectively irrational results. A collectively irrational outcome is defined as one which is Pareto-inferior in the sense that another feasible outcome would have been better for some and worse for none. The question is then whether it would have been rational for each agent to choose what, when summed, would have yielded a more rational outcome. The answer might turn out to be no. But the defeat for reason would be very serious and, in my view, would leave philosophers to shuffle the post-modern deckchairs as their ship goes down.

Ethics offers a way of saying yes which also shows how a rational agent **can** act in the manner needed. By 'ethics' here is meant the old theme that to consider a situation from a moral point of view is to stand aside from one's own gains and losses and ask what an ideal, impersonal, impartial observer would make of it. Nothing more is meant, because the moral point of view is not external to all human life on an ambitious contractarian account. So, when this ideal observer points out to Alf that the ring will collapse if everyone rides free, thus leaving every member worse off, it ought to do the trick. The example is fair because it emphasises that Alf has no independent desire to be moral. He will contribute to the collectively better outcome if and only if given sufficient reason. But reasons can motivate Alf only if they persuade him that his existing desires will be furthered by acting as they propose. So far, reference to the collective good **could** move him, because the collective good includes his own, but **will not**, because it is trumped by its being better for him to defect.

The moral psychology involved follows Hume's precept that 'reason alone cannot be a motive to any action of the will'. It takes the form of distinguishing sharply between beliefs and desires and then insisting that only desires can motivate. This all goes nicely with the idea that whether a choice is rational depends finally on the given preferences of the agent.[1] But it seems to me fatal for an ambitious contractarian ethics, which wants it to be rational for Alf to do the honourable thing but does not allow a given desire to do it. Alf can **acquire** a desire to do the honourable thing but only if it would be rational to acquire it in terms of his overall given desire to be better off. One possible escape is to reject this underlying moral psychology. The sharp line between desire and belief is very disputable. For instance, a desire to do the honourable thing has a large cognitive content and can be felt only by an agent with a battery of honour-concepts. If it can be 'felt' at all, it must be possible for belief to be a motive to the will. After all, there is supposedly no restriction on the preferences of a rational agent beyond a reflective consistency.

The modern Humean will reply that, since Alf can believe that diverting the clock is dishonourable but still desire to do it, the distinction between belief and desire stands. But now comes a dilemma. If desires with cognitive content are ever allowed in, then the gate is open for desires to do whatever is the moral or rational thing; and the rival Kantian has no further trouble in explaining how the categorical imperative can motivate. If, on the other hand, Alf can be moved only by simple desires without cognitive content, the whole apparatus of instrumental rationality collapses. The pivotal desire throughout has been a desire to be better off. This desire most certainly has a cognitive content, or, rather, is too blank to motivate without one. Either way reason **can** be a motive to the will.[2] Although this reopens the game, it does not show that Alf would indeed be rational to do the honourable thing. It does suggest, however, that 'the rational agent' cannot be conceived as a universal dummy with an amorphous desire to do whatever is better for him. Thus prompted I turn to what I earlier called the social front.

Traditionally social contract theories of moral or political obligation work from a state of nature and trace the emergence of norms among its rational inhabitants. The account is presented historically, but that is presumably a device, being quite implausible as history and open to the crushing retort that the makers of the contract must **already** have had the necessary concepts and institutions. Modern versions are presented analytically by abstracting a group of rational agents from their context and, having placed them behind a thick or thin veil of ignorance, asking what institutions they would design. But the older approach then gets its revenge, if, as is currently alleged, the abstraction yields a modern, socially concerned, Western-style democracy only by slipping in an historically specific shared conception of the good. The lesson seems to be that universal dummies moved only by a desire for things to go well for them are not made human enough to work with just by dubbing them rational.

At any rate that is why I have picked a specific kind of norm, honour, and agents with a specific idea of what is better for them, a larger and cheaper bundle of clocks, ikons and samovars. Dishonour involves both shame and guilt. But, being thieves, they put a negotiable price on both, feeling ashamed only when caught out by others and feeling guilty only when too greedy for their own good. The contractarian problem is then to convince them that free-riding does not pay the rational thief. In this precise form it is no more soluble than when posed abstractly. But the source of trouble is more instructive. It lies, I submit, in the distinction of ends from means. Ends are specified in terms of possession of objects representing future profit and hence utility. Honour comes in as one of the possible means of acquisition, to be judged strictly in relation to the ends. This is a strangely tactical notion of honour. Honour is a strategic concept in the sense that it governs the value to be placed on an activity, both on the doing and the having done. The honour-value of a clock acquired by cheating is not its profit margin. Alf's diverted clock is worth £900 net to his bank balance and zero to his honour. The way of cornering it was ingenious in a thief but stupid in a man of honour. There is a surface symmetry here, with the virtues of theft being the vices of honour and honourable reasons to do something being pecuniary reasons to avoid it. But the symmetry is not deep, because one angle of vision depends on separating means and ends, the other on fusing them. Social relationships, which are instrumental from one angle, are, to introduce a new word, 'expressive' from the other. I shall argue that a wholly instrumental view of rationality cannot be sustained.

A contractarian ethics tries to persuade rational agents that it will pay them to switch from an instrumental to an expressive angle of vision, when dealing with other similarly rational agents. It does not aim to turn them into saints, if that means returning good for evil, honour for dishonour. The rational policy is to act justly to the just, and unjustly to the unjust, thus avoiding the unsatisfactory state, where

> The rain, it raineth every day
> upon the just and unjust fella.
> The former suffers most because
> the unjust hath the just's umbrella.

In a wholly just world, everyone's umbrella is safe. In a wholly unjust one the umbrella market collapses and we all get wet. But, since this rationale is instrumental at heart, it depends on making free-riding not worth the risk, because rational individuals are, or let themselves become, too transparent to fool others. Whatever merit this may have for a world of separate individuals, it seems to me to fail where there are hidden cartels, like the antique dealers' ring.

The ring's advantage is that its members can cover for each other, thus sharing the cost and effort of looking honest to outsiders. This lets it ride free on the legal property arrangements, which outsiders practise. Meanwhile the members treat each other in the honourable way in which they pretend to treat the rest of the world. By making a distinction between insiders and outsiders, they have made possible an instrumentally very rational policy of acting justly to the unjust insiders and unjustly to the just outsiders. So long as they can get away with it, they have outplayed contractarian ethics at its own game.

Contractarians must reply, I think, that the ring is unstable, because each member, being still a thief at heart, will undermine it. Witness Alf's temptation to divert the clock on the quiet, thieves cannot manage the switch from instrumental to expressive rationality. Where the underlying motive remains personal gain, it cannot be suspended thoroughly enough to stop members of a ring from snapping up undetected bargains at the margin. This reply seems to me to be finally right. But it also seems to me to sabotage contractarian ethics, because it works only if, unlike Alf, rational persons are not finally motivated by personal gain. If that sounds obvious in those terms, notice that 'personal gain' is short-hand for an Humean economist's phrase like 'the satisfaction of the agent's own preferences'. What motivates is not some specific content, like profit, or disposition, like greed, but the fact that the preference is the agent's own. Any consistent set of preferences or desires can motivate a rational agent so far.

It is time we asked exactly what Alf is up to. In what precise way is he 'better off' by getting the clock cheap? What is he going to do with the proceeds? They are plainly not for the benefit of the public at large, whom he has cheated throughout, nor for the benefit of his colleagues, whom he cheated at the second stage. They might be for the benefit of the community centre round the corner from Alf's home. But this would make life instrumentally better for **him** only if either it eases a bad conscience, which it is not rational to have, or it pays off in his relations with his neighbours. We still ask what kind of pay-off. In other words, where does the line between outsiders and insiders finally fall?

It may be that, in the last resort, Alf is the only insider. It is, I suppose, conceivable that Alf's relations with his wife, children, friends and neighbours are fully contractual and wholly instrumental. But, if so, Alf is trapped by appearances, which do not signify what they symbolize. Suppose that he wants the love of a wife who loves him for himself or the affection of friends who warm to his unselfish affection for them or the regard of neighbours who respect his public-spirited character. These things are not for sale. He can buy the appearances of them; but that is only the outward aspect of an inward reality which he cannot buy. Deceit will get him the appearance but he is culturally fooled or inwardly self-deceived, if he takes it for the reality.

Instrumental rationality cannot be unpacked solely in terms of preference. To judge one action more instrumentally rational than another, it is not enough to know that the agent prefers its expected consequences. We also need the measure of value being applied, including the end allegedly better served. The end in this case is whatever Alf cares most about, what he seeks not for the reason that it furthers a more distant or wider end. The relation between Alf and what he most cares about is intimate, with his deepest concerns to be seen as an extension and expression of himself. They are not means to his flourishing but its constituents. Otherwise, unintelligibly, he will be trapped in instrumental relations with himself. So, if it is Mrs. Alf's birthday and she is among his deepest concerns, there is no question of why it pays him to give her a birthday present. In making her happy he expresses the relation between them.

The circle round Alf, which marks the boundary between insiders and outsiders, can be shrunk or expanded. It may fall between family and others, between friends and acquaintances, between neighbours and strangers.

Where it falls may vary with context, so that friends become mere acquaintances, when matters of business are involved. I do not have a philosophical view on the proper boundary. But I will just mention its limits. One is, as noted, that it may include only Alf himself. Here I voice the suspicion that no man can be an island and a person. His most intimate relations cannot be solely of possession. He needs to be related to other people who know him as he is, not merely as he wishes to seem. The other is that it must include all mankind or even all sentient beings, if Alf is truly to flourish in some moral sense. This is the expressive contrary of the contractarian attempt to unite reason and morality through an enlightened construal of instrumental relations. Meanwhile, let us suppose, for the sake of argument, that Alf's circle has an intermediate boundary and includes enough people to form a group which has his allegiance for no instrumental reason. He helps his friends and neighbours because they are his friends and neighbours, thus expressing who he is and where he belongs.

Honour is an intermediate relation which defines a group and gives its members the expressive reasons for action which go with dealings among insiders. One calls them personal reasons, with a stress on the first person singular and plural. What **my** honour demands of **me**, it may not demand of you even if we both belong to the group. But differing particular demands are governed by **our** honour which claims mine and yours. This is not to say that, if you are an outsider for me, I can treat you dishonourably, since honour codes vary on that score. A soldier's honour traditionally includes duties of respect to some women, although often not to those of inferior classes or nations. Witness this example or that of the Mafia, reasons of honour are not beyond criticism and I shall pursue this matter presently. But they stand in instructive contrast to instrumental reasons.

It is tempting to mark the contrast with Weber's distinction between **Zweckrationalität** and **Wertrationalität**. But, although his **'zweckrational'** equates nicely with 'instrumental', he says that action is **wertrational** when its goal is so dominant for the actor that it drives out all calculation of means and consequences, as with acts of heroism and self-sacrifice. This suggests Colonel Blimp facing stiffly into the past, while a canny enemy slaughters his men from behind. But, as Weber himself points out when discussing politics as a vocation, it is a mistake to oppose principle to consequences in this bone-headed way.[3] The principled politician needs to calculate consequences finely, knowing that policies rarely work out as planned, partly because the world is fluid and complex, and partly because his opponents are not idle. Calculation is in the service of principle, however, and its use is in judging whether an outcome is realistically the best to aim at. Similarly men of honour must work out what their honourable course of action is (or which honourable course is better). There is no reason why the choice has to be obvious. Honour sets measures of value, for the journeying as much as the destinations, but it does not turn unflinching fools into heroes. Recalling Machiavelli's advice to the prince in pursuit of glory that he must emulate the fox as well as the lion, we might say that honour is not peculiar to the rhinoceros.

Less cryptically honour is a game but in a sense closer to Wittgenstein than to game theory. It is not a game where the rational player measures strategies by their expected pay-off in a currency external to the game. For honour the measures are internal to the rules of honourable conduct, which are of two kinds. Constitutive rules define the essential relationships between the players and set their purpose. Those of chivalry, for instance, define what it is to be a knight or, presumably, a damsel in distress. Regulative rules facilitate progress within the constituted framework, covering, for instance, the proper way to court a damsel or defend her honour. In general, regulative rules are an aid to solving problems of action set by the rules constituting the game. Neither kind of rule merely constrains the players. The one enables them to play the game at all; the other enables them to play it well.

Although occasionally only one strategy is possible, the usual case is that a player has several and is in search of a best one. An important feature of rules is that they guide each player's expectations about what other players are likely to do. This is a crucial factor in game theory, where rational choices are often interdependent. For example, the highway can be simply modelled as a coordination game, where it is rational for me to drive on the left if and only if I expect you to do the same. But game theory deals only with games where rational choices are instrumentally rational and so where 'expect' means 'predict'. In Wittgensteinian games there is scope for **normative** expectations, which **entitle** players to count on others behaving in accordance with the constitutive rules. These kinds of expectations are conceptually distinct and, if the normative were dominant wherever they applied, we could put Wittgensteinian teeth into the notion of expressive rationality.

But the games of social life are not so self-contained. I doubt if they ever were, even for my artificial example of the age of chivalry. At any rate they plainly are not in a modern world where norms and reference groups are fragmentary, shifting and command only partial allegiance. Let me give a light-hearted illustration. British Rail used to sport notices in the lavatories of their trains saying 'Gentlemen Lift The Seat'. Try parsing this locution. Construed in the present indicative, like 'cats purr' or 'bees hibernate', it gives information about animal habits and licenses predictions. But, to grasp the illocutionary aim, we need the subjunctive - 'if you were a gentleman, you would lift the seat' - backed by the optative - 'would that you were a gentleman!' - to yield an imperative - 'lift the seat!'. The currency is one of normative expectations among travellers aspiring to be gentlemen. But I suppose the perlocutionary force was lacking in a socially mobile modern world. Perhaps the notice was doomed to fail as soon as it became necessary. At any rate it has now disappeared, the normative expectations having been defeated by the free-rider problem.

The antiques game, too, is not self-contained. But it matters exactly why not. The obvious diagnosis is that, although the members enter a constitutive relation, they do so for mutual advantage and retain aims which govern what it is rational to do in a standardly game-theoretic sense. Not everyone who professes to be a gentleman is one; and the thieves remain individuals throughout. Analogously an individualist theory of the social or moral contract, which views a civil society as an association of atoms with personal ends, cannot make loyalty rational when it pays to step out of the game. There is a more Wittgensteinian diagnosis, however. Although the members have entered a constitutive relation, they have not abandoned other constitutive relationships. They are playing several games, which pull in different directions. Since other games matter more to them, they play the antiques game instrumentally, when there is a conflict. But defection is instrumentally rational here, only because it is a good move from the standpoint of a more significant game. This diagnosis differs from the other in that it need not endorse an individualist view of games or of players. It is consistent with a theory of the social contract, like Rousseau's, which takes the contract as constitutive of the players themselves.

Notice that Rousseau's citizens retain a private will, which may be different from, or contrary to, the general will which each has as a citizen. 'His private interest may speak with a very different voice from that of the public interest.' Hence 'he might seek to enjoy the rights of a citizen without doing the duties of a subject'. That is Alf in a nutshell, with the ring being a 'faction' and not an expression of the General Will. Rousseau's way of dealing with free-riders is drastic and I am not working round to endorsing it. But his contrast between individuals and citizens goes irresistibly with that between instrumental and expressive reasons. Like the honourable or principled thing to do, the public interest may be hard to discern. The search for it motivates the citizen, however, because that is the condition of being a citizen. In this way of taking the social contract, it sets up the widest game, the one in which the player is himself and acts from expressive reasons, which are not instrumental in some yet wider games.

Here we seem to have reached Wittgenstein's famous thought that 'What has to be accepted, the given, is, so to speak, **forms of life**'[4], with one's community being the form of life with moral authority. At any rate this is the stopping point for what is currently termed a 'situated' ethics and it works by blocking questions of what it is rational or moral to accept as 'given'. But, if one wants to be able to challenge the moral authority of communities which function effectively by subjecting some kinds of persons to the accepted power of others, the stopper has been applied too soon. For instance, the Mafia flourishes in the modern world thanks to rules of allegiance, which once served to unite Sicilian families against foreign oppression and still give its members a sense of who they are and where they belong. Islamic communities are held together by sets of beliefs and practices which, in their fundamentalist forms, keep women in fierce subjection. I would not wish to issue a moral **carte blanche** just because we are dealing with, so to speak, forms of life.

It may be tempting to try starting with groups smaller than a community and more self-contained, as a source of non-instrumental reasons, for instance family, friends and immediate neighbours. If basic rights and duties are those which go with membership of these molecules (or 'little platoons' as Burke might call them), then we might have a workable test for distinguishing between just and unjust communities. The snag of miniaturising and personalising 'the given', however, is that there are no definite miniature forms. The family, for instance, is a favourite modern candidate for the molecules which can be chained as an account of the just society or moral community. But 'the family' is no Platonic form. Some copybook nuclear families of two parents and 2.3 children are a human disaster; some one parent families are a model of human flourishing; and other varieties of the family group are legion. Yet I do not wish to be dogmatic. It may be that there is some basic, small-scale human relationship, which, while having the authority accorded to single individuals by the idea of individual rights, also has members with basic duties towards each other.

But the difficulty of finding one goes deep, because, in a world where 'life does not mean anything other than itself', rights and duties point to different ideas of what a person is. If we are by nature separate individuals, then rights seem plausibly to be understood as a strategic device to ensure the benefits of mutual co-operation, and duties then added as the logical way to secure the device. Contractarian ethics seems to me an ingenious attempt to work from an agent-relative to an agent-neutral account of moral reasons in this way. But it has failed to cope with Alf's antics, because it cannot reason him out of securing the benefits as cheaply as he can. A Kantian ethics might have done so, by starting with universal duties and refusing to deal in mutual advantages at all. But, Kant being a contractarian only in politics and not in ethics, that is beyond a contractarian's grasp.

Meanwhile 'duties' can also suggest a **tertium quid** between agent-relative and agent-neutral ethics. If we are by nature not separate individuals but persons essentially located in some of our social relationships then our duties may be an expression of who we are and where we belong. That, of course, is what causes the trouble with the loyal **mafioso** or the community whose characteristic action-guiding concepts draw distinctions of class, race, gender or, in general, power, which fall foul of the United Nations declaration of rights. As noted, it is a trouble which crops up for small or large groupings alike. Nonetheless Alf's antics do show, I hope, that a rational agent's ultimate reference group cannot be himself alone. He needs some group to identify with in relationships whose flourishing is a measure of his flourishing.

In finding Alf an identity, we abandon the individualism of current contract theories. That seems to me no hardship. The dislocated free-rider is like someone who wins a prize by cheating. He has the gold cup but not what it signifies; he has gained it but not won it. He is the master who tries to compel the love of his slaves. Moral pretence can fool many of the people much of the time but it cannot reproduce what it imitates. Where morality requires that one treats another person's interests as one's own, short cuts, which give the appearance without the substance, are literally self-defeating. Hence an individualism which supposes that there is rational self-interest prior to all human relationships is untenable. The social or moral contract which constitutes a form of life also constitutes the persons for whom this is the most intimate relationship.

On the other hand that does not rule out a contractarian theory like Rousseau's, resting (in a liberal interpretation) on a more social and sociable individualism where a citizen's duties come before an individual's rights. Here the choice to create the new association is made by individuals but, since it produces 'a remarkable change in man', is to be judged rational **ex post**, not **ex ante**. Citizens realise with hindsight that the choice has been self-creating and, if a General Will results, expressively rational. I am not sure whether a liberal interpretation can be sustained but the attempt seems to me worth making.

In upshot rational ethics in a world where 'life does not mean anything other than itself' depends on there being good reasons for action whose measure of rationality is not instrumental. Otherwise honour among thieves is thoroughly awkward. Either it pays Alf to deal honourably with his cronies or it does not. If it does, it is because a cartel is exploiting outsiders and that can hardly be the morality which modern ethics should recommend. If it does not, it is because someone with Gyges' ring can do better still for himself - a serious matter in a mobile modern society of strangers, where such rings are easily come by. The diagnosis must be that the relationship among thieves cannot be honour. **Ersatz** relations do not bind morally. But that leaves the question of when expressive relations do and do not bind. Not all honour codes which give meaning to people's lives are thereby to be commended. Some chain social inferiors into subjection. To say so, however, we need a distinction between good and bad reasons for action which can apply to expressive choices. I appeal for help.

Meanwhile these awkward antique dealers are a moral fable for our times. Does it pay to be good in an Enterprise Culture, where relationships are instrumental and their analysis contractarian? Apparently it does, because markets flourish to mutual benefit where there is trust, and fail without it. The snag, however, is that very enterprising persons do better still by forming rings which exploit the less enterprising. Their benefits are not in fool's gold, since bank balances genuinely increase. Money buys commodious living. It buys the trappings of culture too. So a proof that glittering prizes are not always gold needs to cut deeper. It must connect culture and meaning to a moral concept of a person which makes neighbours of us all. Here we are dealing in moral antiques - a part of the trade where there is no substitute for the genuine article.

This paper, which began life at the conference which inspired the present volume, will also appear in English as the 1989 British Academy Philosophical Lecture. I would like to thank John Dunn, Timothy O'Hagan and Quentin Skinner warmly for their helpful comments on an earlier draft.

Notes

1 Alasdair MacIntyre holds it a modern betrayal of Hume to speak of 'preferences' as motivating, whereas Hume himself talks of passions. Let me say therefore that my references to 'Humeans' are to be construed in a modern way (A. MacIntyre, 1988, especially p.304-305, 338).

2 The last two paragraphs are very compressed. I have argued the case more fully in **The Cunning of Reason**, M. Hollis (1988), chapters 4 and especially 5 ('External and Internal Reasons'). See also my paper 'The Shape of a Life', M. Hollis, forthcoming.

3 M. Weber (1948).

4 L. Wittgenstein (1952), p.226.

References

Hollis M. (1988). **The Cunning of Reason**. Cambridge University Press, Cambridge.

—— The Shape of a Life. In: Altham J.,Harrison R. (eds.), **World, Mind and Ethics**. Cambridge University Press, Cambridge, forthcoming.

MacIntyre A. (1988). **Whose Justice? Which Rationality?** Duckworth, London.

Weber M. (1948). Politics as a Vocation. In: Gerth H.H., Wright Mills C.(eds.), **From Max Weber: Essays in Sociology**. Routledge & Kegan Paul, London, 77-128.

Wittgenstein L. (1952) Philosophical Investigations. Basil Blackwell, Oxford.

Julian Nida-Rümelin

Ökonomische Rationalität und praktische Vernunft

Die praktische Philosophie im weiten Sinne des Nachdenkens über menschliche Praxis war seit ihren Anfängen von zwei konkurrierenden Intuitionen geprägt. Die Intuition der Folgenoptimierung besagt, daß ein Mensch vernünftig oder rational handelt, wenn er das, was er für erstrebenswert hält, durch seine Handlungen optimiert. Vielleicht erweckt diese Formulierung den Eindruck, daß die hier gemeinte Intuition sehr präzise sei. Dies ist natürlich nicht der Fall, daher ist folgende Formulierung vorzuziehen: Eine Person handelt rational (oder vernünftig), wenn ihre Handlungen im Hinblick auf die Ziele dieser Person sinnvoll erscheinen (als ein gutes Mittel gelten können, um diese Ziele zu erreichen). Die andere Intuition (die Intuition der Prinzipienorientierung) besagt, daß vernünftiges Handeln darin besteht, bestimmten Prinzipien oder Kriterien zu gehorchen.

Erst in jüngerer Zeit werden diese beiden Intuitionen praktischer Rationalität als gegensätzlich oder sogar unvereinbar empfunden. Bei Aristoteles gehen beide Intuitionen eine komplizierte Verbindung ein, was etwa bei der Einführung des sogenannten praktischen Syllogismus deutlich wird.[1] Aber auch noch bei den Klassikern des Utilitarismus im Umfeld der englischen Nationalökonomie[2] bleiben beide Intuitionen miteinander verwoben, was heute als eine unzulässige Vermengung zweier ganz unterschiedlicher Utilitarismus-Varianten, der des Regel- und der des Handlungsutilitarismus erscheint.[3] Erst Kant setzt diese beiden Intuitionen in einen scharfen Gegensatz: Ethisches Handeln ist mit Folgenoptimierung unvereinbar, nur prinzipienorientiertes, dem moralischen Gesetz oder dem kategorischen Imperativ verpflichtetes, Handeln ist moralisch. Wenn seither von "praktischer Vernunft" die Rede ist, so assoziiert man ein mehr oder weniger stark kantisch geprägtes Verständnis praktischer Rationalität. Die ökonomische Theorie hat sich dagegen von Anbeginn auf eine Konzeption praktischer Rationalität gestützt, die ganz auf die Intuition der Folgenoptimierung[4] vertraute. Die im Umfeld der Ökonomie entstandenen Modelle rationalen Entscheidens - die Entscheidungstheorie im engeren Sinne, die Spieltheorie und die Theorie kollektiver Entscheidungen (collective choice) - haben unterdessen auch außerhalb des ökonomischen Sektors vielfältige Anwendungsmöglichkeiten gefunden und damit zu einer Dominanz des ökonomischen Paradigmas praktischer Rationalität zumindest im angelsächsischen Sprachraum beigetragen. Paradoxerweise hat jedoch gerade die Verfeinerung der entscheidungstheoretischen Analyse und ihre Übertragung auf komplexe Interaktionssituationen und institutionelle Strukturen dazu beigetragen, das ökonomische Paradigma der Folgenoptimierung[5] in Frage zu stellen. Die zahlreichen Dilemmata und Paradoxa der Spieltheorie und der Theorie kollektiver Entscheidungen unterminieren das Ausgangsparadigma[6] selbst. Die Konsequentialismus-Kontroverse der vergangenen Jahre hat deutlich werden lassen, welche Probleme das ökonomische Paradigma in der Ethik aufwirft.[7] Gegenüber der Konkurrenz der beiden genannten Grundintuitionen und der auf diesen beruhenden paradigmatischen Konzeptionen praktischer Rationalität kann man vier unterschiedliche Standpunkte einnehmen:

(1) Man kann der Auffassung sein, daß diese beiden Intuitionen bzw. die entsprechenden Paradigmata nur scheinbar in einem Gegensatz zueinander stehen. Dieser Auffassung sind die meisten Neo-Aristoteliker, aber auch etwa Richard Hare.[8]

(2) Eine andere Möglichkeit des Ausgleichs besteht darin, bereichsspezifische Rationalitäten anzunehmen. Etwa, indem man zwischen Handlungen unterscheidet, die einer moralischen Beurteilung unterliegen und solchen, die außerhalb moralischer Beurteilungen stehen. Genuin moralisches Verhalten wäre dann prinzipienorientiert und (rationales) außermoralisches Verhalten folgenoptimierend. Es liegt auf der Hand, daß das Verhältnis dieser beiden Bereiche zueinander diffizile Probleme aufwirft, aber wenn man dieses Abgrenzungsproblem für lösbar erachtet, wäre der Konflikt dieser beiden Intuitionen nach dieser Auffassung nicht nur erklärt, sondern auch behoben.

Der dritte und vierte Standpunkt sind im Gegensatz zu den genannten 'kolonialistisch': während aber der Kolonialismus des ökonomischen Paradigmas, der Prinzipien den Status von bloßen Faustregeln zuweist oder andere Methoden wählt, um Prinzipienorientierung im folgenoptimierenden Paradigma aufgehen zu lassen (3), beschränkt sich der Kolonialismus des prinzipienorientierten Paradigmas praktischer Rationalität (4) bislang auf die Ethik und einzelne Diskussionsbeiträge zur Spieltheorie.

Meine persönliche Auffassung ist, daß - abgesehen von einem Grenzfall - praktische Rationalität prinzipienorientiert ist, was allerdings keineswegs heißt, daß die Folgen einer Handlung für ihre Beurteilung als rational keine Rolle spielen. Folgenoptimierung, allerdings nicht in einem punktuellen, sondern in einem strukturellen Sinne, scheint mir sogar im Zentrum einer adäquaten Theorie praktischer Rationalität zu stehen. Ich werde jetzt nicht versuchen, diesen Standpunkt darzustellen und zu rechtfertigen - das Ziel dieses Beitrages ist bescheidener: Ich möchte diese beiden genannten Grundintuitionen praktischer Rationalität soweit präzisieren, wie es erforderlich ist, um die auf diesen Intuitionen beruhenden paradigmatischen Modelle praktischer Rationalität einander gegenüber zu stellen. Die Argumentation ist dabei so "sparsam" wie möglich, um vom Zentrum der Kontroverse ablenkende Diskussionen zu vermeiden.[9] Trotz der zahlreichen Verfeinerungen, die unterdessen vorgeschlagen wurden, genügt es, als Axiomatisierung der ökonomischen Theorie praktischer Rationalität im Sinne des revealed-preference-Konzeptes die v.Neumann-Morgensternsche Darstellung heranzuziehen und die Defizite des ökonomischen Rationalitätsmodells anhand des vieldiskutierten Gefangenendilemmas aufzuzeigen. Dabei wird sich allerdings herausstellen, daß das prinzipienorientierte Modell praktischer Rationalität mit der v.Neumann-Morgensternschen Axiomatik vereinbar ist.[10]

1. Ökonomische Rationalität

Die ökonomische Konzeption praktischer Rationalität präzisiert und spezifiziert die Intuition, eine rationale Entscheidung zeichne sich dadurch aus, geeignetes Mittel zu sein, um die angestrebten Folgen zu realisieren. Es handelt sich dabei insofern um eine spezifische Interpretation als die Theoretiker der Ökonomie eine subjektivistische gegenüber der eher objektivistischen Sicht der klassischen teleologischen Handlungskonzeption bevorzugen. Der rationale Akteur optimiert die von ihm (subjektiv) erstrebten Folgen seines Handelns. Die hierarchische Struktur des Guten, wie es etwa im ersten Buch der Nikomachischen Ethik geschildert ist, wird in dieser Sicht vom Kopf auf die Füße gestellt: Das Gute für die Polis bestimmt nicht mehr das Gute für den Einzelnen, sondern das Gute für die Polis ist die Aggregation subjektiver Einzelinteressen. Insofern der Adressat der ökonomischen Theorie die sich gerade herausbildenden Nationalstaaten waren, wurde das Kriterium rationalen staatlichen Handelns diese individualistisch bestimmte kollektive Wohlfahrtsfunktion.

Die Stringenz dieser Sichtweise, die jede Person mit gleichem Gewicht ausstattete, zu einer Zeit, als die politischen Institutionen noch weit entfernt von dem Prinzip "one man one vote" waren, machte zugleich ihren reformerischen Impetus aus, wie er sich in den politischen Aktivitäten der utilitaristischen "Gründerväter" niedergeschlagen hat. Auffallend spät - erst gegen Mitte dieses Jahrhunderts wird deutlich, daß diese Stringenz nur unter Ausblendung eines wichtigen Tatbestandes aufrechterhalten werden konnte, nämlich dem, daß auch politisches Handeln sich durch das Handeln einzelner Akteure konstituiert. Das zentrale Dogma des Wirtschaftsliberalismus, die individuelle Optimierung subjektiver Interessen optimiere auch die Aggregation dieser subjektiven Interessen (die kollektive Wohlfahrtsfunktion), läßt sich spätestens seit Mancur Olsons "Logic of Collective Action"[11] nicht länger aufrechterhalten, was die theoretische Harmonie der Verbindung von Liberalismus, Utilitarismus und Demokratie empfindlich stört. Die ökonomische Theorie der Politik von Buchanan bis Axelrod kann man als eine Folge unterschiedlicher Ansätze zur Wiederherstellung dieser Harmonie betrachten.

Bezeichnenderweise sind in diesen neuen Anwendungsbereichen der ökonomischen Theorie die verfeinerten Konzeptionen des revealed-preference-

Paradigmas nirgendwo zur Geltung gekommen. Die Attraktivität des ökonomischen Analyseinstrumentariums beruht nach wie vor auf der für die ökonomische Theorie konstitutiven Vorstellung, daß rationale Akteure ihren Eigennutzen optimieren. Nun gibt es gegen diesen normativen Egoismus der ökonomischen Theorie Einwände unterschiedlichster Provenienz: empirisch psychologische, die diese Annahme aufgrund von Motivationsforschungen bestreiten; anthropologische wie die der schottischen Moralphilosophie und besonders Joseph Butlers; methodologische, die abstrakte Idealtypen dieser Art für unzulässig halten; epistemologische, die die mangelnde Operationalisierbarkeit des Begriff Eigennutzen kritisieren etc. Letztgenannte haben eine wesentliche Rolle für die Entwicklung des revealed-preference-Konzeptes gespielt, das den problematischen Begriff des Eigennutzens auf den der offenbarten Präferenzen, soweit sie konsistent sind, zurückführt.

Keine dieser Kritiken wird im folgenden eine Rolle spielen. Der Grund dafür ist der folgende: alle diese Kritiken lassen sich jeweils durch eine Liberalisierung des ökonomischen Paradigmas praktischer Rationalität relativ problemlos auffangen. Diese Kritiken gefährden daher das ökonomische Paradigma nur insofern, als sie dessen weitgehende Trivialisierung zur Folge haben können, während ich plausibel machen möchte, daß das ökonomische Paradigma als Kern einer generellen Theorie praktischer Rationalität inadäquat ist.

Ich versuche dabei, die gedanklichen Eindrücke - wenn auch sehr kondensiert - nachzuzeichnen, die mich selbst zu einem Paradigmenwechsel veranlaßt haben. Vor diesem Paradigmenwechsel schienen mir alle gängigen Einwände gegen das ökonomische Modell der Folgenoptimierung durch entsprechende Modifikationen der Wertfunktion, der Rolle epistemischer Bedingungen, der Anreicherung des Entscheidungsmodells durch mehrstufige Verfahren, durch die Einführung von parametrisierter Rationalität beantwortbar zu sein. Auch das Problem der Verteilungsgerechtigkeit kann noch nicht als Argument gegen das ökonomische Modell, sondern nur gegen bestimmte radikale, d.h. ordinalistische Varianten, vorgebracht werden. Erst das Problem der Koordination individueller Entscheidungen schien mir im Rahmen des ökonomischen Paradigmas nicht mehr adäquat lösbar zu sein.

Andererseits erscheinen die Axiome des revealed-preference-Konzeptes der modernen Nutzentheorie als Merkmale der Präferenzen einer idealen rationalen Person durchaus plausibel zu sein, auch wenn die Prüfung ihrer empirischen Realisierung methodische Probleme aufwirft und die konstitutive Verknüpfung von Wünschbarkeits- und Wahrscheinlichkeitsfunktion unbefriedigend bleibt. Wenn aber die Axiome der modernen ökonomischen Nutzentheorie plausibel sind, dann scheint man sich (mit logischer Notwendigkeit) auf ein folgenoptimierendes Modell praktischer Rationalität festgelegt zu haben.

Betrachten wir die Kohärenzaxiome der ökonomischen Nutzentheorie: Sei X eine Menge von Alternativen, die von den Präferenzen einer idealen rationalen Person in eine Rangfolge gebracht wird, sei R die Relation der schwachen

Präferenz, d.h. xRy heißt nichts anderes, als "die betreffende Person zieht x gegenüber y vor, oder ist indifferent zwischen x und y" bzw. "die betreffende Person findet x mindestens ebenso gut wie y".

1. Reflexivität:
Die (ideale) rationale Person hat eine schwache Präferenz von x gegenüber y, das gilt für alle Alternativen aus X:

2. Vollständigkeit:
Die (ideale) rationale Person hat eine schwache Präferenz für x gegenüber y oder eine schwache Präferenz von y gegenüber x, das gilt für alle Elemente x, y aus X.

3. Transitivität:
Die (ideale) rationale Person hat eine schwache Präferenz für x gegenüber z, wenn sie eine schwache Präferenz von x gegenüber y hat und zugleich eine schwache Präferenz für y gegenüber z.

Man kann diese Axiome als Bedeutungspostulate des Begriffs Präferenz interpretieren, aber es ist naheliegender, zumindest die beiden letzten Axiome als Rationalitätspostulate, d.h. als notwendige Charakteristika der Präferenzen einer rationalen Person zu verstehen.

Diese drei Axiome reichen jedoch noch nicht hin, um vom qualitativen Begriff der Präferenz zum quantitativen Begriff einer subjektiven Wertfunktion überzugehen, die der rationale Akteur maximiert. Eine quantitative Funktion wäre allein aufgrund dieser drei Axiome noch unterbestimmt, d.h. jede monotone Transformation einer Funktion, die mit einer diese drei Axiome erfüllenden Präferenzrelation kompatibel ist, wäre ebenfalls kompatibel. Um von einer Ordinal- zu einer Kardinalskala überzugehen, ist es erforderlich, die Alternativenmenge probabilistisch zu verfeinern. Die Präferenzen der idealen rationalen Person sollen nicht nur die (festen) Alternativen aus X, sondern auch die Wahrscheinlichkeitsverteilungen (Lotterien) über X in eine konsistente Rangordnung bringen. Auch bezüglich der probabilistisch erweiterten Alternativenmenge X* sind die Präferenzen einer rationalen Person reflexiv, vollständig und transitiv, zusätzlich werden folgende vier Axiome postuliert:

Reduktion;
Die (ideale) rationale Person ist indifferent zwischen zwei Wahrscheinlichkeitsverteilungen über X, wenn eine in die andere durch Umformungen gemäß dem wahrscheinlichkeitstheoretischen Kalkül überführbar ist.

Substitution:
Wenn eine (ideale) rationale Person zwischen einer Wahrscheinlichkeitsverteilung x* und einer bestimmten Alternative x aus X indifferent ist, dann

kann x* und x in beliebigen Kontexten ausgetauscht werden, ohne daß sich die Präferenzen ändern.

Kontinuität:
Wenn x_a die beste und x_z die schlechteste Alternative in X ist, dann gibt es für jede Alternative x aus X eine Wahrscheinlichkeit p für x_a, so daß die (ideale) rationale Person zwischen der Verteilung $[px_a \& (1-p)x_z]$ und x indifferent ist.

Monotonie:
Von zwei Wahrscheinlichkeitsverteilungen zwischen x und y zieht die (ideale) rationale Person diejenige vor, die eine höhere Wahrscheinlichkeit für die bessere Alternative vorsieht.

Die bisher genannten Axiome sind allesamt - zumindest prima facie - intuitiv plausibel. Keines dieser Axiome nimmt inhaltlich auf bestimmte Motivationen der handelnden Person Bezug oder macht Voraussetzungen darüber, was für die betreffende Person subjektiv wertvoll sei. Die Plausibilität dieser Axiome hängt also nicht von einer bestimmten inhaltlichen Festlegung etwa auf ökonomische Ziele ab. Die Plausibilität dieser Alternativen scheint auch unabhängig davon zu sein, wie man die Alternativenmenge X interpretiert. Mögen nun die Elemente von X monetäre Auszahlungen an den Akteur oder mögliche Welten sein, es ist prima facie kein Grund erkennbar, der zur Aufgabe eines dieser Axiome veranlassen könnte. Was immer der geeignete Gegenstand der wertenden Beurteilung oder der im Verhalten sich manifestierenden Präferenzen einer Person sein mag, die Axiome scheinen nicht mehr zu sein als Minimalbedingungen, die an die praktische Rationalität dieser Person gestellt werden müssen.

Wenn diese obengenannten Axiome simultan von den Präferenzen einer Person erfüllt sind, dann läßt sich eine reellwertige Funktion über X angeben, die von den Präferenzen dieser Person maximiert wird, d.h. wann immer die Person x gegenüber y präferiert, dann ordnet diese Funktion x einen höheren Zahlenwert zu als y. Eine Funktion dieser Art wird in der ökonomischen Theorie etwas voreilig "Nutzenfunktion" genannt, sie ist linear und bis auf lineare Transformation aufgrund einer im obigen Sinne kohärenten Präferenzrelation eindeutig festgelegt.

Da dieses Theorem aus den oben normalsprachlich wiedergegebenen Axiomen logisch-deduktiv ableitbar ist, ist jeder, der diese Axiome als adäquate Merkmale einer Präferenzrelation einer rationalen Person ansieht (logisch) gezwungen, auch anzuerkennen, daß das Entscheidungsverhalten der betreffenden Person diese reell-wertige Funktion über X maximiert, sofern er bereit ist, zwischen Entscheidungsverhalten und Präferenzen jene direkte Korrelation herzustellen, wie sie dem revealed-preference-Konzept entspricht. Da also gezeigt ist, daß eine quantitative Funktion optimiert wird, liegt es nahe, diese Funktion als die quantitative Repräsentation subjektiver Wünsche und Motive, bzw. als jene Nutzenfunktion zu interpretieren, die die klassische Ökonomie vergeblich zu operationalisieren versucht hat.

Eine Entscheidung wäre damit rational, wenn sie die motivierenden Intentionen der handelnden Person (repräsentiert durch die quantitative Funktion) optimiert. Die einzelnen Zustände (die Elemente aus X) realisieren die motivierenden Intentionen der handelnden Person in unterschiedlichem Maße und die Rangordnung dieser Zustände bemißt sich nach dem Maß dieser Erfüllung. Das ökonomische Rationalitätsmodell im engeren Sinne würde dieses Maß mit dem persönlichen Wohlergehen des Akteurs identifizieren, während die ökonomische Rationalitätskonzeption im weiteren Sinne nur auf dem instrumentellen Charakter der Entscheidung für die Präferenzen-Erfüllung beharrt, aber zuläßt, daß die betreffenden motivierenden Intentionen nicht-egoistischer Natur sind.

Weder die enge noch die weite Fassung werden jedoch durch die oben angeführten Kohärenzpostulate impliziert. Bei der Formulierung der Kohärenzpostulate wurde an keiner Stelle auf motivierende Intentionen Bezug genommen. Diese Postulate schränken die Gestalt der Präferenzrelation ein, aber sie beinhalten keinerlei Annahmen über die Art und Weise des Zustandekommens dieser Präferenzen.

Es ist - zumindest prima facie - nicht ausgeschlossen, daß der ideale kantische Akteur, dessen Handlungsmaximen dem moralischen Gesetz gehorchen, eine Präferenzrelation bildet, die alle Kohärenzpostulate erfüllt. Wenn dem so ist, dann gibt es - wie das Nutzentheorem zeigt - eine reellwertige Funktion, die dieser kantische Akteur maximiert. Aber zugleich wäre es ausgeschlossen, daß dieser Akteur durch die Maximierung dieser Wertfunktion motiviert ist. Sollte diese Vereinbarkeit bestehen, dann wäre die dem kantischen Akteur zugeordnete Nutzenfunktion nur formal, d.h. sie würde keine motivierenden Intentionen repräsentieren und damit wäre in diesem Fall die zentrale Idee der ökonomischen Rationalitätskonzeption, eine rationale Handlung optimiere bestimmte subjektive Ziele, und diese Ziele realisierten sich durch die Konsequenzen der Handlung, nicht erfüllt. Ein Vertreter einer kantischen Rationalitätskonzeption scheint in keiner Weise gezwungen zu sein, die Kohärenzpostulate zurückzuweisen, auch wenn er die ökonomische Vorstellung von Rationalität auch in ihren liberaleren Varianten für falsch hält. Insofern konstituiert sich das, was man unter ökonomischer Rationalität versteht, nicht in den Kohärenzpostulaten, sondern in einer ganz spezifischen Interpretation der durch sie konstituierten quantitativen Funktionen. Wie wir in den folgenden Abschnitten sehen werden, bestätigt sich diese Vermutung bei einer etwas sorgfältigeren Betrachtung des Verhältnisses von praktischer Vernunft und ökonomischer Rationalität.

2. *Praktische Vernunft*

Von alters her stehen zwei Fragen im Zentrum des ethischen Diskurses:

1. Was ist wertvoll, was ist erstrebenswert, welche Lebensform ist gut?
2. Angenommen, man weiß, was gut ist, welche Handlung ist dann jeweils richtig?

Es gibt eine gemeinsame Grundhaltung sowohl der klassischen-ethischen Tradition, wie sie von Platon und Aristoteles begründet wurde, als auch der ökonomischen Theorie praktischer Rationalität, die sich in der These zusammenfassen läßt: wenn die erste Frage beantwortet ist, wird die zweite Frage trivial. Diese triviale Lösung der zweiten Frage ist für die ökonomische Theorie nichts anderes als die Maximierung des erwarteten Nutzens. Die entgegengesetzte These, die in diesem Papier verteidigt werden soll, lautet: die zweite Frage ist mit der Beantwortung der ersten Frage nicht gelöst, ja die zweite Frage markiert einen eigenständigen Problemkomplex jeder normativen Handlungstheorie, der von der jeweils zugrundegelegten Theorie des Guten weitgehend unabhängig ist.

Um dies aufzuzeigen, ist es sinnvoll, den Begriff der kollektiven Rationalität einzuführen. Angenommen, es sei eine Relation "besser für eine Gruppe von Personen", eine kollektive Besser-Relation gegeben. Dann liegt es nahe, eine kollektive Handlung a (oder allgemeiner: eine kollektive Strategie) verstanden als Kombination individueller Handlungen kollektiv irrational zu nennen, wenn es eine andere kollektive Handlung a' gibt, die kollektiv besser ist als a. Für unsere Zwecke brauchen wir uns keine weiteren Gedanken um die Konstituenten der kollektiv-besser Relation machen; wir beschränken uns darauf, als Minimalbedingung ihre Pareto-Inklusivität zu fordern: eine kollektive Handlung, die nicht pareto-effizient ist, ist also kollektiv irrational (die Umkehrung gilt nicht). Nun gibt es einen Zweig der Entscheidungstheorie, die Logik kollektiver Entscheidung, der sich ausschließlich mit Adäquanzbedingungen an diese kollektivbesser Relation unter den Bedingungen einer individualistischen Methodologie befaßt. Trotz der für unsere Diskussion interessanten Ergebnisse dieses Forschungszweiges bleiben wir jedoch bei unserer asketischen Argumentationsstrategie: die Prämissen der Argumentation sollen so sparsam und damit so konsensual wie möglich sein.

Während sich der Begriff kollektiver Rationalität auf kollektive Handlungen bezieht, ist praktische Vernunft als ein Kriterium individueller Handlungen zu verstehen. Dennoch gibt es eine enge Verbindung zwischen kollektiver Rationalität und praktischer Vernunft: praktische Vernunft verlangt, daß sich eine individuelle Handlung in eine Struktur kollektiven Verhaltens einbetten läßt, die eine rationale Person akzeptieren kann. Es ergibt sich also erneut eine Inklusionsbeziehung: eine Kombination von p vernünftigen (d.h. praktischer

Vernunft gehorchenden) individuellen Handlungen ergibt eine kollektiv rationale kollektive Handlung (die Umkehrung gilt nicht). Ein Kernbereich praktischer Vernunft wird daher durch das Koordinationsproblem konstituiert. Individuelle Handlungen sind in einer Weise zu koordinieren, die pareto-effiziente Handlungen bedingen, dies ist eine notwendige, wenn auch keine hinreichende, Bedingung dafür, daß die individuellen Handlungen p-vernünftig sind.

Eine vollständig entwickelte Theorie praktischer Vernunft würde sicherlich nicht nur persönliche Interessen und subjektive Wertungen, sondern auch individuelle Rechte, Dispositionen und Tugenden der interagierenden Personen berücksichtigen. Persönlich meine ich, daß das Vertragsargument für die Entwicklung angemessener normativer Kriterien im Rahmen einer Theorie praktischer Vernunft eine wesentliche Rolle spielt, aber es ist nicht notwendig, diese kontraktualistische Theorie praktischer Vernunft hier näher zu charakterisieren. Im folgenden beschränken wir die Analyse vielmehr auf subjektive Präferenzen. Denn die Begrenztheit des ökonomischen Rationalitätskonzeptes wird gerade dann besonders deutlich, wenn man die Begrifflichkeit der Ökonomie beibehält. Unter dieser methodologischen Beschränkung gibt es eine enge Verbindung zwischen kollektiver Rationalität, die mit Hilfe des Begriffs der individuellen subjektiven Präferenz allein definiert ist und praktischer Vernunft: jedes System normativer Regeln hat die Bedingung zu erfüllen, vereinbar zu sein mit kollektiver Rationalität. Wenn ein System normativer Regeln (unter bestimmten Bedingungen) kollektive Handlungen nach sich zieht, die kollektiv irrational sind, so ist dieses System inadäquat. Daraus ergibt sich ein (negatives) Kriterium praktischer Vernunft: eine Handlung ist nicht p-vernünftig, wenn es kein System normativer Regeln gibt, welches diese Handlung erlaubt und das mit kollektiver Rationalität vereinbar ist.

3. Ökonomische Rationalität und praktische Vernunft in Entscheidungssituationen vom Typ des Gefangenendilemma

In einigen Interaktionssituationen führt jedes individuell maximierende Verhalten der Beteiligten zu einem Ergebnis, das für alle schlechter ist, als wenn alle sich nicht individuell maximierend verhalten hätten. Von besonderem Interesse sind dabei solche Interaktionssituationen, wo dieses Dilemma nicht dadurch behoben werden kann, daß die Akteure mehr Information erhalten. Ein bekanntes Beispiel für eine Situation dieser Art ist das Gefangenendilemma. Die Geschichte, die diesem Typus von Interaktionssituation den Namen gegeben hat, muß hier nicht in Erinnerung gerufen werden. Wir wollen annehmen, daß beide Gefangenen zu vier Jahren Gefängnis verurteilt werden, wenn sie gestehen, zu je einem Jahr, wenn keiner gesteht, und, wenn nur einer gesteht, kommt dieser als Kronzeuge der Anklage frei, während der andere zu fünf Jahren verurteilt wird.

Im folgenden behalten wir die ursprüngliche Geschichte im Auge, da sie das Spannungsverhältnis ökonomischer Rationalität und praktischer Vernunft besonders dramatisch verdeutlicht. Ein Jahr Gefängnisaufenthalt prägt die Lebenssituation einer Person derart einschneidend, daß anzunehmen ist, daß die Präferenzenerfüllung mit der zunehmenden Anzahl von Gefängnisjahren für beide Personen monoton fällt. Ökonomische Rationalität verlangt daher nicht kooperatives Verhalten (d.h. Gestehen). Ob ein Geständnis allerdings die in Abschnitt 1. aufgrund von Präferenzenkohärenz konstituierte Bewertungsfunktion maximiert, kann aufgrund dieser Information allein nicht entschieden werden. Es ist immerhin logisch möglich, daß ein Gefangener, der das Ziel hat, seinen Gefängnisaufenthalt zu minimieren und dennoch kein Geständnis ablegt, Präferenzen zeigt, die alle in 1. genannten Axiome erfüllen. Insofern ist es logisch möglich, daß er die aufgrund der Kohärenzaxiome von 1. konstituierte Wertfunktion maximiert, ohne seine persönliche Präferenzenerfüllung zu optimieren.

Während die beiden Gefangenen ihre vier Jahre absitzen, werden sie sich vermutlich mit dem Vorwurf auseinandersetzen müssen, sie hätten sich unklug verhalten: es wäre für beide besser gewesen, wenn beide geschwiegen hätten. Während die klassische ökonomische Theorie praktischer Rationalität gezwungen war, ihr Verhalten als rational zu verteidigen, versuchen zeitgenössische Ökonomen, Wege zu ebnen, um diesen kontra-intuitiven Implikationen der ökonomischen Theorie zu entgehen. Um die Argumentation durchsichtig zu halten, ziehen wir im folgenden keine Superspiele in Betracht, sondern beschränken uns auf den einfachen Fall der einmaligen Entscheidung zweier Personen in einer Interaktionssituation vom Typ des Gefangenendilemmas.

Die je individuelle Optimierung der subjektiven Präferenzenerfüllung hat beiden Personen einen vierjährigen Gefängnisaufenthalt eingebracht, obwohl die Alternative von jeweils einem Jahr Gefängnisaufenthalt offengestanden hat. Unter der Annahme, daß die beiden Gefangenen sich rational verhalten, bieten sich nur zwei Möglichkeiten an, sie vor diesem Schicksal zu bewahren: entweder ist es nicht rational, seine Präferenzenerfüllung je individuell zu optimieren, oder (rationale) Kooperation in Situationen vom Typ des Gefangenendilemmas maximiert (je individuell) die Präferenzenerfüllung.

Das ökonomische Paradigma praktischer Rationalität läßt sich nur retten, wenn die zweite Möglichkeit besteht. Nun ist es eine Grundannahme der ökonomischen Theorie, daß eine Kritik von Entscheidungen immer zugleich eine Kritik (subjektiver) Präferenzen sei, da das Entscheidungsverhalten als eine Manifestation subjektiver Präferenzen verstanden wird. Daher wären diejenigen Präferenzen aufzudecken, die Kooperation und Maximierung kompatibel machen.[12] Und in der Tat wurde diese Suche nach den bis jetzt verborgenen Präferenzen unternommen - wir können diese Forschungsstrategie als Metapräferenz-Theorie bezeichnen. Wenn dieser Versuch erfolgreich wäre, würde sich das ökonomische Paradigma praktischer Rationalität auch seiner ernsthaftesten Herausforderung gewachsen zeigen und damit seinen Anspruch bekräftigen, als generelle Konzeption praktischer Rationalität gelten zu können. Wenn dieser Versuch jedoch scheitert, ist keine andere Forschungsstrategie in Sicht, die das ökonomische Paradigma als generelle Konzeption praktischer Rationalität retten könnte.

Sen schlägt im Rahmen seiner Metapräferenztheorie zwei neue Präferenzordnungen vor, um die kooperative Lösung zu erreichen.[13] Das "Assurance Game" (AG): Mit "C" für kooperative Entscheidung und "D" für nichtkooperative ("defect") Entscheidung werden folgende Präferenzen der Personen A und B zugrunde gelegt.

A: (C,C) > (D,C) > (D,D) > (C,D)
B: (C,C) > (C,D) > (D,D) > (D,C)

Jede Person zieht es also vor, sich kooperativ zu verhalten, vorausgesetzt, die andere Person verhält sich ebenfalls kooperativ. Man könnte auch sagen, die Erwartung, daß sich die andere Person kooperativ verhält, ist eine notwendige Bedingung dafür, daß man sich selbst kooperativ verhält (daher die Bezeichnung "assurance game").

Zum Vergleich die Präferenzen des ursprünglichen Gefangenendilemmas (PD):

A: (D,C) > (C,C) > (D,D) > (C,D)
B: (C,D) > (C,C) > (D,D) > (D,C)

Während das ursprüngliche Gefangenendilemma nur einen Gleichgewichtspunkt in (D,D) hatte, hat AG zwei Gleichgewichtspunkte, (C,C) und (D,D). Da die individuellen Entscheidungen jedoch davon abhängen, welche Entscheidung man von der anderen Person erwartet, ist auch in AG nicht garantiert, daß die kooperative Lösung erreicht wird, obwohl die kooperative Lösung (C,C) paretobesser ist als die Kombination nicht-kooperativen Verhaltens (D,D).

Unter der Bedingung, daß beide Personen die gleichen subjektiven Erwartungen bezüglich der Entscheidung des anderen haben, ergeben sich in AG zwei Gleichgewichtspunkte. Es ist ein wesentliches Charakteristikum dieses Spieles, daß das kooperative Ergebnis durch eine Übereinkunft der Teilnehmer erreicht werden kann, die ohne äußere Sanktionen auskommt (im Gegensatz zu PD). Nach wie vor von einer Gefangenendilemmasituation ausgehend, betrachtet Sen eine weitere Präferenzenkonstellation, die das sogenannte "Other Regarding-Game" (OR) konstituiert:

A: (C,C) > (C,D) > (D,C) > (D,D)
B: (C,C) > (D,C) > (C,D) > (D,D)

Für OR gilt nun, daß unabhängig davon, welche Erwartungen die Personen bezüglich des Entscheidungsverhaltens der anderen haben, jede die kooperative Entscheidung wählt. Das kooperative Ergebnis ist in diesem Fall dominant, während in der ursprünglichen Gefangenendilemmasituation das nichtkooperative Ergebnis dominant war. Wenn die wechselseitige Erwartung besteht, die andere Person verhalte sich kooperativ, dann ist (C,C) nicht nur rational in Bezug auf die AG-Präferenz, sondern auch in Bezug auf die ursprünglichen PD-Präferenzen. Wenn sich also die beiden Personen so verhalten würden, als ob sie AG-Präferenzen hätten, so käme es zu einem kollektiv-rationalen Ergebnis bezüglich des ursprünglichen Gefangenendilemmas während sich ja ein kollektiv irrationales Ergebnis einstellt, wenn sie ihre Entscheidung an den ursprünglichen Präferenzen des Gefangenendilemmas orientieren.

Im Altruismusspiel hingegen ist die Bedingung des wechselseitigen Vertrauens in die Kooperationsbereitschaft entbehrlich. Hier ist die kooperative kollektive Entscheidung dominant. Diese Entscheidung ist darüberhinaus kollektiv-rational, und zwar sowohl bezüglich der individuellen Präferenzen des Altruismusspiels als auch bezüglich der AG-Präferenzen.

Sowohl bezüglich der AG- wie bezüglich der OR-Präferenzen ist das kooperative Ergebnis das je individuell günstigste. Für die PD Präferenzen gilt das nur unter der Bedingung der Symmetrie: es ist bezüglich PD individuell besser, wenn beide sich kooperativ, als wenn beide sich unkooperativ verhalten. AG-Präferenzen garantieren kollektive Rationalität bezüglich der (ursprünglichen) PD Präferenzen unter der epistemischen Bedingung wechselseitiger Kooperationserwartung, während OR-Präferenzen kollektive Rationalität ohne jede epistemische Bedingung garantieren.

Offensichtlich gibt es also Interaktionssituationen, in denen ökonomisch-rationales Verhalten bezüglich anderer Präferenzen als sie die handelnden Personen tatsächlich haben, zu kollektiver Rationalität bezüglich dieser tatsächlichen Präferenzen führen. Ist es deshalb sinnvoll, eine moralische Rangordnung unterschiedlicher Präferenzen vorzunehmen, je nachdem, ob sie kollektive Rationalität garantieren, ermöglichen oder ausschließen, wie Sen vorschlägt?

Moralische Metapräferenzen können auf dreierlei Weise interpretiert werden, die sorgfältig voneinander unterschieden werden müssen.

1. Man kann moralische Metapräferenzen als Empfehlung interpretieren, sich bestimmte Präferenzen anzueigenen, nach denen sich dann das Verhalten (in Anwendung entscheidungs-und spieltheoretischer Kriterien) richten sollte.
2. Moralische Metapräferenzen können interpretiert werden als Vorschlag, sich so zu verhalten, als ob man bestimmte Präferenzen hätte, auch wenn man tatsächlich andere Präferenzen hat.

3. Moralische Metapräferenzen können jedoch auch als Relation zwischen Präferenzen unterschiedlichen Typs verstanden werden.

Jede dieser Interpretationen birgt spezifische Schwierigkeiten.

ad 1: Dieser Versuch, kollektive Rationalität qua Maximierung neuer Präferenztypen sicherzustellen, scheitert von vornherein, da die ursprüngliche Interaktionssituation des Gefangenendilemmas bei dieser Interpretation restlos verschwindet.

ad 2: Auf der Grundlage der tatsächlichen Präferenzen könnte moralisches Verhalten als ökonomisch-rationales Verhalten bezüglich bestimmter fiktiver Präferenzrelationen konzipiert werden. Moralisches Verhalten wäre dann nicht ökonomisch rational bezüglich der tatsächlichen Präferenzen, aber ökonomisch rational bezüglich dieser fiktiven Präferenzen und würde damit bezüglich der tatsächlichen Präferenzen kollektive Rationalität ermöglichen oder sogar sicherstellen. Dementsprechend gibt es geeignetere und weniger geeignete fiktive Präferenzrelationen, die von einer Metapräferenzrelation in eine Rangordnung gebracht werden.

Die fiktiven Präferenzen werden danach beurteilt, in welchem Grade sie das moralisch wünschenswerte Ergebnis für den Fall sicherstellen, daß sich die Akteure bezüglich dieser fiktiven Präferenzen maximierend verhalten. Daraus ergibt sich natürlich keineswegs, daß diese fiktiven Präferenzen eine Rangordnung von Zuständen (hier: isomorph mit kollektiven Handlungen) bilden, die einer (unmittelbaren) moralischen Beurteilung dieser Zustände entspricht. In diesem Falle gäbe es keinen vernünftigen Grund, sich diese Präferenzen zu eigen zu machen, außer dem, daß sie, wenn man maximierendes Verhalten bezüglich dieser Präferenzen zugrundelegt, zu einem kollektiv rationalen Ergebnis führen. Dann aber verliert dieser Umweg über fiktive Präferenzen jede Plausibilität, denn dann wäre die Empfehlung, die eigene (individuelle) Entscheidung an kollektiver Rationalität auszurichten, ausreichend. Das Modell der fiktiven Präferenzen ist bei dieser Interpretation ausschließlich damit zu motivieren, die Auffassung zu retten, rationales Verhalten sei grundsätzlich maximierendes Verhalten. Da es für das Kriterium praktischer Rationalität keinen Beitrag leistet und nicht anzunehmen ist, daß es in irgendeinem Zusammenhang mit der tatsächlichen Motivationsstruktur steht, dient es hier offensichtlich ausschließlich der Immunisierung der maximierenden Auffassung praktischer Rationalität.

ad 3: Diese Interpretation beruht auf der Annahme, daß es unterschiedliche Arten von Präferenzen gibt, und daß man Einzelpersonen simultan voneinander abweichende Präferenzen dieser unterschiedlichen Typen zuordnen kann. So können Personen in der Regel zwischen ihren persönlichen Interessen und ihren subjektiven moralischen Vorstellungen unterscheiden. Demnach wäre zumindest zwischen Präferenzen, die die eigenen Interessen repräsentieren, und Präferenzen, die die moralischen Beurteilungen repräsentieren, zu unterscheiden. Bei der Beurteilung eines Zustandes kann es aber auch Abwägungen geben zwischen persönlichen Interessen und moralischen Aspekten. Das Ergebnis dieser Abwägung sei im folgenden als **"resultierende Präferenz"** bezeichnet. Interaktionssituationen wären demnach im allgemeinen von (mindestens) drei Präferenz-Strukturen charakterisiert: eine Interessenstruktur, eine moralische Bewertungsstruktur und eine Struktur resultierender Präferenzen. Die Gefangenendilemma-Situation sei im folgenden durch eine entsprechende Interessenstruktur charakterisiert. Ob eine Gefangenendilemma-Situation vorliegt, ist bei dieser Interpretation nicht mehr allein aufgrund des gezeigten Entscheidungsverhaltens bestimmbar, denn es ist ja immerhin möglich, daß das Entscheidungsverhalten einer rationalen Person von ihren persönlichen Interessen nicht allein bestimmt ist. Wenn etwa die subjektive Moral der beiden Gefangenen pareto-inklusiv ist, dann ist für sie der Zustand, der sich aus beiderseitig kooperativem Verhalten ergibt moralisch besser, als der Zustand, der sich beim beiderseitigen unkooperativen Verhalten einstellt. Eine Abwägung dieser beiden Aspekte führt zu entsprechenden resultierenden Präferenzen. Eine der vorliegenden Präferenz-Strukturen muß jedoch über das Maximierungskriterium mit dem individuellen Entscheidungsverhalten verkoppelt bleiben, wenn mit der Einführung von Metapräferenzen das ökonomische Modell praktischer Rationalität gerettet werden soll. Die naheliegende Interpretation wäre demnach: Metapräferenzen empfehlen auf der Grundlage einer vorliegenden Interessenstruktur bestimmte resultierende Präferenz-Strukturen, wobei das maximierende Konzept praktischer Rationalität bezüglich der resultierenden Präferenzen beibehalten wird. Eine andere Möglichkeit wäre, die moralischen Präferenzen handlungsleitend zu machen und damit an einem dichotomischen Konzept festzuhalten. Diese Möglichkeit ist jedoch mit moralpsychologischen Beobachtungen nur schwer in Einklang zu bringen.

Erst mit der Differenzierung des Präferenzbegriffes erhält der Ansatz der Metapräferenzen eine plausible Interpretation. Die sorgfältige Durchführung dieses Ansatzes zeigt jedoch, daß damit das ökonomische Modell praktischer Rationalität nicht gerettet werden kann, ja es zeigt meines Erachtens sogar recht deutlich, woran das liegt: im Rahmen des Maximierungsmodells läßt sich kollektive Rationalität nicht auf individuelle Rationalität reduzieren.

Jede Person hat im Gefangenendilemma 4!, also 24 Möglichkeiten, die vier möglichen Ergebnisse des Spiels in eine Präferenzordnung zu setzen. Insgesamt ergeben sich also 24 x 24 = 576 logisch mögliche Kombinationen individueller Präferenzordnungen. Bei drei Präferenz-Strukturen hat dies 576^3 (= 191102976) logisch mögliche Kombinationen dieser Präferenz-Strukturen zur Folge. Es ist anzunehmen, daß ein Großteil dieser Präferenz Strukturen aufgrund psychologischer Sachverhalte empirisch nicht vorkommt. Wenn wir jedoch die

Interessenstruktur als gegeben voraussetzen und einen weiteren Präferenz-Typ als handlungsleitend annehmen, bleiben immer noch 576 Möglichkeiten. Um das Scheitern dieses Ansatzes aufzuzeigen, genügt es jedoch, sich auf diejenigen Fälle zu konzentrieren, die von Symmetrie gekennzeichnet sind. Wir legen also jeweils eine bestimmte Relation zwischen Interessenstrukturen und resultierenden individuellen Präferenzen für beide Beteiligten gleichermaßen zugrunde.

Eine naheliegende Rationalitätsbedingung für diese interpräferenzielle Relation wäre die Pareto-Inklusivität bezüglich der zugrundeliegenden Interessen-Strukturen. Eine Person würde demnach einen Zustand x, einem Zustand y resultierend vorziehen, wenn alle an der Interaktion Beteiligten ein (individuelles) Interesse daran haben, daß x und nicht y realisiert wird. Wir nennen dieses Kriterium "PRW" (Pareto-Inklusivität der resultierenden Präferenzen bezüglich der (individuellen) Wohlfahrtspräferenzen).

1. Die Personen richten ihre resultierenden Präferenzen ausschließlich an ihren persönlichen Interessen aus. Man könnte diese resultierenden Präferenzen egoistische Präferenzen nennen.

A: (D,C) > (C,C) > (D,D) > (C,D)
B: (C,D) > (C,C) > (D,D) > (D,C)

Diese Präferenzen erfüllen PRW. Tragik der Egoisten (und Inhalt des Gefangenen-Dilemmas) ist es, daß sie mit diesen Präferenzen bei (D,D) enden und daher ihren eigenen Interessen gerade dadurch schaden, daß sie diese zum einzigen Kriterium ihrer Entscheidungen machen.

2. Die resultierenden Präferenzen sind von einem starken Gerechtigkeitsempfinden geprägt.

A: (C,C) > (D,D) > (D,C) > (C,D)
B: (C,C) > (D,D) > (C,D) > (D,C)

Hier wird angenommen, daß die Personen, falls sie unter moralischen Gesichtspunkten keinen Unterschied zwischen zwei Zuständen machen können, den Zustand resultierend vorziehen, in dem es ihnen persönlich besser geht. Diese resultierenden Präferenzen garantieren nicht kollektive Rationalität. Denn jede Person verhält sich unkooperativ, wenn sie sich vom anderen kooperatives Verhalten erwartet. Sowohl (C,C), wie (D,D) sind Gleichgewichtspunkte dieses Spiels.

3. Auch, wenn sich der Gerechtigkeitssinn mit Altruismus verbindet und sich folgende folgende resultierende Präferenzen ergeben:

A: (C,C) > (D,D) > (C,D) > (D,C)
B: (C,C) > (D,D) > (D,C) > (C,D)

ist die kollektiv rationale Entscheidung aus den gleichen Gründen wie unter (2) nicht garantiert.

4. Den Gegenpol zu diesen an Gerechtigkeit orientierten Präferenzen bilden solche, die man als Ausdruck eines stark ausgeprägten Anti-Egalitarismus interpretieren könnte.

A: (D,C) > (C,D) > (C,C) > (D,D)
B: (C,D) > (D,C) > (C,C) > (D,D)

Diese anti-egalitären resultierenden Präferenzen haben zwei Gleichgewichtspunkte (C,D) und (D,C).

5. Verdrängt jedoch der Altruismus den Gerechtigkeitssinn in der Gestalt folgender resultierender Präferenzen:

A: (C,C) > (C,D) > (D,C) > (D,D)
B: (C,C) > (D,C) > (C,D) > (D,D)

so ist endlich kollektive Rationalität garantiert: Die kollektiv rationale Entscheidung ist Gleichgewichtspunkt in dominanten Strategien. Allerdings kommen einem gewisse Zweifel an der inneren Konsistenz dieser Präferenzrelation, denn (D,C) > (D,D) ist weder altruistisch noch gerecht, sondern egoistisch, während (C,D) > (D,C) extrem altruistisch ist.

6. Aber auch ein konsequenter Altruismus garantiert kollektive Rationalität in Interaktionssituationen von der Art des Gefangenendilemmas:

A: (C,D) > (C,C) > (D,D) > (D,C)
B: (D,C) > (C,C) > (D,D) > (C,D)

7.

A: (C,C) > (C,D) > (D,D) > (D,C)
B: (C,C) > (D,C) > (D,D) > (C,D)

Diese symmetrische Präferenz-Struktur könnte bei kardinaler Interpretation der Interessen-Struktur als Ausdruck eines abgeschwächten Altruismus interpretiert werden: Wenn die Erhöhung des Wohlfahrtsniveaus der anderen Person gleich hoch wie die Absenkung des eigenen Wohlfahrtsniveaus ist, wird die kollektive Entscheidung zugunsten des anderen vorgezogen. Ist die Veränderung des eigenen Wohlfahrtniveaus jedoch doppelt so groß wie die des anderen, neigen sich die resultierenden Präferenzen zu den eigenen Gunsten. Diese Präferenzen haben einen Gleichgewichtspunkt in (C,C) und garantieren also immer noch kollektive Rationalität.

8. Die resultierenden Präferenzen, die dem Assurance-Game (AG) entsprechen, haben folgende Struktur:

A: (C,C) > (D,C) > (D,D) > (C,D)
B: (C,C) > (C,D) > (D,D) > (D,C)

Diese Personen sind bereit, sich kooperativ zu verhalten, wenn sie annehmen, daß sich die andere Person ebenfalls kooperativ verhält. Damit wird die kollektiv rationale Entscheidung (C,C) ein Gleichgewichtspunkt der Interaktionssituation. Allerdings ist die kollektiv irrationale Entscheidung (D,D) ebenfalls ein Gleichgewichtspunkt. Kein Beteiligter hat eine dominante individuelle Strategie. Hier ist wechselseitiges Vertrauen Bedingung kollektiver Rationalität.

Die restlichen vier Präferenz-Strukturen sind schwieriger zu interpretieren:

9.
A: (C,C) > (D,C) > (C,D) > (D,D)
B: (C,C) > (C,D) > (D,C) > (D,D)

Diese Präferenz-Struktur könnte man als ordinale Repräsentation utilitaristischer Präferenzen interpretieren - sie garantieren kollektive Rationalität: CC ist Gleichgewichtspunkt in dominanten Strategien.

10.
A: (C,D) > (D,C) > (C,C) > (D,D)
B: (D,C) > (C,D) > (C,C) > (D,D)

11.
A: (D,C) > (C,C) > (C,D) > (D,D)
B: (C,D) > (C,C) > (D,C) > (D,D)

Diese beiden Präferenz-Strukturen ergeben wiederum zwei Gleichgewichtspunkte: (C,D) und (D,C).

Die letzte PRW-rationale Präferenz-Struktur garantiert erneut kollektive Rationalität:

12.
A: (C,D) > (C,C) > (D,C) > (D,D)
B: (D,C) > (C,C) > (C,D) > (D,D)

Betrachten wir die PRW-irrationalen (symmetrischen) Präferenz-Strukturen.

13. Zunächst Präferenzen, die den Wunsch, sich selbst zu schaden, offenbaren:

A: (C,D) > (D,D) > (C,C) > (D,C)
B: (D,C) > (D,D) > (C,C) > (C,D)

Selbsthaß garantiert zusammen mit reinem (6) und abgeschwächtem (7) Altruismus, den etwas seltsam motivierten Präferenzen OR (5) und zwei weitere recht unplausible Präferenz-Strukturen (9) und (12), die kollektiv rationale Lösung. Kollektiv rational bezieht sich natürlich immer auf die Interessen-Struktur der Situation. Im Falle masochistischer Präferenzen heißt dies, daß die Personen mit dem Ergebnis nicht zufrieden sein können, denn, obwohl sie den Zustand, in dem es ihnen persönlich am schlechtesten geht, an die Spitze, und den Zustand, in dem es ihnen am besten geht, an das Ende ihrer (resultierenden) Präferenzen gesetzt haben, wird (C,C) realisiert. Das Gefangenendilemma reproduziert sich gewissermaßen für Masochisten auf der Ebene der resultierenden Präferenzen.

14. Das Gegenstück sadistischer Präferenzen

A: (D,C) > (D,D) > (C,C) > (C,D)
B: (C,D) > (D,D) > (C,C) > (D,C)

verstößt wie Masochismus gegen die Bedingung PRW. Während jedoch Egoismus im Gefangenendilemma nicht erfolgreich war, ist das wechselseitige Bestreben, dem Anderen zu schaden, so weit erfolgreich, wie es die Symmetrie der Situation zuläßt: Nicht-Kooperation ist dominant. Dennoch ist der Gleichgewichtspunkt (D,D) bezüglich der Interessen-Struktur kollektiv irrational. Nun ist man versucht, in diesem Fall die kollektive Irrationalität der nicht kooperativen kollektiven Entscheidung zu bezweifeln. Dabei würde man jedoch die Tatsache übersehen, daß die nicht kooperative Entscheidung auch für den "Sadisten" schlechter ist als die kooperative, denn andernfalls wären die Wohlfahrtsbewertungen abzuändern und wir hätten es nicht mehr mit einem Gefangenendilemma bezüglich der Interessen-Struktur der Situation zu tun.

Immerhin findet sich unter den 12 PRW-irrationalen Präferenz-Strukturen eine Struktur, die kollektive Rationalität garantiert (13). Dies ist auffallend, da ja PRW-Irrationalität bedeutet, daß die Gefangenen (D,D) dem pareto-optimalen

(C,C) vorziehen. Immerhin sechs PRW-irrationale Strukturen erlauben kollektive Rationalität:

15.
A: (D,D) > (C,C) > (D,C) > (C,D)
B: (D,D) > (C,C) > (C,D) > (D,C)

16.
A: (D,D) > (C,C) > (C,D) > (D,C)
B: (D,D) > (C,C) > (D,C) > (C,D)

17.
A: (D,D) > (C,D) > (C,C) > (D,C)
B: (D,D) > (D,C) > (C,C) > (C,D)

18.
A: (D,C) > (C,D) > (D,D) > (C,C)
B: (D,D) > (D,C) > (D,C) > (C,C)

19.
A: (C,D) > (D,C) > (D,D) > (C,C)
B: (D,C) > (C,D) > (D,D) > (C,C)

20.
A: (C,D) > (D,D) > (D,C) > (C,C)
B: (D,C) > (D,D) > (C,D) > (C,C)

Fünf der PRW-irrationalen Strukturen führen unweigerlich zu kollektiver Irrationalität. Neben den sadistischen Präferenzen (14) sind dies die folgenden:

21.
A: (D,D) > (D,C) > (C,C) > (C,D)
B: (D,D) > (C,D) > (C,C) >(D,C)

22.
A: (D,C) > (D,D) > (C,D) > (C,C)
B: (C,D) > (D,D) > (D,C) > (C,C)

23.
A: (D,D) > (D,C) > (C,D) > (C,C)
B: (D,D) > (C,D) > (D,C) > (C,C)

24.
A: (D,D) > (C,D) > (D,C) > (C,C)
B: (D,D) > (D,C) > (C,D) > (C,C)

Die ursprüngliche Hoffnung kollektive Rationalität über Präferenzen sicherzustellen, die moralischen Maßstäben eher genügen als egoistischen, hat sich also nicht erfüllt.

Diese 24 (symmetrischen) Präferenz-Strukturen zerfallen in drei Klassen, die sich darin unterscheiden, ob kollektive Rationalität als Ergebnis maximierenden Entscheidens garantiert, möglich oder ausgeschlossen ist. In jeder dieser drei Klassen befinden sich PRW-rationale und PRW-irrationale Präferenzrelationen. In der ersten Klasse der kollektive Rationalität garantierenden Präferenz-Strukturen befinden sich nicht nur die ehrenwerten altruistischen Präferenz-Strukturen (6) und (7), sondern auch die PRW-irrationalen masochistischen Präferenzen (13) und eine ganze Gruppe wenig plausibler Strukturen, etwa (9), (11) und (12). In der zweiten Klasse der kollektive Rationalität ermöglichenden Präferenz-Strukturen finden sich solche wie (2) und (3), die intuitiv als moralisch höherrangig empfunden werden als einige der Präferenz-Strukturen der ersten Gruppe - etwa (13) -, aber auch solche, die den eigenen Interessen Vorrang einräumen (8) - und schließlich eine große Gruppe von PRW-irrationalen Präferenz-Strukturen (15 bis 20). In der dritten Klasse der kollektive Rationalität ausschließenden (kein Gleichgewichtspunkt in kooperativen Strategien) Präferenz-Strukturen rangieren egoistische und anti-egalitäre, aber auch die PRW-irrationalen sadistischen und schließlich vier PRW-irrationale Präferenzstrukturen - (21), (22), (23), (24).

Der Ansatz der Metapräferenzen verliert seine Plausibilität, sobald man die Betrachtung nicht nur auf wenige, ausgewählte Präferenz-Strukturen beschränkt, sondern konsequent alle Präferenz-Strukturen danach beurteilt, in welchem Grad sie, ökonomische Rationalität vorausgesetzt, zu kollektiver Rationalität beitragen. Es wird dann deutlich, daß dieser Umweg, kollektive Rationalität zu sichern, nicht überzeugen kann. Der Konflikt zwischen individueller und kollektiver Rationalität läßt sich in adäquater Weise nicht durch eine ergebnisorientierte Veränderung subjektiver Präferenzen, die das Verhalten qua Maximierung steuern, lösen. Aufgrund der engen Verbindung zwischen praktischer Vernunft und kollektiver Rationalität läßt sich daher p-vernünftiges Verhalten nicht als Maximierung einer adäquaten subjektiven Wertfunktion rekonstruieren.

Dennoch scheint es nicht ausgeschlossen, daß die unter (1) aufgeführten Kohärenzaxiome auch von p-vernünftigem Verhalten erfüllt werden. Damit wäre gesichert, daß es eine Präferenzrelation gibt, die von einer quantitativen Bewertungsfunktion repräsentiert werden kann, welche durch p-vernünftiges Verhalten maximiert wird. Es liegt aufgrund der oben analysierten Präferenz-Strukturen auf der Hand, daß diese Präferenzrelationen dem betreffenden p-vernünftigen Akteur sinnvollerweise nicht zugeschrieben werden können. Denn das Handlungskriterium des p-vernünftigen Akteurs orientiert sich in dem hier betrachteten Kernbereich an kollektiver Rationalität. Ein solcher Akteur wird sich die formal zuschreibbaren Präferenzen nicht zu eigen machen. Da zur

Bestimmung kollektiver Rationalität die jeweilige Interaktionsstruktur ausschlaggebend ist, ließen sich solche formal zuschreibbaren Präferenzen nicht auf Parameter reduzieren, wie sie für die ökonomische Theorie der Rationalität paradigmatisch sind. Der p-vernünftige Akteur orientiert seine Handlung in einer Interaktionssituation vom Typ des Gefangenen-Dilemmas an kollektiver Rationalität. In der Regel wird dies seine Präferenzen bezüglich der vier möglichen Ergebnisse des 'Spiels' nicht verändern. Dies ist auch nicht notwendig, denn die p-Vernünftigkeit einer Entscheidung reicht als Handlungsmotiv aus.

Anmerkungen

1 Vgl. Aristoteles, Nikomachische Ethik 1146 ff., dazu Verf., "Der praktische Schluß des Aristoteles und das revealed preference Konzept der rationalen Entscheidungstheorie", in: Praktische Logik, hg. von P. Klein, S.203-216.

2 Vgl. J. Bentham, An Introduction to the Principles of Morals and Legislation, London 1789, Kap. I-V; a. (posthum), Deontology, hg. von J. Bouwring, London, Edinburgh 1834; J.S. Mill, Utilitarianism, London 1863, Kap. IV.

3 Vgl. etwa R.B. Brandt, Ethical Theory, Englewood Cliffs, N.J. 1959; J. Rawls, "Two Concepts of Rules", Philosophical Review 64 (1955) 3-32; N. Hoerster, Utilitaristische Ethik und Verallgemeinerung, Freiburg/ München 1977.

4 Dazu kritisch A.K. Sen, "Rational Fools: A Critique of the Behavioral Foundations of Economic Theory", in: Scientific Models and Man: The Herbert Spencer Lectures 1976, hg. von H. Harris, Oxford 1978.

5 Vgl. J. Elster, Ulysses and the Sirens, Cambridge 1979 und Sour Grapes, Cambridge 1983, in den hier relevanten Teilen ins Deutsche übertragen in: Subversion der Rationalität, Frankfurt/ New York 1987, sowie Solomonic Judgements, Cambridge 1989.

6 Vgl. A.K. Sen, Collective Choice and Social Welfare, San Francisco u.a. 1970; a. K. Suzumura, Rational Choice, Collective Decisions, and Social Welfare, Cambridge 1983.

7 Vgl. B. Williams/ J.J.C. Smart, Utilitarianism - For and Against, Cambridge 1973; S. Scheffler, Consequentialism and Its Critics, Oxford 1988; Verf., Der Konsequentialismus - Rekonstruktion und Kritik, Habil. (1989) i. E.

8 Vgl. A. MacIntyre, Der Verlust der Tugend, Frankfurt /M. 1987; R.M. Hare, Moral Thinking. Its Levels, Method and Point, Oxford 1981.

9 Vgl. etwa M. Allais/ O. Hagen (Hg.), Expected Utility Hypothesis and the Allais Paradox, Dordrecht 1979.

10 Vgl. J. von Neumann/ O. Morgenstern, Theory of Games and Economic Behavior, Princeton 1947.

11 M. Olson, The Logic of Collective Action, Cambridge 1965.

12 Vgl. W. Raub/ T. Voss, Conditions for Cooperation in Problematic Situations, in: Paradoxical Effects of Human Behavior, hg. von A. Diekmann u. P. Mitter, Heidelberg 1986; sowie: T. Raub, Rationale Akteure und soziale Institutionen, München 1985.

13 A.K. Sen, Choice, Orderings and Morality, in: Practical Reason, hg. von S. Körner, Oxford 1974; vgl. a. R.C. Jeffrey, Preferences among Preferences, Journal of Philosophy 71 (1984) 377-391; T.C. Schelling, Egonomics, American Economic Review (Papers & Proceedings) 68 (1978) 290-294; ders. The Intimate Contest of Self-Command, Public Interest 60 (1980); ders. Choice and Consequence, Cambridge/Mass. 1984; D. George, Metapreferences: Reconsidering Contemporary Notions of Free Choice, Journal of Social Economics 11 (1984) 92-107.

Wilhelm Vossenkuhl

Vernünftige Wahl, rationale Dilemmas und moralische Konflikte

Moral versus Rationalität

Moralität und Rationalität schließen sich nicht wechselseitig ein, jedenfalls nicht so wie die Teilmengen eines logischen Produkts. Dies zeigt ein Vergleich zwischen den unterschiedlichen Optionen der rationalen und der moralischen Wahl. Die Gründe für die rationale Wahl und die Gründe für die moralische Wahl können einander sogar ausschließen.

Dies ist etwa der Fall, wenn ich jemandem helfen soll, dies aber wie jeden Verlust an Zeit und Mitteln vermeiden will. Es gibt moralische Gründe dafür zu helfen und rationale Gründe dafür nicht zu helfen. Dies ist unbefriedigend, wenn wir für beide Entscheidungen Rationalität fordern wollen. Die moralische Wahl soll so wenig irrational sein wie die rationale.

Die Vermutung liegt nahe, daß wir der rationalen und der moralischen Wahl keinen einheitlichen Rationalitäts-Begriff zugrundelegen können. Wenn dies so ist, benötigen wir zwei unterschiedliche Typen der Rationalität. Als Vorbild dieser beiden Typen drängt sich Max Webers Unterscheidung zwischen zweck- und wertrationalem Handeln auf.

Es stellt sich jedoch heraus, daß diese Unterscheidung weder zuläßt, die moralische Wahl als rational noch als irrational zu verstehen. Im §2 der "Soziologischen Grundbegriffe"[1] beschreibt Weber die zweckrationale Wahl als Abwägen zwischen möglichen Zwecken, Mitteln und Nebenfolgen. Die Zwecke können wertrational, z.B. ethisch, bestimmt sein; dann wären lediglich die Mittel zweckrational. In jedem Fall hält Weber aber Wertrationalität aus zweckrationaler Perspektive für irrational. Er macht für die Irrationalität einer ethischen Wahl deren Ignoranz gegenüber den Folgen des Handelns verantwortlich.

Webers Unterscheidung erweist sich genauer betrachtet trotz ihrer Griffigkeit für unseren Zusammenhang als unbrauchbar, und zwar aus drei Gründen. Wenn eine Wahl genau dann irrational ist, wenn sie zumindest partiell blind gegenüber den Handlungsfolgen ist, fällt es nicht nur schwer, im moralischen Sinn rational zu wählen. Auch jede selbstinteressierte, zweckrationale Wahl blendet bestimmte Handlungsfolgen aus oder nimmt sie abwägend in kauf. Der Unterschied zwischen zweck- und wertrationaler Wahl wird damit unscharf. Dies ist der eine Grund.

Der zweite ist das Gegenstück dazu. Wenn ich meine moralischen Verpflichtungen wie meine subjektiven Bedürfnisse verstehe und nach ihrer Rangordnung erfülle, folge ich Webers eigenen Erwägungen gemäß[2] dem Prinzip des Grenznutzens. Damit wird aus der irrationalen moralischen überraschend eine rationale Wahl. Die Differenz zwischen rational und irrational wird erneut unscharf.

Webers Unterscheidung ist aus einem dritten Grund für unsere Überlegungen unbrauchbar. Wenn die moralische Wahl per definitionem irrational ist, gibt es keine konkurrierenden Ansprüche auf Rationalität bei moralischen und selbstinteressierten Entscheidungen. Nur die letzteren können dann Rationalität beanspruchen. Das Irrationale kann sowenig einen Anspruch auf Rationalität erheben wie das Falsche einen Anspruch auf Wahrheit. Rationalitäts-Konflikte zwischen selbstinteressierten und moralischen Entscheidungen können daher mit Webers Unterscheidung nicht thematisiert werden.

Auf die Thematisierung solcher Rationalitäts-Konflikte können wir nicht verzichten. Vor allem nicht, wenn wir überzeugt sind, daß sich die Rationalität moralischen Handelns entweder gegen die Rationalität des Selbstinteresses behaupten, oder das eine mit dem andern vereinbar sein muß. Im ersten Fall kann der Konflikt ein Scheinkonflikt sein, wenn die moralische Wahl generell das Opfer des Selbstinteresses voraussetzt. Ich muß dann in jedem Fall helfen, ungeachtet der Gründe, die ich für mein Selbstinteresse habe.

Wenn diese Voraussetzung nicht gemacht wird, ist der Konflikt ein Dilemma oder Patt, weil es keine übergeordneten Kriterien gibt, die eine Entscheidung zugunsten der einen oder anderen rationalen Lösung begründen. Es ist fraglich, ob es in solchen Fällen Lösungen geben kann. Es wäre dann nicht generell mehr oder weniger rational, wenn ich der Verpflichtung oder meinem Selbstinteresse folgen würde.

Im zweiten Fall genießt entweder das Selbstinteresse oder das Moralinteresse einen Vorrang. Der Konflikt läßt sich in diesem Fall immer lösen. Die zweite Alternative, den Vorrang des Moralinteresses, kennen wir bereits als Scheinkonflikt. Nach der ersten Alternative hat dagegen das Selbstinteresse einen relativen Vorrang vor den moralischen Verpflichtungen. Ich entwickle ein aufgeklärtes Selbstinteresse und helfe, wenn mir daraus keine allzu großen Nachteile entstehen, ohne die strenge Bindung der Verpflichtung anzuerkennen.

Wenn es solche Konflikte und nicht nur Scheinkonflikte gibt, muß es zwei unterschiedliche, zumindest unterscheidbare Typen der Rationalität geben, die ihnen zugrunde liegen; wir nennen den einen 'moralische', den anderen 'ökonomische' Rationalität. Es wird sich erweisen, daß wir beide Typen nicht allein für das Verständnis von Konflikten, sondern auch für das des moralischen Handelns benötigen.

Moralität als Rationalität

Der Überzeugung, daß sich die moralische Rationalität generell gegen das Selbstinteresse behaupten muß, stimmen Kantianer zu. Für sie kann es daher nur einen Scheinkonflikt zwischen moralischer und rationaler Wahl geben. Die Überzeugung, daß das eine mit dem andern vereinbar sei, teilen Utilitaristen. Letztere sind, vor allem als Handlungs-Utilitaristen, überzeugt, daß der moralischen Wahl und der ökonomischen ein einziger Typus der Rationalität zugrundliege, nämlich das Selbstinteresse. Auch Kantianer nehmen lediglich einen Typus der Rationalität, und zwar den moralischen ernst. Sie sind überzeugt, daß dieser Typus mit dem ökonomischen Handeln unvereinbar ist.

Kantianer setzen ökonomische Rationalität mit Heteronomie gleich. Das Selbstinteresse ist in ihren Augen wie jedes andere Interesse nicht universalisierbar und damit unvereinbar mit einer der Bedingungen des Kategorischen Imperativs. Dieser Ansatz ist gänzlich inkompatibel mit dem Modell des rationalen Akteurs der ökonomischen Rationalität.

Der rationale Akteur trifft seine Entscheidungen individualistisch, unabhängig von externen Gründen wie etwa moralischen Geboten. Er läßt sich nur von internen Gründen leiten,[3] d.h. seine Wünsche und subjektiven Präferenzen spielen die entscheidende Rolle bei seinen Entscheidungen.

Wenn wir lediglich die Wahl zwischen diesen Ansätzen hätten, dürften wir uns lediglich mit einem einzigen Typus der Rationalität auseinandersetzen. Wir könnten vor allem nicht behaupten, für das moralische Handeln zwei Typen der Rationalität zu benötigen. In dieser Verlegenheit an Vorbildern vermittelt uns Henry Sidgwick, aus historischer Distanz, eine gewisse Zuversicht. Er nimmt zwei Typen der Rationalität an. Der eine korrespondiert den moralischen Geboten und Verpflichtungen, der andere dem Selbstinteresse. Sidgwick sieht allerdings einen unüberbrückbaren Konflikt zwischen der Rationalität des Selbstinteresses und der Rationalität moralischer Verpflichtungen.[4] Er scheint dennoch davon auszugehen, daß wir für ein volles Verständnis menschlicher Moralität beide Typen der Rationalität benötigen. In diesem Punkt stimme ich Sidgwick zu. Ich zweifle aber an der Unlösbarkeit des Konflikts zwischen moralisch-rationaler und selbstinteressiert-rationaler Wahl.

Moralische und ökonomische Rationalität

Rationalitäts-Typen können wir, was ihre Funktion als Motive des Handelns angeht, analog zu Webers Typen-Begriffen[5] verstehen. Sie sind in dieser Funktion Abstraktionen von realen Handlungsmotiven. Sie abstrahieren von vielfältigen Interessen und Bedürfnissen, die für die einzelne Person bedeutsam sein können, aber die Funktion der Motive als Gründe des Handelns nicht entscheidend prägen.

Ihren Inhalten nach sind Rationalitäts-Typen teilweise abstrahierte, teilweise konstruierte Motive. Sie abstrahieren von besonderen Wünschen und Überzeugungen von Personen, konstruieren aber Wünsche, wie z.B. das Selbstinteresse und Überzeugungen, wie z.B. Verpflichtungen, die allen Personen unterstellt werden. Sie dienen dem besseren Verständnis des realen Handelns, indem sie mit allgemein unterstellbaren Wünschen und Überzeugungen einen transparenten und kohärenten Zusammenhang zwischen Motiven und Handlungen herstellen. Im Sinne dieser Transparenz und Kohärenz zwischen Motiven und Handlungen kann Martin Hollis sagen, rationale Handlungen seien ihre eigenen Erklärungen.[6]

Die Typen der moralischen und ökonomischen Rationalität sind demgemäß als Motive besonderer Art bestimmt. Wir nehmen an, die Wahl einer Handlung sei moralisch rational, wenn sie externe, transsubjektive Gründe hat. Die Wahl einer Handlung sei ökonomisch rational, wenn sie interne, subjektive Gründe hat. Diese simple Unterscheidung bedarf weiterer Details.

Als externe, transsubjektive Gründe verstehen wir Verpflichtungen, deren Geltung mit ethischen Prinzipien begründbar ist. Kandidaten solcher Prinzipien sind z.B. die Idee der Menschheit, der Kategorische Imperativ, das größte Glück der größten Zahl, Freiheit. Wir erwarten, daß Gründe, die sich auf solche Prinzipien berufen können, Folgen haben, an denen wir die Verpflichtungen erkennen, denen sie als externe Gründe entsprechen.

Zu solchen Verpflichtungen rechnen wir z.B. Gleichheit, Gerechtigkeit, Fairness, Wahrhaftigkeit, Wohlwollen, Unparteilichkeit. Idealiter sind solche Gründe untereinander kohärent, in den Handlungen evident und kontextunabhängig gültig. Wenn die Gründe nicht evident sind, benötigen wir einen indirekten, argumentativen Nachweis der befolgten Verpflichtungen.

Wir wollen nur dann von moralischer Rationalität sprechen, wenn diese drei Bedingungen erfüllt sind: die Verpflichtungen sind direkt oder indirekt in der Wahl einer Handlung evident, kontextunabhängig gültig und durch ein ethisches Prinzip begründet. Diese letzte Bedingung benötigen wir, weil ohne sie zwar die allgemeine Gültigkeit, nicht aber der moralische Charakter einer Verpflichtung bestimmt wäre.

Mit diesem Verständnis moralischer Rationalität legen wir uns auf keine spezifische ethische Theorie fest. Kantianer können sich ebenso mit ihr identifizieren wie Utilitaristen. Wir erwarten von moralischer Rationalität, daß sie die Ansprüche der moralischen Wahl den drei obigen Bedingungen gemäß ethisch rechtfertigen kann. Die Maxime, die die moralische Rationalität empfiehlt ist daher: wähle diejenige Handlung, die ethisch gerechtfertigt werden kann.

Die internen, subjektiven Gründe, die wir für die ökonomische Rationalität beanspruchen, sind aus der Sicht der dritten Person opaque. Es sind meine Wünsche und Präferenzen. Freilich machen nicht beliebige Wünsche und Präferenzen eine Wahl ökonomisch rational, sondern allein solche, die von vollständiger Information und einer fehlerfreien Berechnung der nötigen Mittel und erwartbaren Folgen begleitet sind.

Der ökonomisch rational Wählende sucht in allem überlegt seinen Vorteil. Er kalkuliert die Erwartungen aller anderen, nimmt keine Nachteile in kauf und schaut immer nach vorne, was immer er früher tat. In vielen Situationen des täglichen Lebens ist Nachgeben und Kooperieren unmittelbar nachteilig, das entsprechende Gegenteil dagegen vorteilhaft. Die folgenden Optionen sind mit abnehmender Präferenz die der ökonomisch rationalen Person. Wir können sie als eine Rangfolge von Alternativen zwischen Kooperation (K) und Nichtkooperation (N) mit einer beliebigen anderen Person darstellen:

$$N/K > K/K > N/N > K/N$$

Diese Optionen stammen von dem wohl berühmtesten Kooperationsspiel[7], dem 'Gefangenendilemma', das wie kein anderes Spiel auf Situationen menschlicher Kooperation anwendbar ist.[8] Jene Optionen drücken am klarsten den motivierenden Charakter der ökonomischen Rationalität aus. Dieser Begriff der Rationalität ist aber keineswegs auf diese Variante der Kooperationsspiele beschränkt. Er liegt, wie wir im nächsten Kapitel sehen werden, allen Mustern rationalen kollektiven, konkurrierenden Handelns zugrunde.

Eine Person wählt, den Optionen solcher Kooperationsspiele entsprechend, im ökonomischen Sinn rational, wenn sie ihrer dominanten Strategie folgt. Dominant ist diejenige Strategie, die ihr unabhängig von dem, was alle anderen wählen, Gewinn bringt. Wenn ich also die Wahl habe zwischen Kooperation und Nichtkooperation, wähle ich letzteres. Damit ist mir ein bestimmter Gewinn garantiert, unabhängig davon, ob der andere kooperiert oder nicht. Meine zweite Wahl ist, zu kooperieren, wenn der andere ebenfalls kooperiert, meine dritte nicht zu kooperieren, wenn der andere nicht kooperiert, und meine schlechteste Option ist zu kooperieren, obwohl der andere nicht kooperiert. Nach diesen Optionen sehen wir leicht die Maxime der ökonomischen Rationalität ein: wähle Deine dominante Gewinnstrategie.

Diese Maxime ist nicht präskriptiv zu verstehen. Sie schreibt mir nicht vor, was ich in jedem Fall tun sollte. Sie beschreibt nur, was ich meinen natürlichen Antrieben folgend tue, wenn mich niemand - einschließlich meiner selbst - daran hindert. Ich folge meinem Selbstinteresse, bin aber nicht dazu gezwungen. Hinter der ökonomischen Rationalität schlummert kein kruder Determinismus. Ich wähle meinen Vorteil ebenso frei und ungehindert, wie ich meiner moralischen Maxime folgen kann.

Rationale Dilemmata

Die Maxime der ökonomischen Rationalität, die dominante Gewinnstrategie zu wählen, ist nicht immer erfolgreich. Sie führt in ein Dilemma, wenn ich mehr als einmal mit derselben Person oder der gleichen Gruppe kooperiere. Wenn ich also statt einzügiger Zweipersonenspiele mehrzügige Kooperationsspiele[9] mit mehreren, gleichen Personen spiele, sinken meine Gewinnchancen rapide, falls ich weiterhin meiner Maxime folge. Denn die anderen können sich darauf einstellen, daß ich nicht kooperiere und entsprechend selbst ihre Kooperation verweigern.

Ein naheliegender Ausweg wäre, auf Sicherheit zu gehen und immer zu kooperieren. Sicherheit gewähren reine Koordinationsspiele. Sie sind nicht kompetitiv und stellen ein Gleichgewicht der Interessen her. Deswegen lassen sich mit ihnen z.B. die Wiederherstellung eines unterbrochenen Telephongesprächs oder die Benutzung der Fahrbahnen, also allgemein soziale Konventionen, darstellen. Wenn es aber etwas auf kosten anderer umsonst und etwas zu gewinnen oder zu verlieren gibt, spielen wir keine reinen Koordinationsspiele. Wir haben dann kein überzeugendes Motiv zu kooperieren und werden von der Versuchung heimgesucht, zu gewinnen. Dann verhalten wir uns wieder nach dem Gefangenendilemma.

Allerdings wollen wir aus dem beschriebenen Dilemma, in das uns die Nichtkooperation bei unbegrenzt vielen Spielzügen mit der- oder denselben Personen führt, lernen. Wir wollen daher zumindest im ersten Zug kooperativ sein und von da an in jedem weiteren Zug das tun, was der oder die anderen taten. Diese Strategie ist als TIT-for-TAT bekannt. Wann sollen wir also dieser Spielstrategie folgen und wann immer Nichtkooperation wählen?

Wir können genau sagen, wann wir der Versuchung, mit der Aussicht auf größeren Gewinn nicht zu kooperieren, erliegen. Der Gewinn aus der Nichtkooperation muß lediglich größer sein als der Gewinn aus der Kooperation. Nehmen wir an, wir haben vier Optionen: der Versuchung nachgeben und nicht kooperieren (V), kooperieren und dafür belohnt werden (B), nicht kooperieren und dafür bestraft werden (S), kooperieren und das Nachsehen haben (A).

Wenn nun gilt $V > B > S > A$ und $2B > V + A$, werden wir Nicht-Kooperation wählen und uns nach dem Muster des Gefangenendilemmas verhalten. Wir können in einem Zweipersonenspiel (links Ich / rechts Du) für die Optionen Kooperation (K) und Nichtkooperation (N) Werte einsetzen, die die jeweiligen Gewinnunterschiede zeigen:

	K	N
K	B/B (3/3)	A/V (0/5)
N	V/A (5/0)	S/S (1/1)

Diese Liste zeigt lediglich die Gewinne, enthält oder empfiehlt aber noch keine Reihung. Nehmen wir an, wir wählen aus diesen Optionen beliebig oft. Vor meinem ersten Zug benötige ich Informationen über den Wert meiner künftigen Gewinne. Schließlich will ich mit dem ersten Zug interessante künftige Gewinne nicht gefährden. Soll ich kooperieren oder nicht?

Wir gehen nun davon aus, jeder von uns habe einen bestimmten Diskontparameter für künftige Gewinne.[10] Diesen Parameter ziehen wir heute bei der Berechnung von künftigen Gewinnen ab. Auch wenn sie gleich groß sind, wie die jetzigen, sind sie uns heute weniger wert. Wenn ein Gewinn zu einem späteren Zeitpunkt mir heute z.B. nur 70% seiner nominellen Größe wert ist, beträgt der Parameter 0,7.

Der Diskontparameter ist ein Minimalwert. Wenn unsere jeweiligen Parameter diesem Wert mindestens entsprechen, ist es für uns sinnvoll TIT-for-TAT zu spielen. Wenn sie unter ihm liegen, sollten wir besser nicht kooperieren.

Den Diskontparameter können wir nun mit folgenden Verhältnissen berechnen: (V-B)/(V-S) und (V-B)/(B-A).[11] Wenn wir die oben angenommenen Zahlenwerte einsetzen, ergeben sich $^1/_2$ und $^2/_3$. Die Untergrenze unseres Diskontparameters ist der höhere Wert, also $^2/_3$. Die Diskontrate, das ist diejenige Rate, die ich von meinem künftigen Gewinn abziehen muß, ist $1-^2/_3$, also $^1/_3$.

Würde ich nun im ersten Zug kooperieren und mein Mitspieler ebenfalls, dann könnte ich im nächsten Spiel bei Kooperation wieder 3 erwarten, falls mein Mitspieler kooperiert. Dieser Gewinn ist mir, abzüglich der Diskontrate, jetzt aber nur 2 wert. Damit würde ich noch auf der Grenze meines Diskontparameters liegen. Es wäre für mich noch rational TIT-for-TAT zu spielen.

Wenn ich aber im ersten Zug nicht kooperiere, ist mein Gewinn auf Anhieb beinah so groß wie bei den beiden riskanten kooperativen Zügen zusammen. Ich kann mir ausmalen, was geschieht, wenn mein Mitspieler genauso denkt wie ich und beim ersten Zug nicht kooperiert. Es ist deswegen für mich in jedem Fall rationaler im ersten Zug nicht zu kooperieren. Die für mich beste Reihung der Optionen sieht so aus:

N / K : 5 / 0
K / K : 3 / 3
N / N : 1 / 1
K / N : 0 / 5

Robert Axelrod[12] hat zwar gezeigt, daß TIT-for-TAT auf längere Sicht die erfolgreichste Strategie der Kooperation ist. Wenn die Diskontrate der Spieler klein genug ist, wird TIT-for-TAT die günstigere Strategie sein als die Nichtkooperation. Beides, TIT-for-TAT und Nichtkooperation sind aber für die Spieler Gleichgewichte (B / B bzw. S / S). Weder das eine noch das andere Gleichgewicht ist zwingend.

Die Option für die eine oder die andere Strategie läuft auf ein Sicherheitsspiel hinaus. Jeder Spieler wählt Kooperation, wenn jeder andere auch Kooperation wählt. Entsprechendes gilt für Nichtkooperation. Was sie tatsächlich wählen, sagt uns TIT-for-TAT nicht. Wir stehen vor einem Problem. Denn wie wir bereits sahen, taugt das Sicherheitsspiel bei koordinativen Gleichgewichten von Interessen, aber nicht für kompetitive Entscheidungen.

Offensichtlich handelt es sich bei der Wahl zwischen TIT-for-TAT und Nichtkooperation aber um zwei konkurrierende Gewinnstrategien. Das Sicherheitsspiel hilft uns daher nicht, die für uns rationale Strategie zu wählen. Wenn wir uns nach reiflicher Überlegung für eine der beiden Strategien entschieden haben, kann uns die andere noch immer günstiger vorkommen. Kooperation ist rational, wenn Nichtkooperation nachteilig ist, und Nichtkooperation ist rational, wenn Kooperation nachteilig ist. Diese Binsenweisheit drückt aus, daß weder die eine noch die andere Wahl per se rational ist. Das Problem, vor dem wir stehen, ist das Dilemma der rationalen Wahl. Die Maxime: 'wähle Deine dominante Strategie' ist zwar eindeutig, ihr rationaler Charakter aber unbestimmt.

Schuld an diesem Dilemma ist nicht ein Defekt der ökonomischen Rationalität, sondern der Mangel an Wissen über die künftigen Gewinne und damit die fehlende Gewißheit über das Verhalten der anderen. Diese ökonomische Unterbestimmtheit der rationalen Wahl bringt sie in das eben beschriebene Dilemma. Wenn wir sicher sein könnten, daß die Diskontrate nahe Null bzw. der Diskontparameter nahe Eins ist, würden wir so gut wie sicher sein, daß jeder TIT-for-TAT spielt. Genau dieses Wissen können wir nicht haben. Deshalb ist TIT-for-TAT kein herausragendes koordinatives Gleichgewicht[13] in dem Sicherheitsspiel, in dem entweder jeder kooperiert oder nicht kooperiert.

Wir könnten nun einwenden, die rationale Wahl habe gerade die Aufgabe, unter Bedingungen der Knappheit und des Risikos idealtypisch unsere ökonomischen Optionen zu analysieren. Deswegen könne die ökonomische Unterbestimmtheit der Wahl für das rationale Dilemma bei der Lösung ihrer Aufgabe nicht entlastend angeführt werden. Dies ist nur teilweise richtig. Richtig ist, daß die rationale Wahl die ökonomische Unterbestimmtheit als Teil ihrer Aufgabenstellung voraussetzt. Richtig ist aber auch, daß erst die Analyse der rationalen Wahl zeigt, wie sich die ökonomische Unterbestimmtheit als Grenze rationaler Entscheidung darstellt. Das Dilemma der rationalen Wahl gibt uns erst einen Begriff dieser Grenze, als Grenze des rationalen Selbstinteresses.

'Rational' und 'vernünftig'

Zwischen moralischer und ökonomischer Rationalität gibt es entscheidende Unterschiede. Dennoch sind diese beiden Typen der Rationalität nicht inkompatibel. Dies wäre mit unserem intuitiven Verständnis der Rationalität auch nicht vereinbar. 'Rationalität' verstehen wir als eine Weise zu Denken, als eine geistige und sprachliche Fähigkeit.[14] Wir verwenden diese Fähigkeit in unterschiedlichen Kontexten und Domänen des Erkennens, um zuverlässige und gerechtfertigte Überzeugungen zu bilden. Eine der grundlegenden rationalen Tätigkeiten ist die Wahl von Überzeugungen mit Hilfe unseres Verständnisses der konventionalen sprachlichen Kommunikationsmittel, der Bedeutungen von Äußerungen und Sätzen. Die Wahl zuverlässiger und gerechtfertigter Überzeugungen benötigt Kriterien, für die wir wiederum begriffliche, theoretische Kontexte, wie etwa Theorien der Bedeutung, entwickeln.

Die Entwicklung solcher Kontexte ist selbst wieder ein rationales Unterfangen. Es gehorcht dem Bedürfnis nach Zuverlässigkeit und Rechtfertigung. Semantische Theorien erfüllen z.B. dieses Bedürfnis. Sie bieten Lösungen an, wie zuverlässige Überzeugungen gewählt werden können. Wenn diese Lösungen miteinander konkurrieren, tun dies auch die Kriterien der Rechtfertigung.

Wir würden aber selbst dann, wenn diese Kriterien miteinander inkompatibel wären, nicht annehmen, daß sie Ergebnis inkompatibler geistiger und sprachlicher Fähigkeiten sind. Eine solche Annahme wäre unvernünftig, und zwar aus folgenden Gründen: wenn inkompatible Kriterien wechselseitig unvereinbaren Typen der Rationalität, im Sinne geistiger und sprachlicher Fähigkeiten, entstammen würden, könnten wir die Kriterien der Rechtfertigung nicht wählen. Sie würden wie Organe natürlich aus diesen Fähigkeiten erwachsen. Damit wäre auch die Bildung zuverlässiger und gerechtfertigter Überzeugungen keine vernünftige Wahl, sondern ein naturaler Prozeß. Wenn wir die Kriterien dieser Wahl nicht wählen könnten, hätte es keinen Sinn, für bestimmte Kriterien zu argumentieren. Wenn dies keinen Sinn hätte, würde es sich nicht um konkurrierende Kriterien der Rechtfertigung handeln. Wenn sie also miteinander konkurrieren, müssen sie eine und nur eine Art von vernünftiger Fähigkeit voraussetzen.

Die unterschiedlichen Typen der Rationalität stehen einer Rationalität, als einer vernünftigen Weise des Denkens und Sprechens gegenüber. 'Rational' hat im ökonomischen Kontext andere Kriterien als im moralischen. Denn in beiden Kontexten haben die Kriterien der Rationalität andere Aufgaben der Rechtfertigung. Wie können die Kriterien bei unterschiedlichen Aufgaben dennoch vernünftig aufeinander bezogen sein?

Sie sind es in dreifacher Hinsicht. Zum einen geht es den Kriterien jeweils um ein Optimum, entweder um ökonomische oder moralische Optimalität. Zum zweiten beziehen sich die Kriterien auf denselben Gegenstandsbereich, das soziale Handeln. Es wäre unvernünftig, wenn sich die Kriterien moralischer und ökonomischer Rationalität nicht auf denselben Gegenstandsbereich anwenden ließen. Zum dritten setzt die Unterscheidung der Kriterien der Rationalität eine vernünftige Wahl voraus, nämlich eben diese Unterscheidung.

'Vernünftig' verhält sich zu 'rational' wie eine logische Summe zu ihren Teilmengen. Unsere Handlungsmotive entsprechen entweder den Kriterien der moralischen oder denen der ökonomischen Rationalität oder beiden. Die ökonomische und die moralische Rationalität sollten im Hinblick auf unser Verständnis des sozialen Handelns aber ein vernünftiges Ganzes bilden.

Moralische Konflikte und präskriptive Dilemmas

Die Kriterien der moralischen Rationalität beziehen sich auf Handlungen präskriptiv. Dies bedeutet, daß die moralisch rationalen Motive nicht aus abstrakten Charakterisierungen individueller Wünsche und Überzeugungen gewonnen, sondern aus normativen Annahmen konstruiert werden. Moralische Rationalität steht in einem kritischen Verhältnis zum realen Handeln und verfolgt ein aufklärerisches Ziel. Aus diesem Grund empfiehlt die moralische Rationalität Handlungen, die mit Prinzipien und Verpflichtungen gerechtfertigt werden können.

Die Motive der moralischen Wahl beeinflussen das Handeln auf andere Weise als die Motive der rationalen Wahl. Der Unterschied wurde häufig mit demjenigen zwischen normativen und deskriptiven Sätzen verglichen. Dieser Vergleich ist irreführend, weil die Motive der rationalen Wahl nicht deskriptiv zu verstehen sind. Sie beschreiben keine Motive, sondern empfehlen die jeweils besten im Sinn des Selbstinteresses. Sie sind zwar nicht präskriptiv, aber wertend.

Den unterschiedlichen Einfluß der Kriterien der rationalen und der moralischen Wahl auf das Handeln kennzeichnen wir daher besser mit der Differenz zwischen präskriptiven und evaluativen Sätzen. Daraus folgt zweierlei: einmal haben beide Typen von Rationalitäts-Kriterien ein Verhältnis zu den Regularitäten des Verhaltens, das empirisch unbestimmt ist. Wir können auch den Kriterien der rationalen Wahl keinen empirisch objektiven Charakter zuschreiben. Es folgt zum andern, daß die Kriterien beider Typen der Rationalität subjektiv sind.

Bei der rationalen Wahl ist der subjektive Charakter der Motive evident. Jede Person folgt ihrem eigenen Selbstinteresse. Dieses Interesse ist in dem besonderen Sinn subjektiv, daß es für andere nicht transparent ist. Bei der moralischen Wahl zeigt der präskriptive Charakter der Kriterien an, daß ihre Motive nicht objektiv bestimmt sind. Die Motive sollen aber transparent sein. Jeder soll die Verpflichtung einer anderen Person in ihrem jeweiligen Kontext potentiell als seine eigene verstehen können.

Subjektiv sind die Motive der moralischen Wahl einmal im Sinn der Zuschreibbarkeit. Meine Verpflichtungen in einer Situation sind nicht die einer anderen Person. Sie sind nicht übertragbar auf andere und gewöhnlich auch nicht mit anderen teilbar.[15] Meine moralischen Motive sind aber auch subjektiv im Sinn der Auswahl. Aus den vielfältigen Obligationen, die ich mir selbst, einigen oder vielen anderen gegenüber habe, wähle ich diejenigen aus, die nach meinem Urteil vordringlich und einlösbar sind.

Diese Auswahl ist subjektiv, weil sie von meiner Urteilsfähigkeit und meiner Übersicht abhängig ist. Wir stehen häufig, aber nicht notwendig immer, vor einer unstrukturierten Vielfalt von persönlichen und sozialen Verpflichtungen. Viele dieser Verpflichtungen übersehen wir in ihrer Tragweite nicht, manche schließen sich aus oder sind nicht gleichzeitig erfüllbar; z.B. dem Wohl der Gesellschaft durch höhere Steuern, den Kollegen durch mehr Leistung und Engagement und dem Wohl der Familie durch mehr Zuwendung, höheres Einkommen und mehr freie Zeit zu dienen. Schwierig an Situationen dieser Art ist, daß wir über keine eindeutige Rangordnung der Verpflichtungen verfügen, die uns die moralische Wahl unserer Handlungen erleichtert.

Außerdem können wir mit einer Pluralität von moralischen Anforderungen konfrontiert sein, die abhängig vom Kontext einmal Gebote, das andere Mal Verbote sind. Gerecht zu sein kann heißen, denen die wenig haben nicht zu helfen, weil es Bedürftigere gibt oder zu helfen, weil sie die Bedürftigen sind. Schwierig an solchen Situationen ist, daß es keine generellen Kriterien für die Beurteilung des Verhältnisses zwischen Kontexten und Pflichten gibt.

Die unklare Rangordnung der Pflichten und die Unbestimmtheit ihres Verhältnisses zu den Kontexten des Handelns machen die moralische Wahl nicht nur schwer. Die moralische Wahl ist mit diesen Schwierigkeiten strukturell überlastet; strukturell deswegen, weil die Rangordnung der Pflichten durch keine eindeutige Beurteilung der Kontexte geklärt werden kann.

Wir können in solchen Situationen von einer normativen Überbestimmtheit der moralischen Wahl sprechen. Sie steht dann unter zu vielen, ungeordneten, unvereinbaren Anforderungen. In den Augen des moralisch Wählenden sieht diese normative Überbestimmtheit wie ihr Gegenteil aus, weil unklar ist, welche aller jetzt möglichen Handlungen unter welchem Gebot vollzogen oder unterlassen werden sollte.

Der deontische Grundsatz, daß Sollen Können einschließt, löst die Unbestimmtheit nicht, welche von allen möglichen Verpflichtungen in einer Situation wir haben. Denn Nicht-alles-Können ist kein Kriterium der Auswahl dessen, was ich soll. Wenn ich, als moralisch neutrales Beispiel, nicht alle mir gestellten Fragen beantworten kann, weiß ich noch nicht, auf welche ich eingehen soll, auf die ersten, auf die wichtigsten, auf die schwierigsten, auf die angenehmsten.

Die Unbestimmtheit des Sollens, von der die Rede ist, entspricht der beschriebenen normativen Überbestimmtheit des sozialen Handelns in bestimmten Kontexten. Sie hat einen allgemeinen Hintergrund, daß ich nämlich meine Verpflichtungen nicht wie eine geordnete, ausgewählte Menge an Befehlen vorfinde. Ich schaffe mir zwar viele Verpflichtungen nicht selbst, aber ich muß sie werten, sortieren und ordnen. Dies tue ich entweder autonom, wenn ich dazu fähig bin oder angepaßt an meine sozialen Kontexte. Die Auswahl ist in beiden Fällen subjektiv, soll aber transsubjektiv rechtfertigbar sein.

Bei meiner subjektiven Auswahl kann mir in bestimmten Kontexten die normative Überbestimmtheit meiner moralischen Wahl durch Pflichtenkonflikte unmittelbar begegnen. Wir können von solchen Konflikten sprechen, wenn zwei oder mehr Pflichten mir dieselbe Handlung gebieten und verbieten. Konflikte zwischen Pflichten haben die Form: a gebietet in Kontext C x zu tun und b gebietet in C x nicht zu tun. Ich soll z.B. die Belastung der Natur durch Abfall und Schadstoffe verhindern, mich aber auch ernähren, heizen etc.; ich soll also Abfall und Schadstoffe verhindern und produzieren, weil ich mich nicht abfall- und schadstoffrei ernähren kann.

Konflikte dieser Art werden gewöhnlich als präskriptive Dilemmas, als Widersprüche zwischen Pflichten, dargestellt: eine Person soll a tun und sie soll b tun, kann aber nicht gleichzeitig beides; wenn sie wirklich beides gleichzeitig soll, steht sie in einem präskriptiven Dilemma, weil sich - so die Vermutung - zwei Gebote widersprechen. Die Frage ist allerdings, ob es solche präskriptiven Dilemmas überhaupt geben kann.

Die deontische Logik verneint diese Frage und rekonstruiert jene Gebote so, daß kein Konflikt auftritt. Sie geht von drei Annahmen aus: a ist geboten (Oa), b ist geboten (Ob), und es ist nicht möglich, daß a und b gleichzeitig erfüllt werden können ($\neg$ M (a $\wedge$ b)).

Die deontische Logik verwendet für die Rekonstruktion vor allem zwei Prinzipien, das Agglomerationsprinzip und das bereits erwähnte Prinzip 'Sollen impliziert Können'. Nach dem ersten gilt, wenn a geboten ist und b geboten ist (Oa $\wedge$ Ob), dann ist beides geboten (O(a $\wedge$ b)). Wenn beides geboten ist, folgt aus dem zweiten Prinzip, daß a und b getan werden können (M(a $\wedge$ b)). Dies steht aber im Widerspruch zur dritten Annahme ($\neg$ M(a $\wedge$ b)). Wenn die beiden deontischen Prinzipien gelten, dann ist es falsch, daß a und b nicht gleichzeitig getan werden können. Dann gibt es kein präskriptives Dilemma.[16]

Dieses Ergebnis ist angesichts der evidenten moralischen Konflikte unbefriedigend. Eine der Voraussetzungen dieses Ergebnisses ist die modallogische Interpretation der deontischen Prädikate.[17] Wenn 'a ist geboten' als 'a ist notwendig' verstanden wird und dasselbe für b gilt, ist ein präskriptives Dilemma ausgeschlossen. Dieses Ergebnis steht und fällt mit der Prämisse, daß moralische Gebote Handlungen notwendig machen, und zwar in dem Sinn, daß sie ihre Durchführung mit Notwendigkeit vorschreiben.

Die Analogie zwischen deontischer und modaler Logik wurde aber in Zweifel gezogen.[18] Außerdem wurde vorgeschlagen, es gebe zwei Arten von Geboten. Die einen gelten notwendig, die anderen nicht. Nur bei letzteren treten präskriptive Dilemmas auf.[19]

Dieser letzte Vorschlag trifft eine richtige Unterscheidung, nämlich die zwischen notwendiger und nicht-notwendiger Geltung. Sie hat aber erst den gewünschten Erfolg, wenn klar ist, daß Gebote nicht notwendig gelten können.

Notwendig gelten können lediglich ethische Grundprinzipien. Denn für ihre Gültigkeit können wir keine weiteren Prinzipien beanspruchen. Solche Prinzipien, wie z.B. das Glücksprinzip oder der Kategorische Imperativ, schreiben aber direkt keine Handlungen vor und können deswegen auch in kein präskriptives Dilemma geraten.[20]

Mit ethischen Prinzipien können wir zeigen, daß Pflichten z.B. des Wohlwollens oder der Gerechtigkeit und Gleichheit ethisch fundiert sind. Diese Pflichten gelten ihrerseits nicht notwendig, sondern relativ zu den Prinzipien, die wir axiomatisch voraussetzen.

Handlungen wiederum können nur relativ zu diesen Pflichten verbindlich gefordert werden. Sie sind weder an sich noch aufgrund von Pflichten in einem modallogischen Sinn notwendig. Handlungen sind kontingente Ereignisse. Für solche Ereignisse Notwendigkeit, sei es im metaphysischen oder im apriorischen Sinn, zu fordern, widerspricht ihrer Kontingenz. Was möglich oder nicht möglich ist, ist eben nicht notwendig, selbst wenn es, im modalen Sinn, notwendig möglich oder nicht möglich ist. Was nicht notwendig sein kann, kann auch nicht als Erfüllung eines Gebots notwendig sein. Selbst wenn es notwendig geltende Gebote gäbe, wäre deren Erfüllung also nicht mit Notwendigkeit möglich. Die Erfüllung kann deshalb nicht mit Notwendigkeit geboten werden.

Wenn wir Handlungen nicht mehr als 'notwendig geboten' verstehen, weil dieses Prädikat sinnlos ist, und uns die ursprünglich vorgeschlagene Form moralischer Konflikte ansehen, erkennen wir das Problem dieser Konflikte. Ich hatte diese Form vorgeschlagen: a gebietet in C x und b gebietet in C nicht-x. Ich kann aber, aus kontingenten Gründen, nicht gleichzeitig x und nicht-x tun. Das Problem moralischer Konflikte ist die oben beschriebene normative Überbestimmtheit des sozialen Handelns. Normativ überbestimmt ist das Handeln, wenn es aus kontingenten Gründen unmöglich ist, alle Verpflichtungen zu erfüllen.

Hinter dem präskriptiven Dilemma steckt die moralische Überbestimmtheit als Problem. Wegen der kontingenten Unmöglichkeit etwas zu tun und nicht zu tun, finden wir keine deontische Lösung des Dilemmas. Wir können aus der Unmöglichkeit x zu tun und nicht zu tun, also aus der kontingenten Unmöglichkeit a und b zu folgen ($\neg$ M (a $\wedge$ b)), nicht darauf schließen, daß entweder a oder b geboten ist.

Das deontische Argument kann der kontingenten Unmöglichkeit, etwas zu tun und nicht zu tun, nicht gerecht werden. Ignorant gegenüber der kontingent begründeten Unentscheidbarkeit, ob a oder b geboten ist, folgt aus dem deontischen Argument der Widerspruch, daß b geboten und nicht geboten ist.

Das Argument sei knapp skizziert: ($\neg$ M(a $\wedge$ b)) schließt ($\neg$ (a $\wedge$ b)) ein; letzteres ist aussagenlogisch äquivalent mit (a $\rightarrow$ $\neg$ b); daraus, aus 'a ist geboten' (Oa) und dem Prinzip: 'wenn a geboten ist und wenn b aus a folgt, dann ist auch b geboten' ((Oa $\wedge$ (a $\rightarrow$ b)) $\rightarrow$ Ob) folgt, daß nicht-b geboten ist (O $\neg$ b). Dies führt zu einer Inkonsistenz mit der ursprünglichen Annahme, daß b geboten ist, wenn wir das deontische Prinzip akzeptieren, daß dann, wenn etwas geboten ist, es nicht der Fall ist, daß dessen Negation geboten ist. Symbolisch: (Ob → ¬ O ¬ b). Dieses Prinzip und die ursprüngliche Annahme, daß b geboten ist, ergeben ¬ O ¬ b. Dies ist inkonsistent mit O ¬ b.

Diese Inkonsistenz entspricht den bereits bekannten deontischen Argumenten gegen präskriptive Dilemmas. Sie zeigt, daß wir die normative Überbestimmtheit des Handelns nicht mit deontischen Mitteln aufheben können. Diese Einsicht erfordert, gemessen an ihrem Resultat, einen zunächst ungerechtfertigt erscheinenden argumentativen Aufwand. Der Aufwand ist aber sinnvoll, weil wir ohne ihn zwei Einsichten nicht hätten: daß moralische Konflikte keine präskriptiven Dilemmas im Sinn der deontischen Analyse sind, und daß präskriptive Dilemmas entweder normale moralische Konflikte sind oder nicht existieren.

Moralische Konflikte sind keine präskriptiven Dilemmas, weil sie nicht auf die Unvereinbarkeit von Pflichten zurückzuführen sind. Moralische Konflikte gehen entweder auf die Unvereinbarkeit von Pflichten mit Handlungen in bestimmten Kontexten oder auf die unentscheidbare Rangfolge der Pflichten oder auf beides zurück. Die Pflichten selbst widersprechen sich so wenig wie die ethischen Prinzipien, die sie begründen. Konflikte treten erst durch die Mischung von Handlungs-Kontexten mit moralischen Anforderungen auf und auch nur dann, wenn unsere subjektive moralische Wahl normativ überbestimmt ist.

Die deontische Logik hilft uns bei dieser Einsicht, aber nur indirekt, weil sie von der falschen Voraussetzung ausgeht, daß moralische Konflikte präskriptive Dilemmas, d.h. unvereinbare Pflichten sind. Mit dieser falschen Prämisse und den umstrittenen Analogien zu modalen Prinzipien stellt sie die Inkonsistenz präskriptiver Dilemmas fest. Die deontische Logik kann deshalb moralische Konflikte weder erklären noch lösen.

Das letztere Defizit der deontischen Logik ist nicht gravierend, weil moralische Konflikte ohnehin keine deontischen Lösungen haben. Eine Verpflichtung löst sich nicht deswegen auf, weil ihre Einhaltung aus kontingenten Gründen nicht möglich ist. Die subjektive moralische Wahl kann bei normativer Überbestimmtheit des Handelns jedoch aus kontingenten Gründen nicht allen Verpflichtungen gerecht werden. Die Folgen dieses moralischen Defizits werde ich nun zusammen mit denen des rationalen Dilemmas untersuchen.

Synthetische Kriterien und vernünftige Wahl

Die moralische und die ökonomische Rationalität haben analoge Probleme mit ihren Dilemmas und Konflikten. Die Maximen beider Typen der Rationalität erweisen sich als unnütz angesichts praktischer Probleme. Die Wahl der dominanten Gewinnstrategie steht vor keinen geringeren Hindernissen als die Wahl einer ethisch rechtfertigbaren Handlung. In beiden Fällen bleibt die Wahl subjektiv mit allen Nachteilen, die der Mangel an ethischer Objektivität und rationaler Gewißheit nach sich zieht.

Die Defizite der 'nur' subjektiven moralischen Wahl sind ihre Inkohärenz und die ungelösten Pflichten-Konflikte. Sie gefährden vor allem die normative Identität, d.h. die Stabilität und Zuverlässigkeit des moralischen Selbst. Die normative Identität setzt idealiter eine ethisch gerechtfertigte, kohärente moralische Wahl voraus. Kohärenz und Legitimität, die Kriterien ethischer Objektivität, überfordern die subjektive moralische Wahl.

Der Mangel an normativer Identität hat praktische Folgen: die Person ist für andere nicht anhand ihrer moralischen Wahl reidentifizierbar. Die Reidentifikation setzt nämlich normativ kohärente und legitime moralische Entscheidungen, ein normativ stabiles Selbst, voraus. Wenn die moralische Wahl keine Reidentifikation erlaubt, gewährt sie auch keine Kontinuität der Person aus der Sicht der andern. Wir wissen z.B. unter diesen Bedingungen nicht, ob jemand seinen Verpflichtungen nachkommt oder nicht.

Wenn aber die Kontinuität der Person nicht aus ihrer moralischen Wahl erkennbar ist, fehlen der Person auch die Kriterien der Kontinuität aus ihrer eigenen Sicht. Es fehlen die Kriterien normativer Selbstidentifikation. Die Person erkennt sich selbst nicht direkt aus den Motiven ihrer moralischen Wahl, weil diese Wahl von heterogenen Kriterien geleitet ist. Ich weiß dann z.B. nicht, ob ich das tun werde, was ich für richtig und für meine Pflicht erachte.

Die Gefährdung der Selbstidentifikation spitzt sich aber kaum dramatisch zu. Denn die direkte Selbstidentifikation kann indirekt anhand der moralischen Defizite kompensiert werden. Die Person identifiziert sich anhand ihres moralischen Versagen, also anhand ihres Schuldbewußtseins.

Sie hat aber ein vernünftiges Interesse daran, von anderen nicht primär über ihr moralisches Versagen identifiziert zu werden. Es ist unvernünftig, die Glaubwürdigkeit der moralischen Wahl durch ständiges moralisches Versagen zu gefährden. Wir haben ein vernünftiges Interesse an unserer moralischen Glaubwürdigkeit, an einer positiv identifizierbaren Kontinuität anhand unseres moralischen Handelns. Vergleichbar damit ist das vernünftige Interesse an Wahrhaftigkeit. Ohne das eine Interesse wäre der Begriff der menschlichen Moralität, ohne das zweite Interesse der Begriff der Wahrheit in einer Sprache sinnlos. Die Vernünftigkeit, von der ich spreche, ist in beiden Fällen relativ zu einer Sinnlosigkeit.

Wie wirken sich im Unterschied zu den unlösbaren moralischen Konflikten die subjektiv nicht überwindbaren Dilemmas der rationalen Wahl aus? Sie stellen, so übertrieben das klingen mag, das individuelle und längerfristig das kollektive Überleben, letztlich die Kontinuität der Gattung, infrage. Die Gefährdung des individuellen Überlebens wächst ebenso mit den Kosten der

Nichtkooperation wie die kollektive Gefährdung. Im einen Fall tragen einzelne die Kosten, im andern Fall alle.

Andererseits hängt das individuelle Überleben in einem undramatischen Sinn in einer Gesellschaft kooperierender und nicht kooperierender anderer vom kontinuierlichen, längerfristigen Erfolg rationaler, selbstinteressierter Entscheidungen ab. Das Selbstinteresse ist deswegen unverzichtbar als Motiv sozialen Handelns.

Das soziale Selbst, das die rationalen Motive seines Handelns am Verhalten der andern orientiert[21], kann längerfristig nur erfolgreich sein, wenn es aus seiner eigenen Perspektive und der der anderen identifizierbar bleibt. Dies entspricht seinem vernünftigen Selbstinteresse. Soziale Rollen gewähren Identifizierbarkeit relativ zu ihrer Domäne. Personen haben aber viele solcher Rollen, die diskontinuierlich sind und in ihrer Summe dem sozialen Selbst keine Kontinuität geben.

Wenn die rationale Wahl als Sicherheitsspiel mit Kooperation als dem herausragenden koordinativen Gleichgewicht zu verstehen wäre, hätte das soziale Selbst die nötige Kontinuität. Wie wir anhand der rationalen Dilemmas sahen, scheidet diese Möglichkeit aus. Ich verhalte mich nicht kooperativ, wenn meine 'Versuchung' gegenüber meiner 'Strafe' groß genug ist. Deswegen kann ich für meine Kooperation aus rationalen Gründen nicht garantieren.

Das soziale Selbst kann seine Identifizierbarkeit und Kontinuität weder aus der moralischen noch aus der rationalen Wahl allein schöpfen. Diesen Schluß legen die Untersuchungen der rationalen Dilemmas und der moralischen Konflikte und ihrer Defizite nahe. Eine wechselseitige Kompensation der Defizite der rationalen durch die moralische Wahl und umgekehrt ist ausgeschlossen. Denn aus der rationalen emergiert keine moralische Wahl, und die moralische Wahl befriedigt nicht das rationale Selbstinteresse.

Es gibt jedoch auch angesichts moralischer Konflikte und rationaler Dilemmas ein vernünftiges Interesse, worauf das soziale Selbst nicht verzichten kann: das Interesse an Identifikation und Kontinuität. Es ist ein doppeltes, moralisches und rationales Interesse. Wir haben ein vernünftiges Interesse daran, nicht primär über das moralische Versagen, sondern positiv durch die eigene moralische Wahl identifiziert zu werden. Dies ist das Interesse an moralischer Glaubwürdigkeit. Wir haben außerdem ein vernünftiges Selbstinteresse an der Identifizierbarkeit unseres sozialen Selbst.

Dieses vernünftige Interesse an Kontinuität und Identifikation ist keine Synthese aus Moral und Selbstinteresse im Sinn einer dritten, übergeordneten Qualität. Es ist eine hybride, synthetische Mischung heterogener Anteile, die sich auch in der Mischung nicht verändern. Das Interesse an moralischer Glaubwürdigkeit und der rationalen Kontinuität des sozialen Selbst ist ein hybrides, synthetisches Motiv. Es ist im Vergleich zu den originären Quellen moralischer und ökonomischer Rationalität artifiziell wie Kunststoff oder die

Klänge eines Synthesizers. Weder die rationale noch die moralische Wahl machen jeweils für sich dieses synthetische Motiv notwendig.

Das Interesse an Identifikation und Kontinuität des sozialen Selbst ist vernünftig in dem Sinn, in dem das Interesse an Glaubwürdigkeit und Wahrhaftigkeit vernünftig ist. Ein 'diskontinuierliches, nicht identifizierbares Selbst' ist eine sinnlose Reihung von Worten, weil es kein Selbst ohne Kontinuität und Identifizierbarkeit durch sich und andere gibt. Auch die Diskontinuität der Überzeugungen und Wünsche des Selbst läßt sich nur relativ zu seiner Kontinuität verstehen.

Es gibt es kein originär moralisches, aber auch kein originär ökonomisches Motiv für die vernünftige Wahl, deren Präferenz die normative und rationale Identifizierbarkeit und Kontinuität ist. Die Einsicht, daß die Konflikte und Dilemmas, in die wir jeweils mit den beiden Typen der Rationalität geraten, das soziale Selbst gefährden, legt erst eine Synthetisierung nahe.

Die vernünftige Wahl ist trotz ihres hybriden Charakters eine Wahl wie jede andere. Ihre Präferenz für das längerfristige erfolgreiche eigene Überleben und das Überleben der anderen ist rational im Sinn des aufgeklärten Selbstinteresses. Sie bestimmt den subjektiven Nutzen der Wahl. Ihre Überzeugung, daß die moralische Glaubwürdigkeit unverzichtbar für die längerfristige personale und soziale Identität ist, bestimmt, neben anderen Überzeugungen, die subjektive Wahrscheinlichkeit der Wahl. Neuartig ist an der vernünftigen Wahl allerdings, daß der subjektive Nutzen und seine Wahrscheinlichkeit von einem einzigen Interesse geleitet sind, nämlich dem an Identifikation und Kontinuität des sozialen Selbst.

In traditioneller Lesart scheinen sich hinter jener Präferenz das bloße Selbstinteresse und hinter der subjektiven Wahrscheinlichkeit die Pflicht zu verbergen. Dies trifft nur oberflächlich zu. Denn das vernünftige Interesse des sozialen Selbst gibt beidem eine Richtung. Sie orientiert die vernünftige Wahl auf eine moralisch überzeugte Kooperation. Sie ist von der Einsicht geleitet, daß der zweckrationale Schein der Glaubwürdigkeit ebenso unnütz ist wie der Verzicht auf subjektiven Gewinn sinnlos.

Die Maxime der vernünftigen Wahl ist: wähle Deine Handlungen kooperativ, solange Du damit weder Deine Glaubwürdigkeit noch Dein Selbstinteresse gefährdest. In ihrer kürzesten, aber mißverständlichen Fassung lautet die Maxime: wähle Dich selbst. Richtig verstanden schließt diese Maxime rationales Selbstinteresse und moralische Selbstbestimmung ein.

An dieser synthetischen Beziehung zwischen den Ansprüchen moralischer und ökonomischer Rationalität wird klar, daß die vernünftige Wahl ihren eigenen Charakter nur parasitär formulieren kann. Die Klarheit des Anspruchs der vernünftigen Wahl ist relativ zur Klarheit der Ansprüche der beiden Typen der Rationalität. Deshalb kann sich unser Verständnis vernünftiger Optionen nur in Begriffen der rationalen und der moralischen Wahl hybrid artikulieren.

Die Lebensdauer von Hybriden, allgemein von künstlichen Gebilden ist vor allem umstritten, wenn sie bloß theoretischen Charakter haben. Das synthetische Motiv aus moralischer und ökonomischer Rationalität ist jedoch nicht nur ein theoretischer Hybrid. Im praktischen Leben ist diese Motiv-Mischung normal. Sie entspricht der praktischen Vernünftigkeit und moralischen Klugheit.

C.D. Broad charakterisierte die beiden Aspekte dessen, was wir 'vernünftig' nennen: es sei manchmal das, was richtig ist, unabhängig davon, ob es klug ist oder nicht; manchmal sei es auch das, was klug ist, unabhängig davon, ob es richtig ist oder nicht.[22] Wir benötigen praktische Urteilsfähigkeit, um jeweils entscheiden zu können, wann wir der Klugheit und wann wir der Richtigkeit den Vorzug geben.

Ich beschrieb das Verhältnis des Vernünftigen zu den beiden Typen der Rationalität abstrakt als das einer logischen Summe zu ihren Teilmengen. Diese Summe aus ökonomischer und moralischer Rationalität benötigt, um der Maxime der vernünftigen Wahl gerecht werden zu können, einen Kernbereich synthetischer Motive, in dem sich beide Teilmengen überlagern. Dieser Bereich charakterisiert das soziale Selbst, das sich selbst wählen kann, macht es mit zunehmender Größe besser identifizierbar und gibt ihm Kontinuität.

Die Größe dieses Bereichs synthetischer Motive ist individuell verschieden. Da es die hybriden Motive sind, die dem sozialen Selbst moralische Glaubwürdigkeit und Kontinuität sichern, geben sie ihm seine identifizierbare Gestalt. Wir können diese Gestalt im Sinn Lionel Trillings auch die 'Authentizität' des sozialen Selbst nennen.

Trilling unterscheidet das authentische vom aufrichtigen Selbst. Er schreibt dem authentischen Selbst eine "intensivere moralische Erfahrung" zu als dem Aufrichtigen. Außerdem setze das authentische Selbst eine "anspruchsvollere Auffassung des Selbst und dessen, was es bedeutet, sich selbst treu zu sein, eine umfassendere Beziehung auf die Welt und die Stellung des Menschen in ihr und schließlich eine weniger großzügige und weniger freundliche Ansicht von den sozialen Bedingungen des Lebens" voraus[23].

Dieses Selbst hat mit der moralischen und der rationalen Wahl gute und schlechte Erfahrungen gemacht. Es weiß aber, daß keine Wahl die Authentizität des Selbst gefährden darf. Die Präferenz für das authentische Selbst ist vernünftig, aber noch immer hybrid. Die vernünftige Wahl ist rational und moralisch.

Martin Hollis danke ich für wertvolle Hinweise und Kritik.

Anmerkungen

1 Max Weber (1976).

2 Ibid., 13, bes. 4.Abschnitt.

3 Zur Unterscheidung zwischen internen und externen Gründen vgl. Bernard Williams (1981); und Martin Hollis (1987), S.74-94.

4 Henry Sidgwick (1907/1981); vgl. meinen Beitrag (1991) in Gähde U. & Schrader W.(1991).

5 Max Weber, a.a.O., 9f.

6 Martin Hollis (1977), S.21; und ders. (1991).

7 Eine gute Übersicht über die unterschiedlichen Kooperationsspiele gibt Iain McLean (1987), Kap. 7.

8 Beispiele sind neben wirtschaftlichen Beziehungen zwischen zwei und mehr Personen politische Beziehungen und Verträge über Fischfangquoten, Abrüstung, Umweltschutz etc.

9 Kooperationsspiele mit einer unbegrenzten Serie von Spielzügen mit jeweils einem Resultat zwischen gleichbleibenden Gruppen oder Individuen sind sog. Superspiele (supergames). Zu Zwei-Personen- und N-Personen-Gefangenen-Dilemma-Superspielen vgl. Michael Taylor (1987), Kap. 3 und 4.

10 Wir benötigen nicht notwendig einen Diskontparameter, z.B. dann nicht, wenn wir TIT-for-TAT spielen.

11 Vgl. die Erläuterung des Diskontparameters in Iain McLean, a.a.O., 135 f. und dessen Ableitung S. 148-153.

12 Axelrod R. (1988).

13 Zum Begriff koordinativer Gleichgewichte und deren Merkmalen vgl. David Lewis (1975), S.24-36; vgl. meine Erläuterung solcher Merkmale in Vossenkuhl (1982), S.98.

14 Im einzelnen gehe ich auf diesen weiten Begriff der Rationalität ein in Vossenkuhl (1987).

15 Zur Frage der Teilbarkeit und Übertragbarkeit von Pflichten wie Verantwortung vgl. meinen Beitrag (Vossenkuhl (1983)) in Albin Eser & Hans Michael Baumgartner (1983).

16 Eine zusammenfassende Übersicht über die deontische Rekonstruktion präskriptiver Dilemmas gibt Christopher W. Gowans in seiner Einleitung zu der von ihm herausgegebenen Textsammlung (Gowans, (1987)), S.20 f.

17 'Ist geboten' wird modal als 'ist notwendig', 'ist verboten' als 'ist nicht möglich' und 'ist erlaubt' als 'ist möglich' verstanden.

18 Vgl. Georg Henrik von Wright (1971).; dazu C.W. Gowans, a.a.O., 24.

19 Vgl. wiederum Gowans, a.a.O., 25. Ich gehe, wie noch deutlich wird, davon aus, daß moralische Konflikte nur über die Wahl von Handlungen entstehen können und die dabei nicht einlösbaren Pflichten ihre Verbindlichkeit nicht verlieren. In einem auf

beliebige Werturteile bezogenen Sinn geht Isaac Levis Entscheidungstheorie ebenfalls von ungelösten Konflikten aus (Levi (1986), Kap. 2).

20 Diese Prinzipien widersprechen einander nicht und können, wie Kant dies mit seinem Begriff des summum bonum vorschlägt, sogar vereinigt werden. Die Prinzipien geraten indirekt dann in einen Gegensatz, wenn sie zur Rechtfertigung von Handlungen beansprucht werden, die miteinander unvereinbar sind.

21 Ich lehne mich hier an Max Webers vielbemühten Begriff des sozialen Handelns an: "'Soziales' Handeln aber soll ein solches Handeln heißen, welches seinem von dem oder den Handelnden gemeinten Sinn nach auf das Verhalten anderer bezogen wird und daran in seinem Ablauf orientiert ist." Wirtschaft und Gesellschaft, a.a.O., 1.

22 C.D. Broad (1985), S.216.

23 Lionel Trilling (1983), S. 20.

Literatur

Axelrod R. (1988). Die Evolution der Kooperation. München.

Broad C.D. (1985) (ed. by C. Lewy). **Ethics.** Dordrecht e.a.

Gowans C.W. (1987). Moral Dilemmas. Oxford.

Gähde U., Schrader W. (Hrsg.) (1991). Der klassische Utilitarismus. Weinheim.

Hollis M. (1977). Models of Man. Cambridge.

--- **(1987). The Cunning of Reason.** Cambridge.

--- **(1991). Rationalität und soziales Verstehen** Frankfurt.

McLean I. (1987). Public Choice, an Introduction. Oxford.

Levi I. (1986). Hard Choices, Decision Making under Unresolved Conflict. Cambridge.

Lewis D. (1975). Koventionen, eine sprachphilosophische Abhandlung. Berlin/New York.

Sidgwick H. (1907/1981). The Methods of Ethics. London. (repr. Cambridge/Indianapolis, 1981).

Taylor M. (1987). The Possibility of Cooperation. Cambridge.

Trilling L. (1983). Das Ende der Aufrichtigkeit. Frankfurt.

Vossenkuhl W. (1982). Anatomie des Sprachgebrauchs. Stuttgart.

--- **(1983).** Moralische und nicht-moralische Bedingungen verantwortlichen Handelns. In: Eser A., Baumgartner H.M. (Hrsg.), **Schuld und Verantwortung.** Tübingen, S. 109-140.

--- **(1987).** Rationale Überzeugungen. **Ratio** 29, 170-182.

--- **(1991).** Sidgwicks Utilitarismus. In: Gähde U., Schrader W. (Hrsg.), **Der klassische Utilitarismus.** Weinheim.

Weber M. (1976). Wirtschaft und Gesellschaft, Grundriß der verstehenden Soziologie. 5. revid. Aufl., Tübingen.

Williams B. (1981). Internal and External Reasons. In: ders., **Moral Luck**. Cambridge 1981, S. 101-113. (Übers. Moralischer Zufall, Königstein 1984, S. 112-142).

von Wright G.H. (1971). Deontic Logic and the Theory of Conditions. In: Hilpinen R.(ed.), **Deontic Logic**. Dordrecht, S.159-177.

Albert Weale

Political Accountability and Normative Rationality

In its broadest sense the principle of political accountability means that governments are obliged to give reasons for the policy decisions they make. In this paper I shall seek to explore the question of whether there is some general structure to which the process of giving reasons should conform.

I

When I say that a government has to offer reasons for its policies, I simply mean that a government must seek publicly to justify the course of action that it undertakes. There is no special significance in the term 'policy', of the form for example of that advocated by Dworkin in the distinction between policy and principle.[1] A policy is simply an intended course of public action. It may be orientated towards matters of general public interest, or it may concern the protection of rights, or it may involve some mixture of these. To avoid tedious repetition I shall also use the term policy to cover those cases where governments refrain from action in the manner they are supposed to do by some theories of the minimal state. On this account a policy of not interfering with freedom of speech is equivalent to the act of permitting freedom of speech.

Except in one case discussed below, I shall not distinguish between the various sorts of reasons that governments may offer for the courses of action that they undertake. Sometimes for example the distinction is made between instrumental and non-instrumental reasons. Instrumental reasons relate to actions undertaken in relation to a previously and independently specified goal, whereas non-instrumental reasons relate to the ends of actions or the manner in which they are carried out. I avoid making this distinction partly because I think it is misleading in the case of political choices and partly because I hope to construct a general account of political accountability that would cover all the relevant types of reason no matter how they are distinguished.

II

The principle of political accountability has at least two sources. One is to be found in the idea of constitutional government. Constitutional government is government in accordance with the principles of the rule of law. The rule of law requires that the regulations governing society have certain properties, most notably that they be non-arbitrary, prospective and impersonal.[2] The rule of law is intended to restrict the discretion of the public authorities in the making and enforcing of legislation. In this context the central notion to be stressed is that of the non-arbitrary nature of government when operating under the principles of the rule of law. I take this to mean that public policies should be non-arbitrary in a stronger sense than merely avoiding logical inconsistency or whimsicality. It means that policies should be given an underlying public rationale.

The devices usually adopted to achieve the requirements of the rule of law include the separation of powers and the system of checks and balances. The assumption built into these devices is that by placing the government under a challenge to justify its course of action by appeal to publicly stated reasons it will be possible to ensure that the rule of law is maintained.

The second ideal underlying the principle of political accountability is that of democratic government, and in particular the model of democratic government which sees it as a process of 'discursive will formation' rather than simply a process of aggregating preferences into a collective or social choice.[3] According to this conception governments are democratic to the extent to which they provide opportunities for public discussion on the alternative courses of action that confront the polity. Citizens are not simply asked to register their pre-existing preferences but are expected to participate in the discussion during which their minds, and hence their preferences, will be changed. Thus, the central concept of the discursive conception of democracy is discussion leading to consensus.

From the discursive conception of democracy it is possible to see how the principle of political accountability is derived. To render an account of action is to seek to justify it in terms of a public dialogue. This involves stating reasons that are in principle capable of leading citizens to change their minds about the correct course of public action to be followed. In seeking to act in an accountable fashion a government will be seeking to act in a persuasive fashion. The twin ideas of constitutional government and of democratic government combine therefore to provide a rationale for the principle of political accountability.[4]

III

Suppose, then, that a government adopts a policy, and publicly offers reasons why it has adopted that policy. Has it discharged its obligation of political accountability? One reason why it may not have discharged the obligation is that its chosen course of action may not accord with the reasons as stated. After all, it is not uncommon for governments to say one thing and do another. Merely to state reasons is not sufficient therefore. There must be some correspondence between the reasons as stated and the course of action that is being pursued. In other words the reasons as stated should be shown to be action-guiding. This means that the actions undertaken should follow as a practical consequence of the reasons stated.

This does not mean that the government acts for the reasons that it publicly states. Perhaps its motivation is quite different. A ruling political party or group may do the right thing for the wrong reason. It may state the reasons for acting in a certain way, but be motivated by quite distinct considerations. For example, it may claim to be acting in the public interest, but in fact be motivated by considerations of party advantage. Nonetheless, provided the reasons publicly given would be sufficient to lead the government to act in the way that it does if they were acted upon, then it is not in breach of the duties of political accountability.

Reasons may be shown to be action-guiding but still insufficient to satisfy the conditions of political accountability. It is rare that the reasons which apply to a course of action all point in the same direction. Some reasons will indicate undertaking the course of action, and other reasons will indicate not undertaking it. It appears then that the government will need to show not only that its actions are in accordance with the reasons stated, but it will also need to show that its actions are in accordance with the balance of reasons. It is not enough to show that the government's actions are in accordance with some stated reasons; it is also necessary to show that the actions are in accordance with the reasons that defeat other reasons stated.

This does not imply that all reasons are essentially comparative, even though they may be weighed against one another in comparing alternative courses of action. A comparative reason is one that makes essential reference to a property of an object, process or state of affairs that can vary in at least an ordinal respect from instance to instance. Prosperity, as conventionally measured, can be compared at least ordinally across societies or periods of time, and the fact that one action will yield more prosperity than another action provides an essentially comparative reason of policy. Reasons may also be offered for choosing one alternative rather than another that do not presuppose such comparative properties. One course of action may restrict freedom of speech, and another may disrupt social peace. If one reason is taken to outweigh another, it does not follow that there is any common property in respect of which freedom of speech and the maintenance of social peace are being compared with one another.

Is it then sufficient to say that the obligation of political accountability is discharged when the government acts in accordance with the balance of reasons as stated in its own public justification of its policies? Not quite, for the following reason. Suppose a government were only to state the reasons which on balance favoured its course of action. Then it might still be the case that there were other, unstated reasons why the government should not act in the way that it does. These unstated reasons may be sufficient to defeat the stated reasons, but the government has avoided the full force of the obligation of political accountability by stating in justification for its actions only a subset of relevant reasons.

One way of putting this point is to say that the government should be able to meet not only all stated objections to its course of action, but also all statable objections to its course of action. It is this principle, of course, which provides the rationale for familiar features of political life, most notably the feature that the policies of government be open to scrutiny from opposition parties who themselves have an opportunity for forming a government. This institutional arrangement provides individuals with a familiar range of incentives - career advancement, political kudos and the joys of embarrassing one's opponents - to search out and advance statable reasons against the policies being pursued by the government of the day.

It is not therefore sufficient for the government to give reasons, it must also show that there are no better reasons that would justify an alternative course of action. This requirement follows from the fact that what is expected of government is not merely an explanation of its action but also a justification. Contrast this with the fact that we often have to explain people's actions not in terms of the best reasons available to them but in terms of some subset of the reasons available to them. This is notoriously so in the case of weakness of will, in the case of individuals, whose actions we seek to explain not in terms of what it was prudent for them to do given the balance of reasons, but in terms of what reasons in practice motivated them. Such an account will explain a course of action but it will not justify it.

IV

If governments are required to justify their conduct, then it will not be sufficient to appeal to subjectively held reasons. This follows from the general nature of justification. In offering a justification of my action I do not appeal to the subjective state of my beliefs about the world but to reasons that I take to express some valid ground of action. Another way of putting this is to say that it is not beliefs that provide reasons for action but the facts to which those beliefs refer. It is not my belief that it is raining that justifies my taking an umbrella; it is the fact that it is raining.[5] My false belief that it is raining may explain my action, if the belief is sincerely held, but it cannot justify my action.

And yet if we say that it is insufficient in meeting the duties of political obligation for governments merely to state what they believe, it seems too demanding a requirement to say that they must only act on valid reasons. They will be justified if they act on valid reasons, but they may find it impossible to distinguish what is valid from what is invalid. Psychological conviction is not enough; epistemic validity seems too demanding. After all, many issues in politics are complex and uncertain, and much may depend upon judgement rather than validity.

One way around this difficulty is to relativise the concept of validity to the procedures used to acquire beliefs. On this account a reason will be valid if it is acquired by the most suitable procedures for acquiring beliefs of that type. The obligation of accountability on governments therefore would be to show that their reasons for policy choice were grounded in a set of procedures that were the most appropriate procedures for acquiring certain sorts of belief. Turning this round we may say that the obligation of accountability implies not merely stating the full set of relevant reasons, but also indicating where those reasons may be deficient in respect of their validity and in showing what steps have been taken to avoid invalid elements entering the relevant beliefs.

This relativisation of belief to procedures is preferable to an attempt to weigh reasons according to their presumed degree of epistemic validity. It might be thought that the most appropriate way to take into account uncertainty was to weigh less certain beliefs less heavily than more certain beliefs. In other words we might seek to be motivated by the facts, but recognise that our beliefs about the facts might be contaminated by error. So we would then weigh most heavily as reasons only those that were encoded in our most certain beliefs. But the difficulty with this proposal is that the most relevant reasons for a course of action may be encoded in beliefs about which we are least certain. Thus we cannot be certain that nuclear power will involve a major accident, but we may choose to weigh very heavily the possibility that it might.

V

An accountable government, then, is one that acts on the balance of statable reasons whose validity is determined by the most suitable procedures for acquiring the relevant beliefs. A number of implications follow from this analysis. I shall discuss them in relation to the following questions:

1. Does a government have the **right** to do what it has most reason to do?
2. Does a government have a **duty** to do what it has most reason to do?

It may seem obvious that a government has a right to do what it has most reason to do, but there are apparent counterexamples. Suppose a government has most reason to do X rather then Y. Then it might seem that it has the right to do X rather than Y. However, X-type actions may be forbidden by the constitution of the country. For example, X may involve running a budgetary deficit, and some countries forbid this. So although the government has most reason to do X, it lacks the right to do X.

But this counterexample prompts a response. How can a government have most reason to do X when there is a constitutional restriction forbidding it from doing X? If that constitutional restriction were listed among the reasons for action, then it would seem to defeat countervailing considerations. Why then say that the government has most reason to do X?

The answer to this question depends on the view that one takes of the distinction between first-order and second-order reasons. Some people think that second-order reasons, that is reasons about the process of reasoning, fall into a different logical class from first-order reasons, that is reasons about the course of action to follow. For these people first-order reasoning is constrained by second-order reasoning. One may quite properly reject for second-order reasons that course of action which one has most first-order reason to perform. Consider the example due to Raz.[6] Someone refuses to make a decision about an investment, not because it would be unwise to make the investment but because she is tired at the end of the day and does not trust a process of reasoning in those circumstances whatever decision it would lead to.

For many analysts constitutional restrictions are a form of second-order reasons. They concern the manner in which decisions are made rather than entering substantively into the process of decision itself. Constitutional principles bind; reasons merely weigh. For myself I do not see this as essentially different from choosing to give infinite weight to one sort of reason over others. In other words the distinction between first and second-order reasons connotes not a distinction of kind but a distinction of weight. On this account, the proper place to list constitutional considerations is with the general list of reasons for performing one action rather than another. From this viewpoint if a government has most reason to do X it also has the right to do X, since the constitutional status of its actions will already have been weighed in the balance of reasons. Does the government have a duty to do what it has most reason to do? It would do if all the following propositions were true: governments have a duty to act from the strongest of reasons and relevant reasoning has produced a complete and transitive ordering of available alternatives. To see why consider the following. Suppose that the government were proposing to act on some alternative. From the completeness assumption we know that we can compare this alternative to all the others. Suppose that having made this comparison we find that the indicated alternative is sub-optimal. Then we might want to say that the government should act on the optimal alternative, which we could discover by interactively applying the transitivity and completeness conditions. Why should the government not be obliged to act so as to implement the optimal alternative?

One way in which this question can be answered in the negative is to question the assumption that governments are obliged to act from the strongest of reasons. But we have already ruled this move out by our definition of political accountability. A government acts in an accountable way if it acts on the balance of reasons. If it chooses the sub-optimal alternative it is not acting on the balance of reasons. Hence if a government can act on the balance of reasons it is obliged to act on the balance of reasons if it is to be accountable.

We are then thrown back to the question of whether the government can act on the balance of reasons. This is to question the completeness and transitivity assumptions. There are good grounds for thinking that relevant reasons will not always produce a complete and transitive ranking. Reasons will be heterogeneous in character, identifying different dimensions of alternative social states. Moreover, since we are focussing on reasons as yielding completeness and transitivity we cannot resort to revealed preference as the ground for ascribing these properties to the rationality of choice. Completeness and transitivity of a choice function does not imply completeness and transitivity in the rationality of that choice.

There will be some circumstances, therefore, in which the government cannot always act on the balance of reasons, since the total set of reasons might not describe a complete and transitive choice between the alternatives. Am I alone in thinking that this provides the freedom within which political decisions are often made?

References

1 **Dworkin R.** (1986). **A Matter of Principle.** Clarendon Press, Oxford, esp. part I.

2 **Fuller Lon L.** (1964). **The Morality of Law**. Yale University press. New Haven, London, Chapter 2.

3 **Habermas J.** (1979). **Communication and the Evolution of Society**. Heineman, London, 178-183.

4 **Homann K.** (1985). Legitimation und Verfassungsstaat. Vertragstheoretische Interpretation der Demokratie. In: Boettcher E., Herder-Dorneich P., Schenk K.-E. (Hsg.) **Jahrbuch für Neue Politische Ökonomie**. Band 4 , J.C.B. Mohr, Tübingen, S.48-72.

5 **Raz J.** (1975). **Practical Reason and Norms**. Hutchinsons, London, 16-20.

6 **Raz J.** (1975). **Practical Reason and Norms**. Hutchinsons, London, p.37.

Rainer Hegselmann

Moralität im iterierten Gefangenen-Dilemma

Prisoner's-Dilemma-Situationen (PD-Situationen) haben bekanntlich eine Struktur, bei der die Rationalität der Spieler zu einem suboptimalen Resultat führt. Man hat daher in diesem Zusammenhang häufig von einem **Paradox der Rationalität** gesprochen. Brisant ist dieses Paradox deshalb, weil PD-Situationen oder Situationen ähnlicher Struktur in der gesellschaftlichen Realität nicht selten sind.[1] Einige Autoren haben herausgestellt, daß die für PD-Situationen charakteristischen Desaster der Rationalität vermieden werden können, wenn sich die beteiligten Individuen eine gewisse Moral zu eigen machen.[2] Offensichtlich gilt nämlich, daß Spielern, die sich **nicht** von spieltheoretischen Rationalitätspostulaten, sondern etwa von Kants Kategorischem Imperativ, verwandten Verallgemeinerungsprinzipien oder auch vom Grundsatz des Regelutilitarismus leiten ließen, eine effiziente Lösung von PD-Situationen möglich wäre.[3] Moralität könnte daher die Funktion haben, rationalitätsbedingte Desaster zu vermeiden.[4] Andererseits hat die Analyse **iterierter** PD-Situationen ergeben, daß unter gewissen Bedingungen Gleichgewichte aus Superspielstrategien existieren, die vom Effekt her auf durchgängige Kooperation der Spieler hinauslaufen.[5] Dieses Resultat läßt die **Frage** entstehen, **wie jene entschärfenden Effekte, die Moralität im einfachen PD-Spiel zweifellos hat, unter Bedingungen eines PD-Superspiels zu beurteilen sind.**

1. Modellierung von Moralität

Um diese Frage zu beantworten, muß zunächst ein geeigneter konzeptueller Rahmen zur Modellierung von Moralität gefunden werden. Ich möchte davon ausgehen, daß jeder Spieler neben einer **selbstinteressierten** Nutzenfunktion auch über eine **moralische** Nutzenfunktion zur Bewertung von Spielresultaten verfügt, und aus beiden Funktionen eine de facto das Handeln leitende **effektive** Nutzenfunktion bildet, wobei ein Gewichtungsfaktor das Gewicht der moralischen bzw. der selbstinteressierten Komponente angibt.[6]

Die selbstinteressierten Payoffs des PD-Spiels seien wie üblich:

(1)

	C		D	
C	R	R	S	T
D	T	S	P	P

C: Kooperation
D: Defektion

$T > R > P > S$

Für die Bestimmung der moralischen Payoffs möchte ich von einer Bewertung ausgehen, die einer kantisch verstandenen Moralität, aber auch Verallgemeinerungsprinzipien der Common-sense-Moral zugrundezuliegen scheint und an die im moralischen Alltag mit Wendungen wie "Und wenn das jeder täte?!" appelliert wird. Diese moralische Bewertung scheint mir repräsentiert durch

(2)

	C		D	
C	H	H	H	N
D	N	H	N	N

$H > N$

(2) hätte offenbar den Effekt, daß in einer Situation, die unter dem Gesichtspunkt selbstinteressierter Präferenzen eine PD-Situation ist, bei Zugrundelegung der moralischen Präferenzen Kooperation zur dominanten Strategie wird.[7] Nimmt man nun weiter an, daß die Werte der effektiv das Handeln leitenden Nutzenfunktion aus den über μ bzw. $1\text{-}\mu$ $(0 \leq \mu \leq 1)$ gewichteten moralischen und selbstinteressierten Komponenten resultieren, dann ergeben sich die effektiven Payoffs T^*_i, R^*_i, P^*_i und S^*_i $(i=1,2)$ wie folgt:

(3)

	C	D
C	$R^*_1 = (1\text{-}\mu_1)R + \mu_1 H$ $R^*_2 = (1\text{-}\mu_2)R + \mu_2 H$	$S^*_1 = (1\text{-}\mu_1)S + \mu_1 H$ $T^*_2 = (1\text{-}\mu_2)T + \mu_2 N$
D	$T^*_1 = (1\text{-}\mu_1)T + \mu_1 N$ $S^*_2 = (1\text{-}\mu_2)S + \mu_2 H$	$P^*_1 = (1\text{-}\mu_1)P + \mu_1 N$ $P^*_2 = (1\text{-}\mu_2)P + \mu_2 N$

Das damit charakterisierte Spiel möge **effektives Spiel** heißen. Für einen Moralitätskoeffizienten $\mu_i = 0$ geht (3) über in (1), für $\mu_i = 1$ wird (3) zu (2).

Man kann sich leicht klar machen, daß ein **hinreichend hoher Moralitätskoeffizient** ein effektives Spiel erzeugt, das keine PD-Struktur mehr hat und in dem Kooperation dominante Strategie ist oder beidseitige Kooperation ein Gleichgewicht ist, das jeden Spieler mindestens so gut stellt, wie jedes andere möglicherweise existierende Gleichgewicht.[8] Ein hinreichend hoher Moralitätskoeffizient kann daher im einfachen PD-Spiel Resultate möglich machen, die die Spieler unter dem Gesichtspunkt ihrer selbstinteressierten (!) Präferenzen deutlich besser stellen als jenes, das sich dann einstellt, wenn sie unmittelbar ihren selbstinteressierten Präferenzen folgen. Der Moralitätskoeffizient kann jedoch auch so niedrig ausfallen, daß das effektive Spiel ebenfalls eine PD-Struktur hat.

2. Kooperativität im natürlichen PD-Superspiel

Um die Rolle der Moralität in PD-Superspielen abzuschätzen, möchte ich zunächst **'natürliche' Superspiele Ω** betrachten, deren konstituierende Spiele PD-Spiele auf Basis der selbstinteressierten Präferenzen gemäß (1) sind, um diese dann mit korrespondierenden **effektiven PD-Superspielen Ω^*** zu kontrastieren, deren konstituierende Spiele jeweils effektive Spiele im Sinne von (3) sind, dabei jedoch wegen eines von Null verschiedenen, zugleich aber nicht hinreichend hohen Moralitätskoeffizienten ebenfalls eine PD-Struktur aufweisen.

Generell können PD-Superspiele kooperativ gelöst werden, wenn das Ende des Superspiels ungewiß ist. Technisch kann man diese Ungewißheit dadurch repräsentieren, daß man eine Wahrscheinlichkeit α $(0 < \alpha < 1)$ dafür annimmt, daß das jeweilige konstituierende Spiel nicht das letzte Spiel ist.[9] Man nimmt dann α^{t-1} als Gewichtungsfaktor für den Payoff des konstituierenden Spiels der Periode t an und interpretiert den Superspiel-Payoff insgesamt als Erwartungswert, der unter den gegebenen Bedingungen gegen einen endlichen Wert konvergiert. α heißt auch **Diskontparameter**. Für die Existenz von kooperativen Gleichgewichten kommt es entscheidend auf seine Höhe an.

Zwei der am häufigsten diskutierten Superspielstrategien, die jeweils gegeneinander gespielt unter der Bedingung hinreichend hoher Diskontparameter zu kooperativen Gleichgewichten führen, sind die Trigger-Strategie und die in der von Axelrod (1984) durchgeführten Computersimulation überaus erfolgreiche Tit-for-Tat-Strategie Rapaports. Die Tit-for-Tat-Strategie spielt ein Spieler im ersten Spiel kooperativ und wählt in jedem weiteren Spiel jeweils die Strategie, die der Gegenspieler im vorhergehenden Spiel spielte. Die Trigger-Strategie beginnt ebenfalls mit der Wahl der kooperativen Strategie, antwortet aber auf die erste Defektion des Gegenspielers mit ewiger Defektion. Für Existenz von Gleichgewichten aus Paaren dieser Strategien sind zwei Schwellenwerte entscheidend:

$$\text{(4)} \qquad \pi = \frac{T\text{-}R}{T\text{-}R}$$

und

$$\text{(5)} \qquad \tau = \frac{T\text{-}R}{R\text{-}S}$$

Eine Kombination von Trigger-Strategien ist ein Gleichgewicht genau dann, wenn der Diskontparameter beider Spieler mindestens so groß ist wie π; Kombinationen von Tit-for-Tat-Strategien sind Gleichgewichte genau dann, wenn der Diskontparameter beider Spieler mindestens so groß ist wie der größere der beiden Werte π bzw. τ. Diese Bedingungen können erfüllbar sein, die letztere wegen $\alpha < 1$ allerdings **nicht immer**. Es kann daher bereits im natürlichen Superspiel kooperative Lösungen geben.

3. Kooperativität im effektiven PD-Superspiel

Die Gleichungen (4) und (5) im effektiven PD-Superspiel korrespondierenden Schwellenwerte sind:

$$\text{(6)} \qquad \pi^* = \frac{T^*\text{-}R^*}{T^*\text{-}P^*}$$

und

$$\text{(7)} \qquad \tau^* = \frac{T^*\text{-}R^*}{R^*\text{-}S^*}$$

Es ist von Interesse zu bestimmen, wie sich die Chancen für kooperative Gleichgewichte in Ω und Ω^* zueinander verhalten. In diesem Zusammenhang lassen sich **zwei Resultate** festhalten:

(i) Der jeweilige Schwellenwert, den der Diskontparameter beider Spieler im effektiven Superspiel Ω^* jeweils erreichen muß, damit eine Kombination von Trigger-Strategien kooperatives Gleichgewicht ist, ist immer niedriger als im korrespondierenden Superspiel Ω.[10]

(ii) Die jeweiligen Schwellenwerte, deren höheren der Diskontparameter beider Spieler im effektiven Superspiel Ω^* jeweils erreichen muß, damit eine Kombination von Tit-for-Tat-Strategien ein kooperatives Gleichgewicht ist, sind immer niedriger als im korrespondierenden Superspiel Ω.[11]

Inhaltlich bedeuten diese Resultate, daß ein von Null verschiedener Moralitätskoeffizient, der nicht hinreichend hoch ist, um schon im einfachen effektiven Spiel die PD-Struktur zu überwinden, es im effektiven

PD-Superspiel jedenfalls einfacher macht, zu kooperativen Gleichgewichten zu kommen, weil er die Anforderungen an die Höhe des Diskontparameters senkt.

Soziologisch ist der Diskontparameter eine Größe, in der sich die erwartete Stabilität der sozialen Situation ausdrückt[12] und die ihrerseits von der sozialen Geschlossenheit einer Gemeinschaft, ihren Fluktuationsraten u.ä. abhängt. Auf Basis dieser Deutung kann man daher sagen, daß eine Gemeinschaft ceteris paribus bei einem gewissen Maß an Moralität aller größere Instabilitäten kooperativ bewältigen kann, als sie es ohne Moralität vermöchte. Wäre es ein säkularer Trend, daß α sinkt, also sozusagen der "Anonymisierungsgrad" $(1-\alpha)$ einer Gemeinschaft - sei es durch Mitgliederzuwachs, sei es durch Auflösung sozialer Bindungen - steigt, dann könnte die ceteris paribus wachsende Kooperations-Unfähigkeit dieser Gemeinschaft durch ein gewisses Maß an Moralität aller durchaus kompensiert werden. (Dies wäre natürlich anders zu beurteilen, wenn der Moralitätskoeffizient seinerseits mit dem Anonymisierungsgrad sinkt.)

4. Moralität und langfristige Klugheit

Im hier benutzten Rahmen ergeben sich Konsequenzen hinsichtlich der Rolle langfristiger Klugheit. Offensichtlich ist, daß langfristige Klugheit jedenfalls nicht schlicht mit rationaler Verfolgung selbstinteressierter Präferenzen im iterierten PD-Spiel identifiziert werden kann. Beachtet man nämlich, daß der Diskontparameter α als Wahrscheinlichkeit dafür aufzufassen ist, daß es ein nächstes Spiel geben wird, dann wird man insbesondere denjenigen wohl kaum langfristig klug nennen wollen, der diese Wahrscheinlichkeit nach Lage der Dinge unverhältnismäßig niedrig bzw. hoch ansetzt. Als **ein** Modell langfristiger Klugheit in iterierten PD-Situationen bietet sich daher an, den Diskontparameter α als subjektive Wahrscheinlichkeit eines nächsten Spiels aufzufassen, davon dessen objektive Wahrscheinlichkeit α^{o} zu unterscheiden, um anschließend denjenigen langfristig klug zu nennen, der im PD-Superspiel mit konstituierenden Spielen relativ zu selbstinteressierten Präferenzen rational spielt und dessen Diskontparameter zugleich mit der objektiven Wahrscheinlichkeit eines nächsten Spiels zusammenfällt.

Vor dem Hintergrund der oben herausgestellten Resultate zu PD-Superspielen kann man zunächst festhalten, daß für den Fall hinreichend hoher objektiver Wahrscheinlichkeiten α^{o} für Spieler, deren Diskontparameter diesen objektiven Wahrscheinlichkeiten entsprechen, kooperative Gleichgewichte existieren können. **Es ist also möglich, daß langfristig kluge Spieler eine PD-Situation kooperativ lösen.** Anders wird die Situation hingegen, wenn man eine Situation betrachtet, in der die objektive Wahrscheinlichkeit α^{o} niedriger ist als die jeweiligen Schwellenwerte für die Existenz eines kooperativen

Gleichgewichts. In Ω^* könnte dann gleichwohl noch ein kooperatives Gleichgewicht erreichbar sein. M.a.W.: **Jeder noch so kleine von Null verschiedene Moralitätskoeffizient aller Spieler kann Resultate möglich machen, die die Spieler unter dem Gesichtspunkt selbstinteressierter(!) Präferenzen besser stellen als jene, die sie vom Standpunkt langfristiger Klugheit aus erreichen können.**

Eine andere Funktion der Moral wird deutlich, wenn man bedenkt, daß die Individuen vermutlich relativ häufig deshalb nicht langfristig klug im oben skizzierten Sinne sind, weil α höher oder niedriger als α^o ausfällt. Für den Fall, daß $\alpha < \alpha^o$, soll von einem **Unterschätzungs-**, für den Fall, daß $\alpha > \alpha^o$, von einem **Überschätzungsfehler** gesprochen werden. Aufschlußreich ist zunächst, daß beide Fehler unter dem Gesichtspunkt ihrer Folgen eine charakteristische **Asymmetrie** aufweisen: α^o-Überschätzungsfehler begünstigen das Erreichen jener Schwellenwerte, die Voraussetzung kooperativer Lösungen sind, während α^o-Unterschätzungen dazu führen können, daß kooperative Gleichgewichte nicht existieren, die es bei langfristiger Klugheit gäbe. Während also α^o-Überschätzungsfehler nicht nur nicht 'schädlich', sondern ausgesprochen 'nützlich' sein können, sind α^o-Unterschätzungsfehler 'gefährlich'. Aus den obigen Überlegungen ergibt sich jedoch, daß in bestimmten Grenzen α^o-Unterschätzungen durch ein gewisses Maß an Moralität kompensiert werden können. Moralität kann daher vor schlimmen Folgen zu kurzfristiger Zeithorizonte schützen.

Schlußbemerkung

Offenbar kann Moralität auch im iterierten PD-Spiel kooperative Lösungen möglich machen, die ohne sie unerreichbar sind. Moralität kann auf diese Weise zu einem sozialen Effizienzgewinn beitragen. Alle voranstehenden Überlegungen sind allerdings lediglich **funktionale** Betrachtungen und dürfen nicht als Versuch zu einer **Begründung** der Moral verstanden werden.[13]

Ich danke Werner Raub für hilfreiche Hinweise und kritische Anmerkungen.

Anmerkungen

1 vgl. Barry & Hardin (1982); Voss (1985); Kliemt (1986); Diekmann & Mitter (1986).

2 vgl. Rapaport (1960); Sen (1974); Ullmann-Margalit (1977); Mackie (1977).

3 Auf Basis eines aktutilitaristischen Ansatzes kann demgegenüber offenbar der Fall eintreten, daß das moralische Resultat gerade nicht in beidseitiger, sondern bloß einseitiger Kooperation besteht.

4 vgl. Hegselmann (1988). PD-Situationen können natürlich auch anders als durch Moralität entschärft werden, z.B. durch Änderung der Situationsstruktur.

5 vgl. Shubik (1970); Taylor (1976); Friedman (1977); Axelrod (1984).

6 vgl. Kutschera (1982), S.245. Vorausgesetzt wird hier, daß die Individuen zu einem intrasubjektiven Nutzenvergleich zwischen der selbstinteressierten und der moralischen Bewertung fähig sind. Verzichtete man auf diese Annahme, würden Aussagen über die Höhe, die der Moralitätskoeffizient erreichen muß, um z.B. die PD-Struktur zu überwinden, ihrerseits davon abhängig werden, welche der dann jeweils untereinander bis auf positive lineare Transformationen invarianten Metrisierungen der selbstinteressierten bzw. moralischen Präferenzen gewählt wurde.

7 Z.B. in Sen (1974) finden sich alternative moralische Bewertungen.

8 vgl. Hegselmann (1988).

9 Man könnte auch von einem unendlich oft wiederholten Spiel ausgehen und α als negative Zeitpräferenz auffassen.

10 Für den Beweis ist zu zeigen, daß gilt

$$\pi = \frac{T\text{-}R}{T\text{-}P} > \frac{(T\text{-}R) + \mu(R+N-T+H)}{(T\text{-}P)(1-\mu)} = \pi^*$$

Wegen $T > P$ und $0 < \mu < 1$ ist der Nenner dabei immer positiv. Wäre nun $\pi \leq \pi^*$, dann wäre $H \leq N$. Dies steht im Widerspruch zur Festsetzung, daß $H > N$.

11 Der Beweis läßt sich analog zu dem in Anm.10 führen.

12 vgl. Raub & Voss (1986), S.95.

13 Für einen Versuch, eine solche Begründung selber wiederum in einem spieltheoretischen Rahmen zu geben vgl. Hegselmann, Raub & Voss (1986).

Literatur

Axelrod R. (1984). **The Evolution of Cooperation**. dt.: Die Evolution der Kooperation. R.Oldenbourg, München 1987.

Barry B., Hardin R. (Eds. 1982). **Rational Man and Irrational Society? - An Introduction and Sourcebook**. Sage Publications, London.

Diekmann A., Mitter P. (eds. 1986). **Paradoxical Effects of Social Behavior - Essays in Honor of Anatol Rapaport**. Physica, Heidelberg.

Friedman J.W. (1977). **Oligopoly and the Theory of Games**. North Holland, Amsterdam.

Hegselmann R., Raub W., Voss Th. (1986). Zur Entstehung der Moral aus natürlichen Neigungen - Eine spieltheoretische Spekulation. **Analyse und Kritik**, 8, 150-177.

Hegselmann R. (1988). Wozu könnte Moral gut sein? - Kant, das Gefangenendilemma und die Klugheit. **Grazer Philosophische Studien**, 31, 1-28.

Kliemt H. (1986). **Antagonistische Kooperation - Elementare spieltheoretische Modelle spontaner Ordnungsentstehung**. Karl Alber, Freiburg.

Kutschera F.v. (1982). **Grundlagen der Ethik**. deGruyter, Berlin.

Mackie J.L. (1977). **Ethics - Inventing Right and Wrong**. Harmondsworth; dt.: Ethik - Auf der Suche nach dem Richtigen und dem Falschen. Reclam, Stuttgart 1981.

Rapaport A. (1960). **Fights, Games, and Debates**. Univ. of Michigan Press, Ann Arbor.

Raub W., Voss Th. (1986). Conditions for Cooperation in Problematic Social Situations. In: Diekmann A., Mitter P. (eds.) (1986), S.85-104.

Sen A.K. (1974). Choice, Orderings and Morality. In: **Choice, Welfare and Measurement**. Basil Blackwell, Oxford 1982, S.74-83.

Ullmann-Margalit E. (1977). **The Emergence of Norms**. Clarendon Press, Oxford.

Voss Th. (1985). **Rationale Akteure und soziale Institutionen - Beitrag zu einer Theorie des sozialen Tausches**. R.Oldenbourg, München.

John Skorupski

Value and Distribution

I

Many important trends in recent moral and political philosophy oppose classical utilitarianism and seek to develop alternatives to it. The opposition advances on a variety of fronts. There are those who develop alternatives to utilitarian ethics and politics, as (in their very different ways) Rawls (Rawls 1971) or Nozick (Nozick 1974) do. These philosophers propose substantive ethical or political principles which are at odds with the utilitarian's in a clearcut way.

There are also more indirect lines of opposition. Some oppose the attempt to propose foundational ethical principles or criteria as such, preferring to explore moral practices from within. They distinguish between immanent clarification and critique (good) and theorising and the propounding of 'abstract' theses (bad). There is an important truth in this, but it is also true that moral practice is no unified thing: it is riven with disagreement, reflectiveness is a part of it, and reflection unavoidably issues in a quest for comprehensive legitimating perspectives, of which the utilitarian's is one. Such perspectives are not artificial growths which wither if ignored; they are among the strongest shoots thrown up by moral and political discourse.

In diametrical contrast comes a line of attack which itself stems from a completely general thesis: the epistemological thesis that all practical reasoning must be instrumental - concerned with what means most efficiently realize non-rationally specified objectives. The ethical must then be somehow fitted into that: as the rules of a game played between instrumentally rational players; but the question always arises why a player should obey a rule when it does not advantage him do so.

The present paper proposes an alternative to classical utilitarian principles of distribution, but it does so from a point of view more sympathetic to classical utilitarianism than are any of those just mentioned. A utilitarian believes that an individual's life, or a social state consisting of many individual lives, can be more or less good. Further, each can be seen as a **distributed** good, in the sense that it is made up of parts which can be good or bad, and the value of the whole depends solely on the value of the parts, that value being measurable in principle on an additive scale. Whether it is right to see the matter in that way, or whether an individual life or a state of society should be seen, in a certain strong sense, **holistically**, is a question to which we shall return. However if we do see them as distributed goods there will arise the substantive question of how the value of the parts is consolidated into a single value, the value of the whole. I shall call a principle which provides an answer to that question a **consolidation principle**. Maximising aggregate utility is one such principle.

In each case, that of the individual life and that of the social state, the assumption that one **can** speak of a single, consolidated value at all is no truism. But if we grant it, it certainly becomes a truism that the best life or social state is the one which has the highest value. Assume further, with the utilitarian, that the value of a life is fully determined by the levels of well-being at every period within that life, and that the value of a social state is fully determined by the levels of well-being of all the individuals who comprise that state. Assume also that well-being can be fully cardinalised, and objectively compared across individuals and times. (We shall return in due course to these initial assumptions.) Should one further accept, with the utilitarian, that the values of an individual life or of a social state are simply the aggregate[1] of the distinct levels of well-being comprising it? I shall argue that we are not compelled to do so, even under these assumptions, and that an alternative consolidation principle, the 'Principle of Threshold Justice', is more attractive.

On two large matters however the utilitarian tradition seems to me to be right; if it were not right on these there would be little point in pursuing the specific disagreement with classical utilitarianism on which I whish to focus.

Utilitarianism must, when thought through, differ from any attempt to found ethics on instrumental rationality; in the division between those who recognize 'categorical' - non-instrumental - principles of practical reason, and those who believe that there are no objective ends and that reasons for acting obtain only as relativised to specified objectives, utilitarianism belongs firmly on the former side.[2] The principle of utility is a categorical criterion of conduct; though on any sensible form of utilitarianism it will normally enter into deliberation only 'indirectly' - mediated through many tiers of practices and attitudes which are not themselves categorical, but are shaped by tradition, circumstance and human nature.

I do not find the appeal to a categorical principle unacceptable; the Humean, and modernist, assault on categorical reason seems to me to derive from unsound epistemology in philosophy of mind. Nor does it seem to me wrong to conceive categorical principles as mediated in the way the utilitarian does. Compare the case of science. To say that there are some final criteria by which scientific theorizing is judged, is not to say that every step of scientific theorizing is immediately judged by them, or that it intelligibly could or should be. A theoretical step takes place in the setting of a cognitive tradition. The same goes for a practical policy - that is the element of truth in the idea that creative ethical criticism is immanent critique - though there is no automatic step from conservative holism to political conservatism.

There is however an important point on which the framework within which I shall argue differs from the utilitarian tradition. Well-being in that tradition is interpreted hedonistically. But a person's good has components other than happiness, even when happiness is maturely understood. Knowledge of one's situation, autonomy - the ability and freedom to pursue one's own life within one's own domain - are ingredients of a person's good, on all fours with and irreducible to happiness.[3]

In principle, a utilitarian could accept this pluralist conception of well-being or utility. 'Well-being' and 'utility' are purely formal terms, intended as stylistic variants on the notion of an individual's good, of what is worth pursuing for his sake. The distributive question with which this paper is concerned appears separate; if aggregation of individuals' utilities is rejected as a consolidation principle, we make a clear step away from utilitarianism. Whereas a utilitarianism which is pluralistic about ends is still recognisably utilitarianism, a position which rejects maximum aggregate (or average) utility as the ultimate criterion is not. We shall see however that the two issues - the content of well-being and the aggregative conception of distributed value - are intertwined.

II

How much is implied by the notion of general good, the good of all? At least this much: that the good of all be impartially considered - 'everybody to count for one, and nobody for more than one'. Thus far, we travel with the utilitarian. Thomas Scanlon (Scanlon 1982) terms the view that the ultimate standard of moral reasoning is perfectly impartial concern for the good of all individuals, "philosophical utilitarianism".[4] It holds, in Scanlon's words,

> that all that counts morally is the well-being of individuals, no one of whom is singled out as counting for more than the others, and ... all that matters in the case of each individual is the degree to which his or her well-being is affected...

It seems that a variety of ways of further articulating the general good is consistent with philosophical utilitarianism, each meeting the requirement of impartiality, but carrying potentially divergent implications for the distribution of the good. Scanlon's suggestion, however, is that philosophical utilitarianism leads to classical aggregate utilitarianism:

> If all that counts morally is the well-being of individuals, no one of whom is singled out as counting for more than others, and if all that matters in the case of each individual is the degree to which his or

> her well-being is affected, then it would seem to follow that the basis of moral approval is the goal of maximizing the sum of individual well-being. Whether this standard is to be applied to the criticism of individual actions, or to the selection of rules or policies, or to the inculcation of habits and dispositions to act is a further question, as is the question of how 'well-being' itself is to be understood. (p.110)

This puts the issue on exactly the footing which interests us: the question concerns the nature of the ultimate standard - what policies and habits best promote well-being, and what the elements of well-being are, are further questions.

What is then at issue is whether "philosophical utilitarianism" does indeed force aggregate utilitarianism as the final standard of moral approval.[5] Keeping closely to Scanlon's formulation, the three principles of philosophical utilitarianism are

(1) all that counts morally is the well-being of individuals,
(2) no one individual is to be singled out as counting for more than others,
(3) all that matters in the case of each individual is the degree to which his or her well-being is affected.

Principle (1) states that the general good is determined exclusively by individuals' goods. Principle (2) - the requirement of impartiality - will be analyzed more carefully in a moment; its intuitive import is that one cannot give a differential weighting to the well-being of an individual **because of who that particular individual is, or of his relation to oneself**. Principle (3) is the most difficult to interpret. It should I think be taken to mean that an increase in any individual's good counts as an increase in general good; insofar as it further says that nothing else about the individual matters it simply repeats (1). Putting the same point in another way: if the well-being of an individual is improved, and the well-being of no individual is diminished, there is an increase of general good.

This yields the Pareto Principle: whenever an individual's well-being can be improved without reducing the well-being of anyone else, general good would be increased by that improvement. The Pareto Principle certainly rules out some consolidation principles - strict egalitarianism, for example. But it does not yield aggregative utilitarianism. Aggregate utility as a consolidating principle constitutes a particular implementation of the notion of general good, going beyond what is required by (1) - (3). Another consolidation principle would be the "lexical" version of Rawls' Difference Principle (also known as 'leximin'):

> first maximize the welfare of the worst-off representative man; second, for equal welfare of the worst-off representative, maximize

> the welfare of the second worst-off representative man, and so on until the last case which is, for equal welfare of all the preceding n-1 representatives, maximize the welfare of the best-off representative man. (Rawls, 1972, p.83)

Leximin provides another particular implementation of the notion of general good: seen in this way, it is a version of philosophical utilitarianism.[6] But is either leximin or aggregate utilitarianism the **right** implementation?

III

Impartiality as understood here can be analyzed into two requirements - universalisability and agent-neutrality. Universalisability disqualifies any principle for whose expression a term rigidly designating a particular moral individual or group is indispensable. Where an impartial principle is so stated as to contain such a term, the occurrence of the term must be dispensable - the principle must be 'universalisable': restateable as, or derivable from, a general principle in which no term rigidly designating that moral individual or group occurs. Agent-neutrality, on the other hand, rules out picking out individuals by the relation they stand in to the agent. Where an action is recommended by an agent-neutral principle, the fact that people affected by the action stand to the agent as fellow members of a family, lineage, nation or whatever will form no part of the reason, identified by the principle, for doing the action.[7] A principle can be universalisable but not agent-neutral ('Everyone ought to obey their own father'), or agent-neutral but not universalisable ('Everyone ought to obey God' - assuming 'God' to occur essentially in this).

Whatever consolidation principle is accepted by the philosophical utilitarian it must be impartial in this sense and it must also be Pareto-efficient. That fits aggregate utilitarianism and Rawlsian leximin, but it also fits the principle which I call **Threshold Justice**: this holds that one should maximise aggregate utility subject to a threshold below which no individual is allowed to fall. A principle of this general form, I shall argue, is rationally preferable as a consolidation principle to both aggregate utility and leximin. I shall consider its analogues in the case of prudential reasoning and reasoning under risk; but it will certainly not be possible to consider all aspects of the issue in a single paper. In particular, the various questions which arise when one attempts to implement the idea of a threshold constraint within a concrete social setting, or individual life, will not be pursued here.

Threshold Justice is not to be understood as a general theory of justice. The object of such a 'theory' would be to describe comprehensively how the ideal of justice should be invoked in practice. It would belong not to the level at which we discuss ultimate standards of practical reason, but to the practical level at which actions, characters and institutions are discussed and assessed; many concepts - need, desert, equity, fair procedure, rights, etc - come in at that level.

Since 'Threshold Justice' refers to a consolidation principle, not a theory of justice proper, the name is potentially misleading; on the other hand a consolidation principle will underlie and inform the complex and concrete notion of justice which develops from it. Thus one might speak, in the same way, about utilitarian or Rawlsian justice without implying that the utilitarian's or the Rawlsian's detailed recommendations for just procedure will be limited to prescribing maximisation of aggregate utility, or adherence to the Difference Principle.

Nevertheless in practice, it seems to me, our ideas of social justice - that is, of the broadest distributive constraints which should be observed wherever possible in the formation of social policy - are much closer to the Threshold conception than to utilitarianism or the Difference Principle and thus more easily rationalized by it than by them. Threshold Justice is a major strand in liberal thought, in the shape of the ideal of a 'social minimum' which should be guaranteed where possible to all citizens[8]; the idea that social justice requires that every citizen be guaranteed some minimum standard of material well-being is one of the least controversial of popular political ideas, in contemporary liberal democracies at least - though the question of how high that standard should be set is of course very controversial. Unlike the Difference Principle, Threshold Justice does not proscribe all improvements, however massive, to anyone's position until the last possible improvement, however small, in the well-being of the least well-off has been achieved. And unlike the principle of aggregate utility, it does not allow indefinite worsening of a person's position so long as that is offset by compensating gains of well-being to others.

Of course it is open to the utilitarian or the Rawlsian to argue that the Threshold conception should be seen not as an ultimate consolidation principle but as a derived principle of justice, which is itself grounded, for reasons of empirical circumstance, on the maximisation of aggregate utility or on the Difference Principle. However I believe that that becomes implausible once one sees it as a possibility that Threshold Justice **itself** could constitute the ultimate standard. The crucial question therefore is whether Threshold Justice can indeed be regarded as constituting the ultimate articulation of our idea of general good. Is there not something disconcertingly arbitrary about it - who is to say at what level the Threshold is set? And how should we act when no option which maintains every individual at or above the threshold is available to us - when every option entails that one or more individuals fall below?

In reply to the first of these questions it should be stressed that there is no reason why an ultimate ethical notion should be fully determinate, or lend itself to smooth and simple mathematical treatment. On the contrary, there ought to be something **surprising** if it turns out that way - if our notion of general good turns out to be fully articulated by something as crisp and neat as 'Maximise aggregate well-being', or 'Maximise the well-being of the least well-off'. (Similarly the criterion of simplicity is an ultimate standard of good theorizing: but there is nothing simple about what simplicity in concrete cases is - no easy way of replacing the theoretician's judgements of relative simplicity by a mechanical rule.)

Still, the question remains of how ideas about the threshold level are fixed. There are many possibilities to be explored. The threshold may be variable; it may be fixed by natural milestones such as, e.g., the level at which 'essential physical needs' are met, or the level at which meaningful exercise of personal freedom becomes possible; or by these in combination with culturally relative understanding of what is an essential physical need, or a meaningful exercise of personal freedom. It may crawl behind or jerkily follow, average or aggregate well-being. All these possibilities should be explored in detail, but the task will not be undertaken here. Our concern is with the abstract possibility of a threshold requirement in the distributive specification of general good; not with the question of how that abstract feature might be deployed in a multiplicity of concrete cultural contexts.

The second question - what happens when all options are sub-threshold - is a cogent one. One obvious possibility is that when a particular threshold is unattainable a lower one comes into operation. In that case, is the succession of lower thresholds finite? If so, what policy is to be followed in cases of extreme urgency or overwhelming deprivation, when everyone of them becomes unattainable? Perhaps in that desperate case one just maximises aggregate utility? Again we cannot follow through the various possibilities; for the purely provisional sake of simplicity we shall assume that general well-being is maximised subject to a threshold, and simply maximised where the threshold cannot be met.

IV

One of the most striking aspects of Rawls' construction of a theory of justice is his linking of rational choice theory with principles of just distribution. The just principles are those which an instrumentally rational man would choose in the Original Position; thus principles of justice turn out to depend on one's view of what principle of rational choice should be adopted there. However the link Rawls forges (or has often been thought to forge) seems too strong. It would not, for example, be actually inconsistent to hold that maximizing expected utility is always the rational procedure to adopt in one's prudential decisions, while accepting the Difference Principle as an account of justice - though one could not then justify the Difference Principle by reference to Rawls' hypothetical Original Position.

On the other hand, the formal analogies remain suggestive. It would be philosophically satisfying if formally analogous cases produced analogous responses - even if it is not logically required that they should do so. There are in fact three formally analogous cases to consider. There is the case of social morality (under certainty). Here we seek the greatest general good, and the question is, what consolidation principle determines the general good? Aggregate utility gives one answer, leximin another, Threshold Justice a third. Then there is the case of prudence under certainty. We seek the best life, and the question is what consolidation principle takes the well-being of particular periods of a life into the value of the whole life? Once again there is aggregate maximisation, leximin, and threshold-constrained maximisation, applied this time over the periods of a single life. Thirdly there is deliberation (prudential or moral) under risk: here we have maximisation of expected benefit, maximin, and maximizing expected benefit subject to the requirement that the worst possible outcome of the chosen action does not fall below a particular threshold.

Prudence (under certainty) is surely the case where simple maximisation is at its most plausible. Individuals, as critics of classical utilitarianism often point out, are 'separate'; but the periods of a life are all part of one life. So if it is the **separateness** of individuals that undermines simple maximisation of aggregate utility, there would not, it seems, be a similar objection to simple maximisation within a single life. But it is worth exploring the matter with some care.

Let us translate the three tenets of philosophical utilitarianism to the prudential case. We then have

(4) all that counts prudentially for me is my well-being across all the periods of my life,

(5) no one period is to be singled out as counting for more than others,

(6) all that matters (prudentially) as regards each period is the degree of my well-being in that period.

(5), the requirement of impartiality, will now consist of universalisability with respect to time and temporal neutrality. Thus universalisability in this case requires that no term rigidly designating a particular time should appear indispensably in expressing the force of a prudential consolidation principle. That leaves open the possibility of what economists call pure time-preference; it is ruled out, however, by temporal neutrality, which stipulates that the fact that periods of well-being affected by my present action stand to the present moment in a particular relation (of relative proximity, or whatever) should form no part of my reason for doing the action.

Let us call the analogue of Philosophical Utilitarianism encapsulated in (4)-(6), Philosophic Prudence. It requires me to maximise the value of my life taken as a whole. Of course, given a preference ordering across **whole** possible lives, I choose the best. But how do I arrive at such an ordering? This is the question for which a principle consolidating the well-being of the various periods of a possible life into a single value appears to be required.

The consolidation principle analogous to Threshold Justice would be to maximise my aggregate inter-temporal well-being subject to a threshold below which no period of my life is allowed to fall. Can one give some plausibility to this?

Imagine a man who has a seriously incapacitating accident. He can be kept alive and conscious on a life-support machine but his potential for experience, thought and action is drastically reduced. He can still derive a small amount of pleasure from life, for example by watching television soap opera, but he can derive no more. Imagine that at any moment this gives him just enough pleasure to prefer to continue watching than to cease to live. The pleasure remains constant. (There is a device which wipes his memory so that all the episodes can be run in a circle without boredom ever setting in!) Imagine that medical science has so progressed that it is possible to keep him alive on the life-support machine, at that level, indefinitely. Since we are not applying time preference this means that his aggregate well-being can be increased indefinitely.

Contrast a different life: of three-score years and ten, in which he knows the happiness of friendship, love and family, is able to lay great plans and fulfill them brilliantly, and ends his life honoured and loved. Whatever the value of this life, it seems that it must have some finite value (a few more years of honoured retirement would have made it even greater); hence, on a purely aggregative approach, it seems that a sufficiently extended period of television-viewing on the life-support machine would have exceeded it. Should he then, given the choice, prefer the sufficiently extended television-viewing life? It does not seem to me at all obvious that he should. It seems perfectly reasonable to choose the life of three-score years and ten.

But there is no direct path from this response to rejection of the simple maximisation model. Remember that we are not assuming a hedonistic conception of well-being. We have accepted that autonomy and knowledge of one's situation are also ingredients of well-being, and perhaps other things too; it may be that life on the machine is drastically lacking in these. On the other hand happiness is an ingredient of well-being as well as these other things - must it not therefore, when it accumulates in sufficient quantity, outweigh the others?

It cannot be taken for granted that it does, and that means that the preference for the life of three-score years and ten is not an unambiguous counter-instance to the view that Philosophic Prudence requires simple maximisation. when we introduce a plurality of personal goods it becomes evident that the cardinalist assumption to which we have so far adhered is too simple (and for reasons which have nothing to do with the methodology of measurement). In fact it would already be too simple if we simply modified hedonism in the manner of John Stuart Mill, by allowing for pleasures of different quality. Mill's modification is wise and justified; it brings to our attention the possibility that there are discontinuities among kinds of happiness or pleasure which make it impossible to place all possible states of a person's happiness onto a single cardinal scale. The likelihood of such discontinuities is even greater when we take such things as knowledge and autonomy into account.

Such discontinuities would still allow for an ordering of a person's states but not a cardinalisation of them. It is possible, as James Griffin notes (Griffin, 1986), that

> ... so long as we have enough of B any amount of A outranks any further amount of B; or that enough of A outranks any amount of B. Both of these forms bring with them the suspension of addition; in both we have a positive value that, no matter how often a certain amount is added to itself, cannot become greater than another positive value...(p.85)

And he shortly after notes as plausible that

> ... fifty years of life at a very high level of well-being - say, the level which makes possible satisfying personal relations, some understanding of what makes life worth while, appreciation of great beauty, the chance to accomplish something with one's life - outranks any number of years at the level just barely worth living - say, the level at which none of the former values are possible and one is left with just enough surplus of simple pleasure over pain to go on with it. (p.86)

The explanation in his view, lies in incommensurability. So long as there is enough "simple pleasure" any amount of higher "prudential values" outranks any further amount of simple pleasure; or perhaps, enough higher prudential value outranks any amount of simple pleasure. But prudential value taken as a whole can still be ordered on a single scale and we should prefer the greatest amount.

I agree that this is plausible. Consider Milrates: Unlike Socrates, he does not go so far as to consider the unexamined life to be not worth living. But he is persuaded that the examined life - with sufficient levels of physical well-being! - outweighs in value the pleasant but unexamined life, however far the simple pleasures of the latter are extended. A no doubt excessively crude and simple-minded model of this would be the following. There are, say, two prudential values, reflective insight, and physical well-being. Below a certain level of physical well-being, insight is of no or subordinate importance to Milrates. He prefers any increase of physical well-being to any increase of insight. But as some (vaguely defined) level of physical well-being is achieved, insight becomes dominant. He now prefers increases of insight to increases of physical well-being, however great. Below the switch-over level, there is a lexical ordering with physical well-being dominating insight, above it the lexical ordering is reversed, with insight dominating well-being. Perhaps similar things could be said for personal goods such as active accomplishment, or autonomous participation in communal life.

Milrates' schedule of personal good takes us beyond the simple 'pleasure/pain cardinalism' of the Benthamite tradition and correspondingly undermines the aggregate-maximisation account of Philosophic Prudence. There is no sense, in his case, to the idea of maximising an overall aggregate. It becomes harder to get at the specific issue we are concerned with. However it does not become impossible, since there can still be cases in which simple pleasure/pain cardinalism has application. After all I can and do decide such things as that this second ice cream was just as pleasant as that first one, so that two were twice as pleasant as one. In this kind of case my considered report on my quantum of enjoyment is authoritative. In similar vein, I might judge that a certain amount of mild physical discomfort is just worth one ice cream. So far, it seems that such simple pleasures and pains can be put on a single additive scale.

Let us then abstract from putative higher values such as friendship, love, insight, autonomy, accomplishment. Consider only "simple" pleasures and pains. Certainly a life consisting only of such simple pleasures is worth living. When a person is reduced to such pleasures alone, by incapacitating illness or injury, we deplore his misfortune but we do not think life's value to him is as nothing. Consider then the following question. Suppose a period of pain to be the necessary and sufficient condition for an addition of life lived at such mildly-pleasurable levels of well-being. For any period of physical pain, however intense and lengthy, **must** there always be some addition of mildly-pleasurable life sufficiently long to make acceptance of the period of pain prudentially reasonable? For me the answer is no.

Undoubtedly it is hard at this point to keep various strands in our thinking separate. Remember that we are not allowing for the perspectival effects of time preference.

(Imagine that the decision is being made on behalf of someone else - perhaps the incapacitated person who has suffered an accident.) But does sufficient pain perhaps induce a transformation of quantity into quality? A 'deeper pain' (corresponding to a 'higher' pleasure) which no amount of simple pleasure can outweigh? 'Deeper pain' would be incommensurably worse than any amount of physical well-being. Certainly, if there are higher pleasures there may be 'deeper' miseries - the loss, presumably, of something discontinuously preferable to simple pleasure would not be outweighed by any amount of simple pleasure. But sheer physical pain is not a loss of this kind.

Consider the question again from a third-person point of view. Is an intensely painful operation justified for an indefinitely extended just-pleasurable life? Suppose one is asked that question by a doctor, about an incapacitated relative who cannot decide for himself. The question, it seems to me, does not get easier as the length of just-pleasurable life, secured by the operation, is extended further. However long the extension, a feeling remains that the end secured, though not **pointless**, cannot override the horror of the means. Simple pleasure **is** worthwhile - and is not incommensurable with physical pain - nevertheless it is still not obvious that a period of intense pain should always be accepted in return for a sufficiently extended period of mild pleasure.

But then would an intensely painful operation be justified, say, to restore a senile patient's powers, re-opening deeper possibilities of life for him? That would indeed be an agonising choice for a relative to have to make. In this case one might well ask oneself whether the patient , his powers restored, would be happy to have undergone the operation. That is to say, he himself, having undergone the operation, would again be able to think of his life as a single, unified life, and to place the recovery of powers achieved through great pain on a scale of preferences which reflects the unity of that life in no simply additive way.

What emerges from this? Certain elements of a good life are incommensurable with simple pleasure and pain; they create discontinuities which prevent complete cardinalisation. I suggest that every one of these elements - autonomy, knowledge of one's situation, accomplishment, even friendship or love (in the full sense) in fact require self-consciousness; they require that I should see myself **as** a self, with a life to lead. The two features - the presence of plural goods inducing discontinuities and the presence of self-consciousness - go together and together compel one to see the value of a human life holistically.

If we try to envisage an impaired human existence in which only the simplest pleasures of physical well-being are psychically possible we have to think away the higher powers of self-government, disinterested accomplishment, friendship and love. But in doing so we simultaneously, I suggest, whittle away the basis for thinking of that existence as a unified human life, a single whole; it becomes, rather a genuinely distributed good - a sequence of pleasurable experiences. So an acid test for simple aggregate-maximisation only becomes possible where the idea of a unified life, and with it the distinct concept of Philosophic Prudence, i.e. concern for the flourishing of **one's own** life as against impartial concern for distinct periods of experience, fades. But then at this point it also seems to me that the grip of aggregate maximisation loosens. The upshot that finally emerges, then, is that where there is not a genuinely distributed magnitude the policy of aggregate maximisation is inapplicable, and where it is applicable it is questionable.

V

The analogue of Threshold Justice in the case of risky decision is: maximize expected utility subject to the worst possible outcome not falling below a certain level. This is the principle of **threshold-constrained maximisation** for decision under risk (the Threshold Principle for short): 'maximise expected utility subject to a threshold; where the threshold cannot be met just maximise'. As in the case of Threshold Justice, a fuller discussion of the principle would investigate more closely the way in which thresholds are related to the overall structure of benefits and risks - their spread and level. There is also the question of how one should act if every available option carries the risk of unacceptable (sub-threshold) outcomes; the same possible answers are available as were considered earlier. There may be a succession of lower thresholds, determined in complicated ways by overall level and spread; when none can be met one maximises expected utility. But the simple statement of the Principle does I believe pick up an important feature of our actual decision. Some worst-case scenarios are just too bad. Thus, as between an action with a slightly higher expected utility, but a slight risk of a catastrophic outcome, and one with slightly lower expected utility, but no such risk, the latter would I think be commonly preferred, and in my view, rationally preferred. A financial adviser should not simply assume that clients automatically prefer high risk investments with higher expected utility. It is obviously relevant, for instance, what proportion of one's investment is at risk. The common advice is that one should take on a speculative investment only if one could walk away with equanimity from the worst case result.

This phenomenon should be distinguished from simple 'risk aversion' - understanding that as temperamental preference. Such preferences obviously do exist, but the disposition which we are now considering is not, in my view, one of aversion to gambles as such. It is a question of rational dispositions under risk: does the rational risk-taker impose a constraint on his choices, in the form of threshold below which possible losses must not fall, as well as an objective, that of maximal expected benefit? I believe that in making risky choices he should attend to the constraint as well as the objective. Where the expected value of a gamble is equal to that of a certain gain, but the gamble's worst outcome is at or above the threshold, such a policy recommends indifference between the two. A preference for the certainty would then be temperamental.

Let me add that I do not mean to lay excessive weight on the distinction between temperament or feeling on the one hand and reason on the other. It is not sharp. Reactions can be understandable and the understandable reaction sets the norm of what is not unreasonable. For example a reaction of anger in particular circumstances would be regarded as quite understandable; but beyond a certain point it becomes unreasonable and even irrational. Risk-aversion can be unreasonable and even irrational in the same way. What should be resisted, however, is the assumption that Bayesian rationality sets the norm from which temperamental preferences for or against risk produce deviations.[9]

VI

We finally return to Threshold Justice itself. In our discussion of Philosophic Prudence we were led to distinguish between a holistic and a distributed conception of the value of an individual life. If the goodness of a life is a holistic value, one cannot add up the goodness of all periods of that life because they cannot be measured on a cardinal scale. One must estimate its value directly, considering it as a unitary whole. Under these circumstances it does not make sense to talk of maximising the aggregate value of the life, and hence no contrast can be made between that consolidation principle and one of maximising subject to a threshold. However, there may nevertheless be dimensions of its goodness which can be cardinally scaled and added up; the value of a live whose goodness was confined entirely to that dimension would be a distributed good, and in that case the threshold conception became plausible.

On the face of it, since the value of a social state is determined by the goodness of the lives comprising it, it must be a distributed good. But perhaps this is not so clear. What is certainly true, by philosophical utilitarianism, is that only factors relevant to determining the goodness of the individual lives which comprise a social state can enter into determining the value of the social state. However it is consistent with that to hold that the overall value cannot intelligibly be arrived at by adding up the value of individual lives, because the numbers representing the value of individual lives cannot meaningfully be added.

This is not that old chestnut, the supposed general impossibility of interpersonal comparison, according to which any statement that one person is better-off than another is purportedly meaningless. Such comparisons certainly can be made, even if only vaguely and only within limits. The point at issue is the incommensurability of different kinds of good, which already crops up within one life. If the good of insight and the good of physical well-being cannot be added up within one life, they cannot be added up across two.

Suppose A and B both have the cross-over preference schedule between insight and physical well-being which Milrates had in section IV. In that case aggregate maximisation as a consolidation principle has no application, since we cannot meaningfully add the numbers which represent A's and B's levels of well-being. Suppose further that resources are only adequate

(1) to afford to both of them a just-pleasurable state of well-being, at which further increase of physical comfort is still valued above insight - or alternatively,

(2) to afford to just one of them a sufficiently high level of physical comfort for a life of insight.

Each of them would prefer the insightful life to an extended life containing no insight, but equal in well-being to the aggregate well-being of the two lives of just-pleasurable physical comfort. (It will be remembered that we have allowed addition in the special case where only physical comforts are at stake.) Can we conclude that the social state which consists of just one of A an B, resourced at a level of physical well-being sufficient for a life of insight, is better than the social state consisting of both, at just-pleasurable levels of well-being?

From what standpoint would that judgement be made? In the case of a single person, we can appeal to his own ideal preference-ordering (the one he ought to have, given his psychology). But there is no collective self, with all human lives as periods or moments in it, which sees itself as a self and generates its own preference-ordering. The two elements which went into treating the value of a single life holistically come apart here. There is incommensurability, but though there are two similar psychologies there is not a single psychology, a life unified by a single point of view, to generate a single preference ordering. Aggregate maximisation gets no grip, but neither is there a holistic social value to maximise.

Threshold justice can be extended to the case where incommensurabilities as well as interpersonal comparisons are involved. In the case we are considering, I believe we should prefer the social state in which A and B lead lives of rudimentary physical comfort to the one in which just one of them leads a life of insight. A natural higher threshold is that which provides the life of insight for both of them; but where that cannot be achieved, the lower threshold of adequate physical comfort should be applied.

The liberal sees social good, 'the good of society', as a distributed good; there is no single social being whose point of view makes it into a holistic value, and it is a dangerous metaphysic which talks as though there is. Threshold justice is the complement of this conception: the threshold being set at the highest natural point possible - ideally, at the level which makes possible citizenship and meaningful private attachments. There is, then, after all a sense in which individual rights are part of the basic structure of the general good: they correspond to the threshold provision which a society at a given level of material affluence and cultural advancement is able to provide.

Versions of this were given at a York ESRC conference on ethics and economics and a Munich conference on ethics and rational choice theory, both in 1988. I am particularly grateful to Nick Baigent, Alan Hamlin and Bob Sugden and the editors for helpful discussions.

Notes

1 I ignore average utilitarianism in what follows.

2 Although this does not emerge in Bentham it is clear to Mill, who sees the three departments of the "Art of Life", "Morality, Prudence or Policy, and Aesthetics; the Right, the Expedient, and the Beautiful or Noble" as all founded on the single ultimate criterion of general happiness (*System of Logic* i.ii.6). It is also clear in Sidgwick, in that neither side of Sidgwick's dualism of the practical reason involves a Humean dissolution of practical reason.

3 These points are argued in my 1989, ch.9.

4 Scanlon also sets out very tellingly the broad considerations which appear to make philosophical utilitarianism compelling. Philosophical utilitarianism is one very natural stance to take up in the context of a thoroughly naturalistic view of human-beings. But he thinks there is another, equally natural stance: "contractualism", which takes as central "the desire to be able to justify one's actions to others on grounds that they could not reasonable reject ... that is, given the desire to find principles which others similarly motivated could not reasonably reject" (p.116).

Such a desire differs from the desires postulated in simple Hobbesian or sceptical contractualism. "Reasonable" is not here understood as that which is efficient in relation to the agent's overall objectives. What is reasonable is relative to a structure of norms; but then further discussion must obviously require some analyses of the content of those norms, and of how far people can be expected to live up to norms - and it is open to the philosophical utilitarian to argue that the final test of what is reasonable is the criterion of general good. Indeed, what guiding norm could one expect, other than philosophical utilitarianism - which takes each individual's good equally into account?

5 Scanlon only says that "some form of utilitarianism appears to be forced on us" (109-110).

6 Amartya Sen uses the term 'welfarism' or 'Pareto-inclusive-welfarism'(p.328, fn 2) for a position which roughly corresponds to philosophical utilitarianism. But he builds into it various claims which are no part of philosophical utilitarianism as I envisage it, e.g. a hedonistic conception of well-being and the assumption that welfarist criteria should be directly applied in the formation of policy.

7 The notion of rigid designation is borrowed from Saul Kripke. 't' is a rigid designator if it does not make sense to suppose that t (literally) might not have been t.

The general form of an agent-relative principle is (x)(y)(a)(Fay & Rxy → x has reason to a), 'x' and 'y' ranging over individuals, 'a' over actions. 'F' expresses the way in which a 'affects' y, 'R' the relation between 'x' and 'y' (it can, at the limit be identity). An agent-neutral principle does not require the second conjunct of the antecedent, 'Rxy'. This distinction of course only divides within that class of principles in which reason for action is grounded on the way in which the action affects someone.

8 Lockean or natural-rights liberalism recognises it as much as Millian or 'philosophical-utilitarian' liberalism. See Nozick's discussion of the "Lockean proviso". The difference - in so far as these are 'left' and 'right' versions of liberalism - would come on the questions of what level the threshold should be set at.

9 Threshold-constrained maximisation would violate the "sure thing principle"; it would produce the pattern of decision-making exemplified in the so-called Allais paradox (Allais, 1979). It should be remembered that a person's 'utility' or 'well-being' is being defined here in terms of his good - what there is reason to pursue for his sake. So utility is not to be understood formalistically as that whose expected value a person can be said to be maximising, if he satisfies the 'rationality' axioms underlying Bayesian decision theory.

The sure-thing principle and the independence axiom in Bayesian theory are penetratingly criticised in McClennen (1988).

References

Allais M. (1979). The so-called Allais paradox and rational decision under uncertainty. In: Allais M., Hagen O.(eds.), **Expected Utility Hyotheses and the Allais Paradox**. Reidel, Dordrecht.

Griffin J. (1986). **Well-being**. Oxford University Press, Oxford.

McClennen E.F. (1988). Sure-things doubts. In: Gärdenfors P., Sahlin N.-E. (eds.), **Decision, Probability and Utility**. Cambridge University Press, Cambridge.

Nozick R. (1974). **Anarchy, State and Utopia**. Basil Blackwell, Oxford.

Rawls J. (1971). **A Theory of Justice**. Oxford University Press, Oxford.

Scanlon Th. (1982). Contractualism and Utilitarianism. In: Sen A., Williams B. (eds), **Utilitarianism and beyond**. Cambridge University Press, Cambridge.

Sen A. (1979). Utilitarianism and Welfarism. **Journal of Philosophy**, 76.

--- (1982). **Choice, Welfare and Measurement**. Blackwell, Oxford.

Skorupski J. (1989). **John Stuart Mill**. Routledge, London.

Namensregister

Sachregister

Autorenverzeichnis

NICK BAIGENT ist Professor für Ökonomie am Murphy Institute of Political Economy der Tulane University (New Orleans, Lousiana, USA).

WULF GAERTNER ist Professor für Volkswirtschaftslehre an der Universität Osnabrück.

RAINER HEGSELMANN ist Professor für Philosophie an der Universität Bremen.

MARTIN HOLLIS ist Professor für Philosophie an der University of East Anglia (Norwich, England).

KARL HOMANN ist Professor für Wirtschaftsethik an der Universität Eichstätt (Ingolstadt).

ULRICH KRAUSE ist Professor für Mathematik an der Universität Bremen.

ISAAC LEVI ist Professor für Philosophie an der Columbia University (New York, USA).

EDWARD MCCLENNEN ist Professor für Philosophie an der Washington University (St. Louis, Missouri, USA).

JULIAN NIDA-RÜMELIN ist Professor für Philosophie an der Universität München.

JOHN SKORUPSKI ist Professor für Philosophie an der University of St. Andrews (Fife, Scotland).

ROBERT SUGDEN ist Professor für Ökonomie an der University of East Anglia (Norwich, England).

WILHELM VOSSENKUHL ist Professor für Philosophie an der Universität Bayreuth.

ALBERT WEALE ist Professor für Politikwissenschaften an der University of East Anglia (Norwich, England).

www.ingramcontent.com/pod-product-compliance
Lightning Source LLC
LaVergne TN
LVHW010535300926
849162LV00002B/151